楚國文化研究叢刊　　　　　　　　　　劉玉堂◇主編

楚國歷史地理研究

左　鵬〇著

昌明文化

楚國文化研究叢刊 A0201005

楚國歷史地理研究

著　　作　左　鵬
版權策劃　李　鋒

發 行 人　陳滿銘

總 經 理　梁錦興

總 編 輯　陳滿銘

副總編輯　張晏瑞

編 輯 所　萬卷樓圖書股份有限公司

排　　版　林曉敏

印　　刷　百通科技股份有限公司

封面設計　斐類設計工作室

出　　版　昌明文化有限公司

桃園市龜山區中原街 32 號

電話 (02)23216565

發　　行　萬卷樓圖書股份有限公司

臺北市羅斯福路二段 41 號 6 樓之 3

電話 (02)23216565 傳真 (02)23218698

電郵 SERVICE@WANJUAN.COM.TW

大陸經銷

廈門外圖臺灣書店有限公司

　電郵 JKB188@188.COM

ISBN 978-986-94604-4-6

2019 年 6 月初版三刷

2017 年 8 月初版二刷

2017 年 3 月初版一刷

定價：新臺幣 350 元

如何購買本書：

1. 劃撥購書，請透過以下郵政劃撥帳號：

　帳號：15624015

　戶名：萬卷樓圖書股份有限公司

2. 轉帳購書，請透過以下帳戶

　合作金庫銀行　古亭分行

　戶名：萬卷樓圖書股份有限公司

　帳號：0877717092596

3. 網路購書，請透過萬卷樓網站

　網址 WWW.WANJUAN.COM.TW

大量購書，請直接聯繫我們，將有專人為您

服務。客服：(02)23216565 分機 10

如有缺頁、破損或裝訂錯誤，請寄回更換

國家圖書館出版品預行編目資料

楚國歷史地理研究 / 左鵬著. -- 初版. --
桃園市 ： 昌明文化出版 ； 臺北市 ： 萬卷
樓發行, 2017.03　面 ；　公分. -- (楚國文
化研究叢刊；A0201005)

ISBN 978-986-94604-4-6(平裝)

1. 文化史　2. 楚國

631.808　　　　　　　　　　106003976

目 次

總　序[①]

　　春秋戰國時期領異標新、驚采絕豔的楚文化，為中華文化的形成
與發展完美地奉獻出了自己的珍藏。楚學的使命就是對這一稀世珍藏
進行廣泛而深入的挖掘、整理和研究。這是一項異常艱辛而又充滿愉
悅的工作，需要眾多的志士仁人協力同心共同完成。

　　楚文化是古老的，它的誕生在三千年以前；但楚學是年輕的，人
們有幸對它進行系統的科學研究至今還不過百年光景。

　　楚文化的遺存埋藏在地下達三千年之久，直到20世紀20年代至
40年代才被盜墓者「驚起」。當時，在安徽壽縣和湖南長沙出土了
大量戰國時期的楚國銅器和漆器，其工藝之精絕，風格之獨特，令史
學家和古董商歎為觀止。但這還只是「小荷才露尖尖角」，人們一時
還很難捕捉它們的意態風神。從20世紀50年代起，楚文化的遺存在湖
南、湖北、河南、安徽等地一批又一批地被考古學家喚醒，引起學術

---

① 簡體版由湖北教育出版社於二〇一二年出版。今繁體版於臺灣重新編輯印刷，因考量兩岸學
　術寫作習慣不同，故在編輯體例上作出些微調整，以符合繁體區的閱讀方式與學術格式。茲
　向讀者說明如下：
　　1.若遇特殊名詞，則改為繁體區習慣用語。如：「公釐」，改為「公釐」。「公尺」，改為
　　「公尺」。其他以此類推。
　　2.本套書各冊之〈總序〉、〈序〉與〈後記〉，皆照錄簡體版之原文。
　　3.原書的簡體字，如「杰」、「云」……等，皆改為相應之繁體字。
　　4.字體簡繁轉換，造成用字不同，皆以該單位原有繁體之名稱為準。如：「岳麓書社」，改
　　為「嶽麓書社」。

總
序

1

界和文藝界一陣又一陣的狂歡。「驚起卻回首」，人們重新審視哲學史上的老莊和文學史上的屈宋，徹然大悟，原來它們也都是楚文化的精華。

楚文化因楚國和楚人而得名，是周代的一種區域文化，集中了東周文化的大半精華。它同東鄰的吳越文化和西鄰的巴蜀文化一起，曾是盛開在長江流域古區域文明的奇葩。與並世共存的先進文化相比，楚文化可以說是後來居上。當楚文化跡象初露之時，它只是糅合了中原文化的末流和楚蠻文化的餘緒，特色不顯，影響不大，幾乎無足稱道。到了西周晚期，它才脫穎而出，令北方有識之士刮目相看。及至春秋中期，它竟突飛猛進，已能與中原文化競趨爭先了。楚文化不僅有爐火純青的青銅冶鑄、巧奪天工的漆木髹飾和精美絕倫的絲織刺繡，而且還有義理精深的老莊哲學、鑠古切今的屈宋辭賦和出神入化的美術樂舞。透過這耀眼的紛華，我們還能領悟到楚人進步的思想精髓和價值追求：「篳路藍縷」的進取精神、「撫夷屬夏」的開放氣度、「鳴將驚人」的創新意識、「和眾安民」的和合理念以及「深固難徙」的愛國情結。它們無疑是楚人留給世人的最寶貴的文化遺產。

為了對楚文化研究成果進行階段性總結和集中展示，20世紀90年代中期，湖北教育出版社推出了由張正明先生主編的大型學術叢書「楚學文庫」（18部），在學術界產生了強烈而持續的影響，「楚學」至此卓然而立，蔚為大觀。

自「楚學文庫」出版至今十數年間，隨著湖北棗陽九連墩大墓、河南新蔡葛陵楚墓、湖北隨州葉家山西周墓群的發掘，尤其是湖北荊門郭店楚簡、上海博物館珍藏的戰國楚竹書和清華大學藏戰國竹簡等出土文獻的陸續問世，以及新的研究方法和新的技術手段的推廣與運用，楚學研究出現了「驚濤拍岸」的高潮，眾多的楚學研究成果如浪花般噴珠濺玉，美不勝收。面對楚學研究的空前盛況，湖北教育出版社以弘揚學術、嘉惠士林的遠見卓識，約請我主持編纂大型學術叢書

「世紀楚學」（12部），這對於全面、系統、深入地探討楚文化的內涵與精蘊，及時展示楚學研究的最新成果，繼承和弘揚楚文化乃至中華文化的優秀傳統，促進社會主義文化強國和中華民族共有精神家園建設，既具有重要的理論意義，又具有重大的實踐價值。

「世紀楚學」選題嚴謹，內容宏富，研究範圍包括楚簡冊、政治、法律、禮儀、思想、學術、文學、地理、農業、水利、交通、飲食、服飾和名物等，大都是楚學研究中十分重要且「楚學文庫」未曾涉及或涉而不深的議題。因此，「世紀楚學」既是對「楚學文庫」的賡續、豐富和完善，又是對「楚學文庫」的延伸、拓展和推進。

之所以將叢書定名為「世紀楚學」，所思者有三：一是現代意義的楚學研究始於20世紀20年代，迄今已近百年；二是本叢書是21世紀推出的第一套大型楚學叢書，帶有鮮明的新世紀的印記；三是「世紀」也可泛指「時代」，意在誠勉本叢書切勿有負時代之厚望。

作為國家出版基金資助專案和湖北省社會公益出版專項資金資助專案，「世紀楚學」致力於從新視角、新構架、新材料、新觀點四個方面，實現楚學研究的新突破、新跨越、新發展，奮力開創楚學研究的新局面！

我忝任主編，限於學識和俗務，時有力不從心之感，幸有張碩、靳強先生襄助，諸事方才就緒，令我心存感念！

任何有益於本叢書的批評和建議，我們都竭誠歡迎！

劉玉堂
2012年2月於東湖之濱

總序

3

前　　言

　　楚人、楚國、楚文化，對中國歷史文化的重要影響，已為人所共知，亦為人所驚歎。斯時楚人處強鄰環峙之中，而不憚與蠻、夏等族類競趨爭先；楚國處風起雲湧之際，而不吝與齊、晉等大國競雄爭霸；楚文化得博采眾族之長，而不懼與中原文化競榮爭妍，其雄奇的氣概、清奇的形態，不但在中國歷史的長河中激起了滔滔巨浪，而且為華夏文化的滾滾洪流匯聚了源源偉力。地理為歷史提供舞臺，區域使文化獨具特色。探討楚人、楚國、楚文化，不可不注意揮灑其汗水之舞臺，亦不可不闡釋形成其特色之環境。

　　前輩與時賢對楚人、楚國、楚文化的研究，早先關注者僅文獻中的楚史、《楚辭》，伴隨著楚地考古的巨大進展，而有集文獻、考古、民俗等多重視角的楚國歷史與文化，其局面之雲蒸霞蔚，形成獨樹一幟之「楚學」已逾一紀；其成果之煥然燦然，以汗牛充棟稱之亦不足道其豐富。先師張正明先生在《楚文化史》一書中，曾將楚文化根據當時所見資料概括為六個要素：其一，是青銅冶鑄工藝；其二，是絲織工藝和刺繡工藝；其三，是髹漆工藝；其四，是老子和莊子的哲學；其五，是屈原的詩歌和莊子的散文；其六，是美術和樂舞。時至於今，楚地簡帛的紛繁面世，更可謂錦上添花。楚文化美輪美奐的高堂邃宇，正藉此種種而營造成功。此高堂邃宇之營造者，自屬楚人無疑；而塑造楚人之習性、雕鑿殿宇之風貌者，則可歸之於其所處之

前言

地理環境。論及楚國之歷史地理，前人著述雖時有所見，然總其大端以成其全貌者，尚付諸闕如，此即本書編著之由。

以楚人發楚聲言楚事，每有會意於心；研楚史習楚學著楚書，常懷感戴之念。率爾操觚，敢請識者見諒？拋磚引玉，誠望賢者賜教！

第一章　楚國自然地理

　　先秦時期的楚國，既是一個地域概念，指示著斯時稱雄於江淮流域的泱泱大國——楚；又是一個時間概念，標示著從周成王（前1042—前1021）[1]「封熊繹於楚蠻」時開始直到楚王負芻五年（前223）秦滅楚為止的歲月。

　　據《戰國策　楚策一》，楚威王（前339—前329）時，蘇秦曾誇耀楚國之大，語云：「楚，天下之強國也……楚地西有黔中、巫郡，東有夏州、海陽，南有洞庭、蒼梧，北有汾陘之塞、郇陽，地方五千里。」這段話明確地劃出了戰國中期楚國的疆域範圍，其西界黔中（治今湖南沅陵西）、巫郡（治今重慶巫山東），即今重慶東部、湖南西北部，東滅越而達今江、浙一帶，南界今湖南九嶷山一線，北至

---

[1]　此據夏商周斷代工程專家組：《夏商周斷代工程1996—2000年階段成果概要》，載《文物》，2000年第12期。按，學術界對西周王年歧說紛紜，各家分別利用文獻記載、出土青銅器和天文曆法知識來進行推算，得出的結論則大相徑庭。以成王而論，何幼琦著《西周年代學論叢》（湖北人民出版社1989年版）斷為西元前1030—前1014年，在位17年；李仲操著《西周年代》（文物出版社1991年版）斷為西元前1067—前1031年，在位37年；張聞玉著《西周王年論稿》（貴州人民出版社1996年版）斷為西元前1104—前1068年，在位37年；劉啟益著《西周紀年》（廣東教育出版社2002年版）斷為西元前1061—前1045年，在位17年，這是未計算周公攝政的7年，否則成王繼位的時間在西元前1068年。另外，榮孟源、周法高、張汝舟、謝元震、馬承源、趙光賢、朱鳳瀚、張榮明等人的論文或專著都擬訂了相對完整的西周年曆，有興趣的讀者可以查閱相關書刊。

今河南中部潁水之南，幾乎囊括了今之長江中下游及淮河流域，而達於黃河流域。學者們的研究表明，如此遼闊的地域範圍，在戰國七雄中可謂首屈一指，亦是楚疆之極盛。楚人以「土不過同」的蕞爾小邦崛起於江漢之間，北出方城而觀兵於周郊，東取淮域而略土於魯越，固然意氣自雄；然亡地漢中，遷都陳城，終至為秦所滅，亦見其勢頹力沮，在此前後800年中，楚疆由小而大，伸縮有時，如今反觀其境內之自然環境與社會文化之變遷，勢難面面俱到，只能有所取捨。故本書所縷述之楚國歷史地理，僅擇其統治年歲稍久者；而對其軍事或政治勢力曾先後短暫觸及之地方，如今之四川、貴州、雲南、陝南、山東南部及兩廣等部分地區，則僅隨文提及，或略而不論；對於所論及的地區，或有因楚國的統治並非自始至終者，然為論述簡便計，概以楚國稱之。

第一節　楚地今貌

楚國極盛時期的疆域所囊括的範圍，在現代自然地理區劃中，大體包括華北地區的淮河平原、華中地區的淮陽山地、長江中下游平原和江南丘陵，在現今的行政區劃上則包括湖北、湖南、河南、安徽、江西、江蘇、浙江等省的全部或大部。其地貌結構以低山丘陵與平原相間分布為主，其氣候與植被亦有差異。具體來說，包括以下地貌單元：

一、淮河平原

淮河平原，指黃河扇形地以南至淮陽山麓間的傾斜平原。這裡屬於侵蝕平原，從遂平、確山，一直到徐州附近都有殘留的山丘，在埋藏的古侵蝕面上普遍覆蓋第四紀薄層的黃河、淮河沖積物，一般10～15公尺，最厚30～60公尺，平原向南傾斜，南部被淮陽山丘所

阻，使淮河主流偏向平原南緣，下游被黃河奪淮的泥沙所堵，壅流積水，形成大量湖泊，如洪澤湖、高郵湖等。淮河平原的氣候偏暖，氣溫高出華北各地5℃，降水量超過750毫米，春夏受長江地區梅雨的影響，春旱並不顯著，可以發展一年兩熟的耕作制。

二、淮陽山地

淮陽山地包括桐柏山、大洪山與大別山等廣大低山丘陵，位於豫、鄂、皖三省交界處，是長江、淮河水系的分水嶺。在構造上為桐柏一大別山前震旦紀複背斜，走向先由北西一南東，至黃梅附近折向北東一南西，形成一個向南突出的弧，即通常所稱的「淮陽弧」。出露的岩層主要是太古代結晶變質岩系和不同時期的侵入岩，尤以燕山期花崗岩分布最廣。由於成山歷史悠久，經長期剝蝕，山勢較低。其中以大別山為最高，一般海拔可達1000公尺左右，個別高峰可超過1500公尺，如九峰尖海拔1613公尺，天柱山海拔1751公尺。西部的桐柏山，海拔500公尺左右，僅主峰達1385公尺。桐柏山與大別山之間的地勢更為低緩，海拔僅200公尺左右。桐柏山、大別山南麓蘄春、紅安、應山一帶為大片地勢低緩的殘丘和紅土崗地，在這裡，前震旦系變質岩、古近系與新近系紅岩構成的丘頂線齊一，是上新世末、更新世初所形成的夷平面。

桐柏山西面是南陽盆地。盆地為新生代凹陷，古近紀和新近紀堆積了很厚的紅色岩系，第四紀初期又沉積了厚約三四公尺的紅土，近代的新構造運動使紅土遭受切割而成為寬緩的崗地。盆地地勢北高南低，海拔100～150公尺，比高一般在20～30公尺上下，波狀起伏，是鄂、豫兩省的重要耕作區。

本區屬北亞熱帶東部山區，緯度較高，溫度較低，降水較少。區內最冷月（1月）平均氣溫1℃～3℃，絕對最低氣溫可低於－20℃。最熱月（7月）平均氣溫27.5℃～28.5℃，絕對最高氣溫可達40℃，年平均氣溫14℃～16℃，年降水量800～1000毫米。區內地帶性植被是

以落葉闊葉樹占優勢的落葉闊葉—常綠闊葉混交林，前者以多種櫟類為主，如栓皮櫟、麻櫟、槲櫟、短柄枹櫟、茅櫟、白櫟、板栗等，後者僅有少數的比較耐寒的青岡、苦櫧、冬青、女貞、石楠、枸骨、胡頹子、烏飯樹以及竹葉椒等，亞熱帶的馬尾松、杉、毛竹以及暖溫帶的黑松、側柏等也有分布，在植被組成上充分顯示出自然景觀的過渡性。

三、長江中下游平原

長江中下游平原包括江漢平原、洞庭湖平原、鄱陽湖平原、蘇皖平原和長江三角洲平原。其地貌輪廓寬窄不一，很不整齊。在長江中游，平原處於兩大盆地之中，比較寬廣，這就是江漢平原、洞庭湖平原（二者合稱兩湖平原）和鄱陽湖平原。自湖口以下直到南京、鎮江，兩邊山丘夾峙，平原狹小而縱長，此即蘇皖平原；自鎮江以下，依山連海，空曠遼闊，是長江三角洲平原。

兩湖平原以長江幹流（荊江）為界，其北稱江漢平原，其南為洞庭湖平原。江漢平原主要由長江與漢水沖積而成，而漢水所帶來的泥沙對江漢平原的發育起著主要作用，其三角洲是江漢平原的重要組成部分，這與1300年前後荊江北堤基本形成，進入江漢平原的眾多分流穴口被堵塞有關。漢江三角洲自西北向東南伸展，造成江漢平原的地勢也由西北向東南微傾，眾多的湖泊窪地集中於三角洲的東南前緣。

洞庭湖平原則主要由通過荊江南岸的太平、藕池、松滋、調弦（1958年堵塞）四口輸入的長江上游的泥沙和湘、資、沅、澧四水帶來的泥沙沖積而成，但以前者為主，約占86%，因此陸地的發展也是由北向南推進，地勢北高南低，大部分位於海拔50公尺以下，主要的湖沼窪地也多集中在南緣地帶。

鄱陽湖平原除邊緣紅土崗丘外，中部的氾濫平原主要是由贛、撫、信、修等河流沖淤而成，其中又以贛江為主。贛江三角洲和撫河三角洲結合在一起，使陸地由西南向東北擴展。其地勢低平，多在海

拔50公尺以下，水網稠密，地表覆蓋為紅土及河流沖積物。

蘇皖平原主要指湖口以下到鎮江之間沿長江兩岸分布的狹長沖積平原，其中包括蕪湖平原和巢湖平原。在長江天然堤與兩側崗丘之間，地勢較低，湖泊眾多，平原寬窄不一，江流時束時放，曲折而平緩，自大通以下受潮汐頂托影響漸漸顯著，流速更緩，泥沙沉積加強，尤其是當河道越過岩丘逼岸的磯頭後，江流分汊，汊河間往往出現沙洲。

長江三角洲的頂點在鎮江、揚州一帶，從頂點向東，沿著通揚運河直達於海，是三角洲的北界；從頂點向東南直至杭州灣北岸，是三角洲的南界。在整個第四紀中，長江三角洲曾經是淺海大陸架的一部分，多次被海水淹覆，現在的三角洲是在距今約7500年前後開始，主要由長江每年帶來的近5億噸泥沙沖淤而成。當時長江入海口就在今鎮江、揚州一帶，入海泥沙首先在河口南北兩側形成兩道河口沙壩，南側的沙壩大致從江陰附近開始向東南延伸（相當於今上海外崗—漕涇一帶），在杭州灣口受東南季風影響，沙壩向西反曲，與錢塘江口北側沙嘴相接，將太湖地區的淺海包圍，形成一個瀉湖，這就是古太湖。後來由於順著沙壩的缺口倒灌的潮水和太湖上游河流帶來的泥沙不斷淤積，陸地不斷擴大，古太湖日益縮小。與此同時，長江的泥沙又在沿海一帶繼續堆積成一道道沙壩，使三角洲不斷束延擴大。今天在上海外崗—漕涇古沙壩以東還可以找到好幾道沙壩，這都是三角洲呈階段性發展的佐證。長江北側沙壩自揚州向東伸至如東附近，在夏季盛行東南季風的影響下，沙壩向北反曲，與古淮河口外沙堤相連，將里下河地區的淺海封閉成瀉湖，此即里下河窪地的前身。北側沙壩雖然因泥沙少，三角洲的規模遠遠不及南岸，但三角洲發展的階段性也很明顯。而且，每一階段都是以一個河口沙壩為主體，逐漸擴大，最後與北岸陸地相連而完成的。據近年研究，今天蘇北平原的紅橋、黃橋、金沙（南通縣）、海門一帶，都曾經是像現在崇明島、長

興島一樣的江中沙洲（即河口沙壩），由於科氏力（Coriolisforce）的作用，長江主泓不斷右偏，使江口沙群依次與北岸陸地相連，而河口三角洲則不斷由西北向東南延伸。現在江口附近的崇明、長興、橫沙等島，也將按此規律併入北岸陸地。因此，長江三角洲南北兩翼各有一個大面積的碟形窪地式平原，居中的是一系列以河口沙壩為核心的河口亞三角洲。長江南岸的太湖平原，是三角洲的主體，它以太湖為中心，形成一個中間低邊緣略高的碟形窪地，碟緣海拔一般4～6公尺，中間的窪地僅2～3公尺，有的還不到兩公尺。長江北岸的里下河平原，位於蘇北灌溉總渠以南、大運河以東、串場河以西，面積約14000平方千公尺，窪地中心湖蕩連片，主要的有射陽湖、大縱湖等，地面海拔不到兩公尺，窪地周緣則不過3～5公尺。

整個長江中下游平原在淮陽斷塊和揚子斷塊的接觸地帶，現代地貌輪廓在燕山運動時期基本形成。古近紀和新近紀時仍為不相連續的斷陷盆地，第四紀初繼續沉降，沉積了厚薄不等的從白堊系到新生界的岩層。以兩湖盆地來說，從白堊系到新生界的岩層，最大厚度可達8000公尺，其中古近系和新近系占3000～4000公尺，主要為紅色和雜色碎屑岩，下部含玄武岩和石膏鹽層；第四系厚200～300公尺，底部是白砂井礫石層，其上為網紋紅土和黃色亞粘土。受新構造運動影響，處於盆地邊緣的這些紅土層被掀斜上升，形成階地，並進一步被流水分割成為相對高度20～30公尺的紅土崗丘。沿江一帶，則相對下沉，造成寬廣的氾濫平原。全新世沖積層，武漢市為30～60公尺，江漢平原中部可達100餘公尺。其他平原的發育歷程也大體如此。因此，長江中下游平原在地貌上有共同特點，就是平原內部地勢低平，河網稠密，湖泊眾多，素稱為「水鄉澤國」，平原外緣則圍以紅土崗地。

長江中下游平原在氣候上與淮陽山地類似，大部分屬北亞熱帶。西部的江漢平原、洞庭湖平原和東部的江淮平原、太湖平原，北面地形開闊，易受北來冷空氣侵襲，冬溫較低，等溫線向南凸出呈舌狀分

布。洞庭湖南側直至湘潭、冷水江一帶，太湖平原以南直至杭州灣南岸的寧紹平原，均屬北亞熱帶，鄱陽湖平原因北面的大別山山勢較高，鄱陽湖北口東西山地緊縮，北來冷空氣不易長驅直入，冬溫略高，屬中亞熱帶北緣。全區年均氣溫14℃～18℃，最冷月平均氣溫0℃～5.5℃，最熱月平均氣溫27℃～28℃，年均降水量1000～1400毫公尺，集中於春、夏兩季。區內地帶性植被類型與淮陽山地相似，仍係以殼斗科為主的常綠闊葉－落葉闊葉混交林，過渡性十分突出，而亞熱帶所共有的馬尾松、杉木和毛竹等，分布相當普遍。因區內港汊紛紜、湖泊密布，故湖沼地區水生植物種類繁富，如多種藻類以及蓮、菱、茭筍、慈姑、茨實等，分布既廣，產量亦豐。

四、江南丘陵

江南丘陵位於長江以南、南嶺山地以北、武夷山－仙霞嶺以西、雪峰山以東之間，地跨江西、湖南兩省大部分和安徽南部、江蘇西南部、浙江西部，主要由北東－南西走向呈雁行式排列的中山、低山和居於其間的眾多丘陵盆地組成。東北部浙皖邊區的山地丘陵與浙贛交界的山地丘陵相連，成為長江和浙閩獨流入海水系的分水嶺。本區的山地主要為花崗岩和淺變質岩，平均海拔500～1000公尺，高峰可超過1000～1500公尺。盆地主要為紅色砂葉岩或石灰岩，海拔100～400公尺，規模較大的有湘中的湘潭盆地，衡陽－攸縣盆地，贛中的吉（安）泰（和）盆地，浙西的金（華）衢（州）盆地等。

本區地貌格局在燕山運動時基本奠定，三疊紀初期普遍受到海侵，到上三疊紀時全部上升成陸地並發生褶皺運動，形成一系列北東－南西走向的褶皺構造和穹窿構造（即新華夏構造體系）。中生代大規模的岩漿活動，閩浙沿海一帶噴出了大量流紋岩，往內則有大量花崗岩侵入。在無數的大小盆地中，從白堊紀到古近紀，沉積了巨厚的紅色岩系，並夾有石膏和岩鹽。第四紀的構造運動主要表現為差異隆起，武夷山和南嶺山地上升量較大，由此往北，上升量愈來愈小，

形成向北微傾的斜面，包括湖南、江西、浙西北三大凹形斜面。湖南凹形斜面向北傾斜，以衡陽以下的湘江為中軸，以洞庭湖為低窪中心；江西凹形斜面亦向北傾斜，以吉安以下的贛江為軸帶，以鄱陽湖區為低窪中心；皖南、浙北的凹形斜面朝向東北，富春江是凹形中軸，杭州灣是低窪中心。在凹形大斜面的周圍常有平行排列的北東走向山嶺，如湘西的武陵山、雪峰山，湘贛交界的幕阜山、九嶺山、武功山、羅霄山，浙、皖和閩、贛邊區的九華山、黃山、天目山、懷玉山、仙霞嶺、武夷山以及會稽山等，山文線都與構造線一致。其中許多山地，如廬山、黃山，由花崗岩或其他堅硬岩石構成，相對高度較大，雄偉秀麗，是我國著名的避暑和遊覽勝地。

本區屬典型的亞熱帶（中亞熱帶）東部山地丘陵自然景觀。氣候的主要特點是夏季高溫，冬季不甚寒冷但常受寒潮影響。年均氣溫16℃～18℃，最冷月平均氣溫4℃～7℃，最熱月平均氣溫28℃～29℃。年內日最高氣溫≥35℃的天數達20～30日，其中衡陽、湘潭、吉泰、金衢等紅岩盆地可逾40天，是我國著名的夏季高溫地區。冬季受北方冷空氣影響，常出現較大的降溫，全區絕對最低氣溫達−6℃～−12℃，往往給多年生常綠果木（如柑橘）的越冬造成很大威脅。全區年均降水量1200～1900毫米，東部多於西部，山地多於盆地，65%～70%的降水集中於5～9月，而以春雨比率較高，盛夏的7月、8月則常有相對少雨的「伏旱」出現。天然植被為典型的亞熱帶常綠闊葉林，佔優勢的樹種是青岡和栲屬，比較喜暖的樹種大量出現。常綠闊葉樹中有米櫧、甜櫧、紫楠、紅楠、木荷等，落葉闊葉樹種則有楓香、青線柳，針葉樹中除馬尾松、杉木外，還有古老的南方紅豆杉、三尖杉、穗花杉等，竹的種類更加豐富，除毛竹外，還有剛竹、粉綠竹、淡竹、石竹、苦竹以及箸竹等。

另外，就整個華中地區的地貌結構而言，它還有一個重要特徵，即紅岩盆地廣布，紅層地貌典型。從中生代以來，此區就一直保持著

較為暖熱的環境，在地勢較高的山地，第四紀雖然有冰川發育的某些痕跡，氣候比較寒冷，北部邊緣地帶，晚更新世氣候比較乾寒，有過黃土堆積，但廣大低山丘陵和盆地地區，整個第四紀在季風環流影響下，氣候溫暖濕潤，加上這些地區的構造運動自古近紀以來就以整體輕微上升為主，在相對凹陷的淺小盆地中，第四紀沉積並不發育，呈內疊關係，因此白堊紀－新近紀堆積的紅色岩層廣泛出露，並被流水雕蝕成獨特的紅層地貌。紅岩盆地幾乎遍及全區，但以江南丘陵最為集中，這些盆地大小不等，形狀各異，但其長軸基本與本區的多數山嶺保持一致，以北東走向居多。盆地中的紅層，在地貌形態上主要表現為坡度渾圓的丘陵和峭壁陡崖的丹霞地貌。由於紅層岩性各地不同，故紅層地貌組合亦有地區性的差異。淮陽山地、長江沿岸沖積平原邊緣地帶以及湘、浙境內，一般以紅岩丘陵地貌為主，如河南的平氏盆地、湖北的鍾祥盆地、安徽的南陵盆地、浙江的金衢盆地以及湖南的衡陽盆地等。

　　以上主要是先秦時期楚國的疆域範圍所曾涉及者今日之自然地理概況，下列各節則依次縷述這些地方在被楚國統治前後或受楚國影響時期的氣候植被與河流湖沼狀況。

第二節　楚國的氣候與植被

　　由於資料的局限，要探討楚國的氣候與植被，就目前的情況來說，可能放在一個更長的時段比較合適。這樣的話，就不僅僅涉及歷史文獻資料，而且可以更多地利用地質鑽探與考古資料，以及相關的自然科學分析方法。故而在此對有關知識略作介紹[①]。

①　參閱張丕遠主編：《中國歷史氣候變化》，山東科學技術出版社1996年版，第59頁。

植被是環境研究的綜合體，因而是劃分自然景觀的重要標誌。森林植被對水熱條件的要求更為敏感，因此森林帶的擴大和收縮總是要受到氣候變化的制約，也就是說，其時間與空間的分布格局，可以反映出某一時段的水熱狀況，故通過對考古遺址伴生生物遺存的研究，有助於揭示植被帶移動、植物區系的組成。同樣，通過對具有豐富氣候資訊的湖沼相沉積進行較高精度的孢粉分析，輔以大植物遺存（果實、木材、種子等）的研究，更有助於恢復重建歷史時期的環境狀況。因此，孢粉分析在當今歷史氣候研究中成為令人矚目的有價值的方法。所謂孢粉分析，是對一定地層層位樣品中的孢子花粉進行離析、鑒定、統計，以研究其組合特徵、百分含量及變化規律，並由此進行地層劃分比對、確定地質年代，恢復古植被、古地理、古氣候等。花粉和孢子是由維管植物（顯花植物和蕨類）產生的，它們除極少數完成授粉的自然機能外，大多數最終降落到地面。但在到達地面之前，花粉和孢子在大氣中被湍流混合，最終在一個地區形成比較均勻的花粉雨。花粉雨沉降至地面後，花粉和孢子沉積於泥塘、沼澤、湖泊和海洋等，並在這些非氧化環境的沉積物中被很好地保存下來。

花粉雨的成分取決於產生花粉雨的植被成分，因而花粉雨與地區植被密切相關。一個花粉雨樣品是地方的或者低地的（水生和濕地群落）、地區的或者高地的（森林、草地）植被在空間和時間上的反映。如果分析一個保存於沉積物中的花粉雨樣品，並鑒定統計所保存的不同類型的花粉和孢子，那麼其結果——花粉譜，就是花粉和孢子沉積時期沉積點周圍植被的反映。如果分析保存於不同層位地層沉積物中的花粉雨樣品，化石花粉譜就能提供古植被的地層記錄和沉積物所代表的整個地質時期的演化。

依據化石花粉譜重建古植被的主要方法，是比較化石花粉譜和已知植被區的現代花粉譜。如果現代和化石花粉譜是相似的，則可得出

二者是由相似的植被產生的結論，從而得出古植被的現代類比物。然而，如果現代類比物沒能發現，則認為古植被沒有現代類比物或應在其他地方繼續尋找可比較的現代花粉譜。如果在研究區及其鄰近地區缺乏現代花粉譜，或者現代花粉譜不能完整地反映自然植被，那麼指示種法將是有用的，也就是根據某些種屬已知的生態特性和所在的現代植物群落作反推。例如，假如已知某種屬僅在某種植物群落中出現或者是某群落的建群種，那麼此種屬的花粉在花粉譜中出現或者是花粉譜中的優勢成分，則可指示此植物群落在花粉沉積期間存在。在中國，由於研究現代花粉譜的工作開展得較少，因而指示種法是目前應用最為廣泛的方法。

前面還提到了一些地質年代，如新生代、震旦紀、三疊紀、白堊紀等，在此也對它們的分期略作說明。我們所生活的地球已經存在了46億年，而人類產生以來的300多萬年只是地球歷史長河中短暫的一瞬。現代科學將地質歷史進行系統性編年，劃分為宙、代、紀、世等時間單位，宙是地質年代單位中最大的，按有無明顯的生物出現，目前整個地球歷史由古而今劃分為四個宙：冥古宙、太古宙、元古宙、顯生宙；代是宙的次一級單位，其劃分主要以生物演化為依據，反映生物發展的階段，如顯生宙內劃分出古生代、中生代和新生代，表示生物從「古老生物」，發展到「中期生物」，再到「晚近生物」的演化階段；紀是比代次一級的地質時代單位，其名稱大多來源於首先建立地層系統剖面的地點名稱，如寒武紀，是因為在英國威爾士首先研究了這一地層，「寒武」是其拉丁文名稱；奧陶紀，也源於英國威爾士，那裡生活過一個古代民族叫「奧陶」；志留紀，最早研究該時代的出露地層位於威爾士邊境，這裡生活過一個不列顛部族叫「志留」；泥盆紀，出自英格蘭的泥盆郡；世在國際性地質時代單位中是最小的一級，其劃分的標誌通常是根據古生物科、屬的興衰及其有關特徵來確定的，一個紀可分兩個或三個世，除新生代各世有特殊的

命名外，一般世的名稱是在紀的名稱前增加早、中、晚字樣。具體來說，太古宙分古太古代、新太古代；元古宙分三期：古元古代、中元古代、新元古代，其中新元古代晚期為震旦紀；顯生宙分古生代、中生代和新生代；古生代從早到晚又分為寒武紀、奧陶紀、志留紀、泥盆紀、石炭紀、二疊紀；中生代從早到晚又分為三疊紀、侏羅紀、白堊紀；新生代則分為古近紀、新近紀和第四紀，其中第四紀又可分為更新世和全新世。

與地質年代單位相對應的年代地層單位為宇、界、系、統，它們是在各級地質年代單位內形成的地層，兩者的級別與對應關係為：

地質年代單位　　　　　年代地層單位
宙……………………………宇
代……………………界
紀……………系
世……統

從地殼形成開始到5.7億年前為止，這一段最古老的地質時期稱為前寒武紀，包括冥古宙、太古宙、元古宙，它們形成的地層分別稱為冥古宇、太古宇、元古宇。太古宇由一些經受強烈褶皺和岩漿作用的深變質岩組成，如片岩、片麻岩、混合岩等。太古宙是地球上生命開始孕育和發展的最初階段，生物一般為原始的、低級的菌藻植物，如古球藻。因為此時的生物不具備容易保存的硬體，所以在這時的地層中很難見到化石。元古宙的生物有較大的進化和發展，菌藻植物在種類、數量和分布範圍上大有增長，其後期開始出現無脊椎動物。到了顯生宙的古生代，地層中開始保存大量的種類豐富的化石，因此從寒武紀開始，可以利用化石來劃分和對比地層，確定地層的時代層序。

新生代是地質歷史中的最新一代，包括地球發展的現階段在內，已經延續了約6500萬年。其晚期即第四紀，則是地殼發展歷史最新的、也是時間最短的一個紀。第四紀的下限（即開始的時間），許多人贊同以距今200萬年左右為宜，但由於第四紀與新近紀之間沒有發生過劃時代的造山運動和巨大的岩漿活動，氣候變化也是漸移過渡的，很難一線劃出其界限，因此目前對上新世—更新世之間的分界年齡還是聚訟紛紜，我國古生物學者通過對哺乳動物化石的對比研究，認為其下限設在200萬年前左右比較適合我國的實際情況[1]。第四紀自然界的最大特點是具有輪回性變化的現象，即冰期與間冰期、海侵和海退、地殼的上升和下降、剝蝕作用和堆積作用等交替的現象，有機界也是適應於這種自然環境韻律變化而變化的，而人類的出現則是這一時期的標誌性事件，從此人類登上地球的舞臺，並在隨後的歲月中產生了巨大的影響。新生代具體的分期如下表所示：

表1—1　地史年代新生代分期表[2]

代（界）	紀（系）	世（統）	距今年齡（百萬年）	生物	
				植物	動物
新生代（界Cz）	第四紀（系Q）	全新世（統Qh）	0.01	被子植物繁盛	人類 ← 哺乳動物與鳥類繁盛 ←
		更新世（統Qp）	1.8		
	新近紀（系N）	上新世（統N₂）	5.3		
		中新世（統N₁）	23		
	古近紀（系E）	漸新世（統E₃）	33.9		
		始新世（統E₂）	55.8		
		古新世（統E₁）	65.5		

① 張武文、胡春元、劉秉正編著：《地學概論》，中國林業出版社2000年版，第196頁。
② 根據馬建良、王春壽主編《普通地質學》（石油工業出版社2009年版，第208頁）之〈表17—2地質年代表〉、楊橋主編《地球科學概論》（石油工業出版社2004年版，第22頁）之〈表2—2地質年代表〉、劉白強主編《地球科學通論》（中國地質大學出版社2007年版，第168頁）之〈附錄國際地層表〉改編。

中國歷史時期氣候變遷的研究，竺可楨在〈中國近五千年來氣候變遷的初步研究〉及其他一系列著作中，已做出了令人敬佩的卓越貢獻，雖然這些著作沒有特別論及先秦時期楚地的氣候情況，但因氣候變化所涵蓋的地域範圍非常廣泛，而中國東部大體處於季風氣候區，楚國又基本上處於長江流域，因此竺文對於研究楚國的氣候狀況依然具有指導意義。

〈中國近五千年來氣候變遷的初步研究〉一文考慮到我國冬季溫度主要受西伯利亞冷空氣所控制，其變化在冬春季能影響農作物的生長，故以冬季溫度作為氣候變動的指標，又根據研究所利用材料的性質，將近5000年的時間分為4個時期，即考古時期（約前3000—前1100），主要利用考古材料考察氣候狀況、物候時期（前1100—1400），主要利用歷史文獻中的物候資料作為研究基礎、方志時期（1400—1900），主要利用明清時期各地方志中的氣候記錄、儀器觀測時期（1900以來），這一階段已經有了氣象觀測資料。楚國所處的春秋戰國時期，依據竺可楨的研究，處於相對溫暖的階段：

周朝的氣候，雖然最初溫暖，但不久就惡化了。《竹書紀年》上記載周孝王時，長江一個大支流漢江，有兩次結冰，發生於西元前903和前897年。《紀年》又提到結冰之後，緊接著就是大旱。這就表示西元前第十世紀時期的寒冷。《詩經》也可證實這點。相傳《詩經 豳風》是周初成王時代（前1063—前1027）的作品，可能在成王後不久寫成。豳（邠）的地點據說是一個離西安不遠，海拔500公尺高的地區。當時一年中的重要物候事件，我們可以從〈豳風〉中的下列詩句中看出來：

八月剝棗，十月獲稻，為此春酒，以介眉壽。

接著又說：

二之日鑿冰沖沖，三之日納於凌陰，四之日其蚤，獻羔祭韭，九

月肅霜。

　　這些詩句，可以作為周朝早期，即西元前10世紀和前11世紀時代邠地的物候日曆。如果我們把〈豳風〉裡的物候和《詩經》其他國風的物候如〈召南〉或〈衛風〉裡的物候比較一下，就會覺得邠地的嚴寒。《國風　召南》詩云，「摽有梅，頃筐墍之」。〈衛風〉詩云，「瞻彼淇奧，綠竹猗猗」。梅和竹均是亞熱帶植物，足證當時氣候之和暖，與〈豳風〉物候大不相同。這個冷暖差別一部分是由於邠地海拔高的緣故，另一方面是由於周初時期，如《竹書紀年》所記載過有一個時期的寒冷，而〈豳風〉所記正值這寒冷時期的物候。在此連帶說一下，周初的陰曆是以現今陽曆的十二月為歲首的，所以〈豳風〉的八月等於陽曆九月，其餘類推。

　　周朝早期的寒冷情況沒有延長多久，大約只一二個世紀，到了春秋時期（前770—前481）又和暖了。《左傳》往往提到，山東魯國過冬，冰房得不到冰；在西元前698、西元前590和西元前545年時尤其如此。此外，像竹子、梅樹這樣的亞熱帶植物，在《左傳》和《詩經》中，常常提到。

　　宋朝（960—1279）以來，梅樹為全國人民所珍視，稱梅為花中之魁，中國詩人普遍吟詠。事實上，唐朝以後，華北地區梅就看不見。可是，在周朝中期，黃河流域下游是無處不有的，單在《詩經》中就有五次提過梅。在〈秦風〉中有「終南何有？有條有梅」的詩句。終南山位於西安之南，現在無論野生的或栽培的，都無梅樹。下文要指出，宋代以來，華北梅樹就不存在了。在商周時期，梅樹果實「梅子」是日用必需品，像鹽一樣重要，用它來調和飲食，使之適口（因當時不知有醋）。《書經　說命篇下》說：「若作酒醴，爾唯麴蘗；若作和羹，爾唯鹽梅。」這說明商周時期梅樹不但普遍存在，而且大量應用於日常生活中。

　　到戰國時代（前480—前222）溫暖氣候依然繼續。從《詩經》

第一章　楚國自然地理

中所提糧食作物的情況，可以斷定西周到春秋時代，黃河流域人民種黍和稷，作為主要食物之用。但在戰國時代，他們代之以小米和豆類為生。孟子（約前372—前289）提到只北方部族種黍。這種變化大約主要由於農業生產資料改進之故，例如鐵農具的發明與使用。孟子又說，當時齊魯地區農業種植可以一年兩熟。比孟子稍後的荀子（約前313—前238）證實此事。荀子說，在他那時候，好的栽培家，一年可生產兩季作物。荀子生於現在河北省的南部，但大半時間在山東省工作，山東之南江蘇之北。近年來直到解放，在淮河北部習慣於兩年輪種三季作物，季節太短，不能一年種兩季。二十四節氣是戰國時代所觀測到的黃河流域的氣候而定下的。那時把霜降定在陽曆十月廿四日。現在開封、洛陽（周都）秋天初霜在十一月三日到五日左右。雨水節，戰國時定在二月廿一。現在開封和洛陽一帶終霜期在三月廿二日左右。這樣看來，現在生長季節要比戰國時代長三四十天。這一切表明，在戰國時期，氣候比現在溫暖得多。

到了秦朝和前漢（前221—23）氣候繼續溫和。[①]

這段文字裡列舉了一些物候資料，以此來判斷當時的氣候狀況，大體是可信的。許多學者也在相關的史籍中找到了更多的佐證，比如《左傳 成公十年》記載：「六月丙午，晉侯欲麥，使甸人獻麥，饋人為之。」[②]魯成公十年六月丙午，當陽曆西元前581年5月6日這一天，晉侯正生病，想嘗新麥，於是命令主管公田的官員收割麥子後獻上來。這說明當時華北的冬小麥收穫期在5月，較今提前10～20天。又如大約成書於西元前2世紀的《呂氏春秋》，記錄有不少物候資

① 竺可楨：〈中國近五千年來氣候變遷的初步研究〉，載《考古學報》，1972年第1期；亦可參見《竺可楨文集》科學出版社1979年版，第475—498頁。

② 洪亮吉：《春秋左傳詁》，中華書局1987年版，第462頁；朱宏達、李南暉：《左傳直解》，浙江文藝出版社2000年版，第379—380頁。

料，其〈任地篇〉記載：「孟夏之昔，殺三葉而獲大麥。」高誘注釋說：「昔，終也。三葉，薺、葶藶、菥蓂也；是月之季枯死，大麥熟而可獲。」據今人夏緯英的研究：「薺、葶藶、菥蓂，三種都是十字花科植物，至夏曆四月之末即枯死，而大麥適於此時成熟。」[1]同書同篇又記載：「冬至後五旬七日菖始生；菖者，百草之先生者也，於是始耕。」[2]菖，即菖蒲，是淺水中多年生草本植物。當時人們認為冬至後57日菖蒲開始生長，而菖蒲是百草中最先生出的，可以視菖蒲出生為開始耕地之時。這條資料反映的是當時關中地區的情形，而現在陝縣菖蒲生葉為3月上旬，兩者相比，差了10天，說明西元前2世紀以前有一個階段的溫和氣候。據研究，這一溫暖期大約持續了700多年，即從春秋開始到西漢末年，其年均氣溫大約比現在高1.5℃左右，這相當於今天的氣候帶向北移動了1～2個緯度，也就是說，當時黃河流域的許多地區處於北亞熱帶。

眾所周知，我國東部區域的氣候呈明顯的帶狀分布，春秋戰國時期黃河流域比現在溫暖，由此可以推知那時長江流域要更為炎熱。根據地質鑽探資料和學者的研究，現在對故楚地區從第四紀全新世以來的氣候變化情況已經有了比較清晰的認識，由此我們可以從這些研究中瞭解楚國的氣候狀況。

楚地的氣候變化如何呢？以洞庭湖區為例，其溫度變化與全國大體同步；乾濕變化則具有明顯的地域性，與長江中、下游基本同步，又有所不同。全新世整體上為溫和氣候，溫—乾與溫—濕氣候組合交替出現；歷史時期的氣候則以溫—濕、涼—乾組合為主[3]。根據湖南

① 以上見夏緯英：《呂氏春秋上農等四篇校釋》，中華書局1957年版，第49—50頁。
② 夏緯英：《呂氏春秋上農等四篇校釋》，中華書局1957年版，第49頁。
③ 張人權、梁杏、張國梁、皮建高：〈洞庭湖區第四紀氣候變化的初步探討〉，載《地質科技情報》，2001年第20卷第2期。

沅江華田（田11）鑽孔沉積的孢粉分析[1]，第四紀最晚的地層（Q_4）可分為三個沉積時期，自下而上分別為田11—4、田11—3、田11—1，各沉積時期的植被分布與氣候狀況為：

田11—4沉積時期，植被屬於亞熱帶與暖溫帶過渡的落葉闊葉林，其主要成分是櫟類，它們與某些亞熱帶落葉闊葉樹種如楓香、山核桃混交，林下灌叢不發育，僅有較多的草本植物藜科、毛茛科、菊科和蕨類的水龍骨科。氣候暖而略平。

田11—3沉積時期，植被和氣候再次發生變化，突出的是作為我國亞熱帶山地落葉闊葉樹和常綠闊葉樹混交類型的水青岡大量出現。由於水青岡現主要分布在30 N以南，亮葉水青岡則分布於我國20 N～30 N之間，現屬於亞熱帶濕潤地區的沅江地區，其原生植被為亞熱帶常綠闊葉林，最熱月氣溫為28℃～30℃，最冷月氣溫在2℃～6℃之間，即使在山地丘陵也難以見到由水青岡組成的純林。但在田11—3樣沉積時期它們得以繁盛，標誌著當時的最熱月氣溫較今天為低，最冷月氣溫較今天為高，受海洋性氣候影響較今強烈，四季並不分明。那時沅江地區具有溫暖而潮濕的氣候，丘陵或平原區生長著以水青岡為主的落葉闊葉林，林下尚有某些常綠類型植物以及一些蕨叢，局部地區有湖沼。

至田11—1樣沉積時期，由於喬木樹種的減少，杜鵑灌叢增加，亞熱帶的蕨類，如金毛狗（Cibotiumbarometz）、海金沙、鳳尾蕨、瘤足蕨的大量增加以及轉板藻的大量出現，表明當時的環境又有變化，可能湖沼範圍擴大了，岸上尚有杉木和松分布，但森林樹種的成分較為單調，闊葉樹種只有雲實、山礬、漆、櫟和個別的銀杏，與田11—13樣比較，田11—1樣沉積時期，氣溫明顯增高，一些典型的熱

---

[1]　蔡述明、官子和、孔昭宸、杜乃秋：〈從岩相特徵和孢粉組合探討洞庭盆地第四紀自然環境的變遷〉，載《海洋與湖沼》，1984年第15卷第6期。

帶蕨類生長在山麓溝邊及林下陰處的酸性土上。

因此，在上述4個沉積時期由田11孔自下而上植被的演替依次是：暖性的落葉闊葉林地帶、溫熱的落葉闊葉—常綠闊葉林帶、由暖性向濕熱過渡的含落葉闊葉樹的蕨類草叢—水生植物帶。這些鑽孔資料沒有進行確切的年代分析，但對比江漢平原的植被與氣候變化狀況，則可發現，洞庭湖區華田的田11孔最晚的地層（Q_4）大體反映了該區全新世（約1萬年）以來的環境變化狀況。

那麼，江漢平原全新世以來氣候的演變情況是怎樣的呢？根據學者的研究，大體上可分為下列階段①：

早全新世（距今10000～7500年），氣候為溫涼偏濕，鑽孔剖面見有螺殼、植物碎片和腐殖質，孢粉為松—楓香—櫟—樺—藜—鳳尾蕨—姬蕨科組合，木本占75.9%，草本占6.5%，蕨類占17.5%，為針闊葉混交林植被，海平面上升到—20～—10公尺，使長江中下游河面比降變緩，流水搬運能力減弱，產生的溯源堆積已到江漢洞庭平原。江漢平原及其上游地區，氣溫回升，至少比現今增高2℃～3℃，降水量較現在增多100毫米以上。

中全新世（距今7500～2500年）**時**，氣候由暖乾轉為暖熱濕潤，年均氣溫比現今高2℃左右，冬季一月溫度比現在高3℃～5℃，鑽孔剖面含蘇氏小玻璃介（Candoniella albicans）、玻璃介未定種（Candona sp）、土星介諸種（Llyocypris ssp）及淡水螺殼和植物碎片、草炭層。有2個孢粉組合帶，第一帶為松—楓香—櫟—樺—薔薇科—中國蕨組合，闊葉樹種多，木本占81.3%，草本占5.9%，蕨類占12.8%，為針葉闊葉混交林；第二帶為松—櫟—楓香—薔薇—川續斷科—骨碎補科—中國蕨—水蕨科組合，闊葉樹種增多，木本占

① 徐瑞瑚、謝雙玉、趙豔：〈江漢平原全新世環境演變與湖群興衰〉，載《地域研究與開發》，1994年第13卷第4期。

85.2%，草本占3.6%，蕨類占11.2%，為針闊葉混交林植被。

晚全新世（距今2500年），氣候經歷溫涼潮濕與溫暖潮濕的波動。據孢粉反映，氣候溫涼潮濕時，蕨類繁盛，含量達88.6%，主要有中國蕨、膜蕨、水龍骨、苔蘚等，氣候轉為溫暖潮濕時，為松─樺─櫟─木蘭屬─蒿─豆─澤瀉科─中國蕨─水龍骨─膜蕨孢粉組合，木本含量占43.7%，草本占30.1%，蕨類占26.2%，為針葉闊葉混交林植被。這一階段的氣候經歷了溫暖、涼乾、溫濕的多次變化，而在西元前600年至西元150年則屬於溫暖濕潤時期，其氣溫比現今高1℃～2℃，江漢平原湖泊處於相對穩定狀態。

通過對江漢平原和洞庭湖平原沿長江兩岸的5個鑽孔資料分析，學者們也得到了這個地區全新世孢粉及植被氣候較完整的認識，在此亦錄出作為其參考[①]。

所選5個鑽孔樣地點分別位於湘、鄂兩省交界處的長江南、北岸，1236孔、1167孔和1174孔分別取自湖北省公安縣陸遜湖、上荊江北岸沙市和洪湖西岸，屬河湖積平原，全新統厚20～30公尺，1229孔、1230孔取自湖南省洞庭湖北岸君山，該區為湖積平原，全新統厚10～15公尺。整個研究地區植被區劃屬中亞熱帶常綠闊葉林，目前大多為人工植被和水生植被。該區年平均溫度15℃～16℃，年降水量1200～1300毫米。以全新世時代較全的1236孔為主，結合其餘4孔孢粉分析結果來劃分孢粉帶，同時，把大量出現的青岡、栲、櫟作為優勢種，把少量出現的但能對氣候帶鑒定有意義的木蘭、冬青、鹽膚木、楓香、芸香、衛矛等作為暖性標誌種，判別各孢粉帶的植被和氣候。1236孔孢粉帶自下而上可分為6帶：

第6帶（17.5公尺，30號樣），以松和蕨類占優勢，相對含量分別達總量35%以上，構成松─蕨類植被景觀，有少量的青岡和櫟、

---

① 張丕遠主編：《中國歷史氣候變化》，山東科學技術出版社1996年版，第79─80頁。

栗，但不超過1%。反映本帶為暖溫帶—北亞熱帶松林蕨地類型植被。

第5帶（14.5～17.5公尺，25～29號樣），木本植物占優勢，以櫟和青岡為主，占總量的10%～30%，同時出現較暖的標誌科屬：五加科、山毛櫸屬、鼠李科、楓香屬、木蘭科、山核桃屬、芸香科、小蘗科、大戟科等。草本植物增加，達20%～30%，以蒿為主。蕨類中有鱗毛蕨、裸子蕨、碗蕨、蚌殼蕨、金毛狗等。推論該帶植被為中亞熱帶常綠闊葉和落葉闊葉林類型。

第4帶（11.9～14.5公尺，19～24號樣），蕨類占優勢，達50%，主要有莎草蕨、鱗毛蕨、金星蕨等。木本以松、櫟為主，分別達到15%和20%，常綠櫟類減少至2%～5%。其下部出現雲杉、冷杉、鐵杉，共計達10%。故劃分該帶上部為北亞熱帶至溫帶落葉闊葉、常綠闊葉和針葉混交林植被類型，下部可劃為相應氣候帶的松櫟針葉闊葉混交林。

第3帶（10.6～6.6公尺，10～18號樣），木本類占30%～55%，以松為主，達11%～40%，其次為櫟，達5%～15%，青岡增加，達3.5%～5.5%。另有少量的水青岡出現。亞熱帶類型如漆樹科、冬青、木蘭科、芸香科等占2%～6%。本帶蕨類高達30%～70%。草本以水生草本香蒲、黑三棱等為主，達2%～8%。同時，萍屬也有較多出現。此帶劃為中亞熱帶常綠闊葉和落葉闊葉植被類型以及該氣候帶下的水生植被類型。

第2帶（6.6～4.6公尺，6～9號樣），木本類以松為主，含量達20%～40%，夾有常綠和落葉櫟類（2%～4%）。少量木蘭、鹽膚木、芸香、衛矛、冬青等花粉出現。該帶蕨類占優勢，達55%～70%，除大量水龍骨科和蕨屬外，還有鳳尾蕨、金毛狗及海金沙等。劃分本段為北亞熱帶常綠闊葉林和該氣候帶下的蕨類草地。

第1帶（0～4.6公尺，1～5號樣），蕨類仍占優勢（30%～70%）。以水龍骨、蕨和金粉蕨等屬為主，達15%～30%。木本類松

和櫟交替出現，除少量的青岡（2%），餘為落葉闊葉樹類型，如樺屬、榛屬、楓楊屬、柳屬等。該帶植被為北亞熱帶—暖溫帶闊葉林類型。

在上述各帶中，其第2帶所跨時段大約為距今2500～1500年，楚國存在的時間大體處於其間。目前對這一時段的氣候與植被狀況的研究已經比較深入，上文引用了竺可楨對近5000年來中國氣候的研究，其文所附溫度變遷圖指出，戰國時期氣溫總的呈下降之勢，從戰國前氣候波動就已開始，氣溫由原來約高於現今的2℃（戰國初期的氣溫約高於現今1.5℃）下降到戰國末期的僅高於現今0.5℃。這一結論已經被學界所證實。也就是說，春秋戰國時期楚國的氣候較為溫暖，且略高於現今，或與現今差別不大[①]。從文獻記載和考古發現中，也可以找到佐證。《史記》、《漢書》等史書都記載南方「暑濕」，或說「江南卑濕」，無不表明當時長江流域為溫暖的亞熱帶氣候。另外，柑橘種植北界的變化，也可以指示這一地區氣候的變遷。

柑橘是一種典型的亞熱帶果樹，現代的種植北界可以到達北亞熱帶地區。適宜栽培柑橘的地區，其極端最低氣溫多年平均值需在－5℃以上，年平均氣溫在15℃以上，但不得高於38℃，最冷月（即1月）平均氣溫要在5℃以上。如果極端最低氣溫多年平均值在－9℃及其以下，柑橘會被凍死，因此限制柑橘向北分布的主要原因是冬季的最低氣溫。目前我國柑橘的種植遍布華東、中南、西南和西北18個省區，主要種植在秦嶺南麓、安徽南部到太湖流域以南的廣大地區，其中以浙、贛、湘、黔等省的南部地區、華南、雲南大部和四川盆地及長江三峽地區為最適宜栽培氣候區，這與先秦秦漢時期柑橘的分布地

---

① 參閱陳業新：〈戰國秦漢時期長江中游地區氣候狀況研究〉，載《中國歷史地理論叢》，2007年第22卷第1期。

區基本一致。

　　據文獻記載，先秦、秦漢時期柑橘始終以南方為主要分布地區，《尚書　禹貢》載：揚州「厥包橘柚錫貢」，當時揚州所貢方物中有橘、柚二果[①]；《楚辭　九章　橘頌》曰：「后皇嘉樹，橘徠服兮。受命不遷，生南國兮。深固難徙，更壹志兮。綠葉素榮，紛其可喜兮。曾枝剡棘，圓果摶兮。青黃雜糅，文章爛兮。精色內白，類任道兮。紛縕宜修，姱而不醜兮。」[②]此段文字，傾情讚美橘生於南國、壹志不遷的堅貞秉性，千百年來為人所稱道。《山海經　中山經》也載：荊山「其木多松柏，其草多竹。多橘櫧」；洞庭之山「其木多枏梨橘櫧」。這裡的櫧，據郭璞注云：「櫧似橘而大也，皮厚味酸。」袁珂認為「櫧」本字作「柚」。荊山即今湖北西部之荊山，漳水發源於此；洞庭之山，則指今湖南岳陽西面洞庭湖之君山。《列子　湯問》云：「吳楚之國有大木焉，其名為櫧，碧樹而冬生，實丹而味酸，食其皮汁，已憤厥之疾，齊州珍之，渡淮而北而化為枳焉。鸜鵒不踰濟，貉踰汶則死矣，地氣然也。」[③]

　　《晏子春秋　內篇　雜下》：「景公使晏子於楚，楚王進橘，置削，晏子不剖而並食之。楚王曰：當去剖。晏子對曰：臣聞之，賜人主之前者，瓜桃不削，橘柚不剖。今者萬乘無教令，臣故不敢剖；不然，臣非不知也。」[④]《呂氏春秋　孝行覽　本味》：「果之美者……江浦之橘，雲夢之柚。」[⑤]這些資料都表明，春秋戰國時期橘生於淮南、江南地區，可見這時的氣候比較溫暖濕潤。另外《戰國

①　〔唐〕孔穎達疏曰：「橘柚二果，其種本別，以實相比，則柚大橘小。此物必須裹送，以須之有時，故待錫命乃貢，言不常也。」江聲曰：「包，裹也，橘柚皆江南果。」胡渭曰：「今浙東江西橘柚更多，福建多且美，皆在揚域。」參閱〔宋〕傅寅撰：《禹貢說斷》，中華書局1985年版，第54頁；尹世積著：《禹貢集解》，上海商務印書館1957年版，第14—16頁。
②　蔣天樞：《楚辭校釋》，上海古籍出版社1989年版，第368—369頁。
③　楊伯峻：《列子集釋》，中華書局1979年版，第158—159頁。
④　吳則虞：《晏子春秋集釋》，中華書局1962年版，第396頁。
⑤　張雙棣等：《呂氏春秋譯注》，北京大學出版社2000年版，第380頁。

策 宋策》載墨子對公輸般的話曰「荊有長松、文梓、楩、柟、豫章」，這些樹木也可以與考古發現相印證，在楚、漢時期的墓葬中，通過對其棺槨和木炭等的鑒定，可以證明這一帶廣布著由常綠喬木、落葉喬木楠、桂、化香木、梓、楸、杉、楓楊、梅等樹種組成的亞熱帶森林和毛竹林。

總之，從上述的研究資料中我們可以知道春秋戰國時期楚國的氣候與植被狀況，其氣溫略高於現在，有時則與現在相差不大，故其植被也是與亞熱帶氣候相適應的花卉草木。

第三節　楚國的河流與湖泊

楚國境內，河流縱橫交錯，湖泊星羅棋布。「江漢沮漳，楚之望也」，長江、漢水、沮水和漳水為人們所熟悉，自不待言；而其境內的廣原大澤，如雲夢澤、彭蠡澤在人們的記憶中亦是印象深刻；不過，洞庭湖、鄱陽湖則對人們來說還是比較陌生的名詞。《詩經 周南 漢廣》篇中云：「漢之廣矣，不可泳思。江之永矣，不可方思。」棲息於江漢之濱的先民們，竟以為江漢之廣，難假舟楫。然則斯時其面貌究竟若何？是否真如詩之所詠？

一、江水

楚國境內最大的河流，無疑屬長江。長江，古人多稱為「江」，它發源於唐古喇山脈各拉丹冬雪山西南側，從世界屋脊青藏高原奔流而下，穿過山高谷深的橫斷山脈，劈開重巒疊嶂的雲貴高原，流經丘陵起伏的四川盆地，切穿雄偉壯麗的三峽，然後馳騁於開闊平坦的平原低地，浩浩蕩蕩地奔注於東海。它所流經的中下游地區，匯集了眾多的河流湖泊，其北側支流主要有沮漳河、漢江和巢湖水系，南支則有清江、洞庭湖水系、鄱陽湖水系、水陽江和太湖水系。在這些地

區，從遠古時期開始就有先民們棲居繁衍，與黃河流域的中原地區一樣，是我國古代文化的發祥地之一。春秋戰國時期，楚人更是在它的哺育之下創造出了輝耀古今的燦爛文化。不過，當時長江的河床及沿岸之地貌形態頗不同於今日。

先來看荊江。荊江是長江在中游沖積平原上的一段河道，上起枝江，下迄城陵磯，全長約400公里。其中藕池口以上稱上荊江，藕池口以下稱下荊江。由於所處地貌形態不同，先秦時期這一段的長江河床上下各各不同，江陵以西的荊江河段，發育在山前沖積扇上，因擺脫了兩岸山地的約束，河流比降陡減，河床中沉積了一系列沙洲，逐漸形成分汊河道，但又因河道受兩岸地形控制，最終都在江陵匯集成深廣的大江；江陵以下荊江河段的發育，與古雲夢澤的演變密切聯繫在一起，河道以分流形式流經雲夢澤地區，其主泓則大體沿今荊江流路至城陵磯合洞庭四水。

據《禹貢》記載：「岷山導江，東別為沱，又東至於澧。」[①]明清時期，有學者據此認為5世紀以前長江主泓是南注洞庭湖，而今天的荊江在當時只是長江的一條汊道。這種看法其實是不正確的。《禹貢》所載荊州之沱，即自大江分出復入於江的長江分汊河道，位置在長江出三峽所形成的沖積扇上，《漢書　地理志》在南郡枝江縣下有明確記載：「江沱出西（南），東入江。」漢代枝江縣在今縣東北，「東入江」即指在枝江縣東面流入長江。酈道元《水經注　江水注》亦云「（江水）又東過枝江縣南，沮水從北來注之[②]」，可見先秦漢魏時代，江、沱分汊後仍在今枝江縣一帶匯入長江，根本不存在分汊主泓南注洞庭合澧水一回事。那麼，「又東至於澧」如何解釋？原來，當時煙波浩淼的洞庭湖尚未形成，現在湖南的湘、資、沅、澧

① 尹世積：《禹貢集解》，上海商務印書館1957年版，第41頁。
② 王國維：《水經注校》，上海人民出版社1984年版，第1078頁。

四水並不能匯注其中，而是在城陵磯以西一帶直接流注長江。因此，《禹貢》所謂「又東至於澧」是指江、沱合流後，大體沿今荊江流路至城陵磯附近與四水匯合，又由於澧水在四水中首先與長江相匯，故《禹貢》以此為言。後來洞庭湖水面不斷擴大，四水下游才形成先注入湖，再由湖入江的局面，而長江東至於澧的水流交匯形勢也不復存在。《水經注》對江陵以西荊江分汊河道的記載是比較清楚的，當時江、沱分支於枝江縣西，江、沱之間有一百多個沙洲，其中以百里洲為大。洲南為江，洲北為沱。江、沱在枝江縣東匯合後接納四水，至江陵西南枚廻洲，又分為南北兩江，中間有故鄉洲、龍洲、寵洲、邴里洲、燕尾洲等沙洲。南、北兩江至江陵城南，終於斷洲通會，自此形成深廣的河床繼續東流，進入雲夢澤。

江陵以下的荊江河段進入雲夢澤後，即以漫流的形式向東南匯注。由於江漢地區現代構造運動繼承第四紀新構造運動的特性繼續沉降，雲夢澤在全新世初期湖沼度極高。在雲夢沉降區平原沖積層以下3～4公尺深處，普遍有湖沼相沉積，表明有史記載以前，長江出江陵進入範圍廣闊的雲夢澤地區，其河槽淹沒於湖沼之中，河床形態不甚顯著，表現在沉積物上為：湖沼相沉積與河流相沉積交替、重疊，但因該地區現代構造運動具有向南掀斜的特性，江陵以東的荊江漫流有逐漸向南推移、匯集的趨勢。至周秦兩漢時期，由於長江泥沙長期在雲夢澤沉積，以江陵為頂點的荊江三角洲在雲夢澤西部首先形成。荊江在三角洲上成扇狀分流水系向東擴散，而主泓受南向掀斜運動的制約，偏在三角洲的西南邊緣，這時下荊江地區尚處於高度湖沼階段，荊江主泓橫穿湖沼區至城陵磯合洞庭四水。在三角洲中部匯注雲夢澤的荊江分流有夏水和湧水。夏水西起今湖北江陵，分江水流經今監利縣北複入於江；湧水約在今湖北江陵東南分江水東流百餘里入江。楚文王時，閻敖因巴人反叛，倉皇游湧水而逃逸。後來因荊江三角洲分流頂點高程增加，此二水變成了冬塞夏通的季節性河流，南朝劉宋盛

弘之《荊州記》云：「（夏、湧）二水之間謂之夏洲，首尾七百里，華容、監利二縣在其中矣。」[1]在南岸今松滋、公安一帶，當時的地勢是西南高、東北低，主要水道都自西南往東北流注長江，如著名的油水，源於湘、鄂交界處，東北流至今公安縣北注長江，戰國時鄂君啟節上的銘文所說的舟行路線，有「上江、入油[2]」，即指溯江而上，在今公安縣北進入油水。

從湖南城陵磯至江西湖口全長480多公里，與荊江一起同屬長江中游河段，先秦時期與荊江的漫流不同，這一段主要表現為分汊性河型，這與它們所處的地質地貌條件不同有關。

長江城陵磯—湖口段所處大地構造單元主要是介於淮陽地盾和江南古陸間狹長的揚子准地臺。它形成於元古代末期，長期緩慢下沉堆積，後經強烈褶皺、斷裂和岩漿活動而分化成一系列被斷裂分開的二級三級構造單元，有的成為凹陷，有的成為隆起，有的則成為褶皺帶。目前，長江城陵磯至武漢段即受北東向的洪湖—金口大斷裂控制而沿南西—北東向流動；武漢至湖口段受南淮陽深斷裂影響折向東南，使長江城陵磯—湖口段成為一個大致以陽邏附近為頂點的向北突出的大弧形。近5000年來此河段以下沉運動占主導，但因兩側構造單元不同，表現在兩岸之間一般是左岸下沉，右岸上升或相對上升。右岸河漫灘平原比較狹窄，不少地段石質山地直接瀕臨江邊或伸出江中成為磯頭，控制著分汊河道的具體位置和演變形式，而左岸除鄂城—田家鎮段表現為山地丘陵外，其餘地區主要是大片沖積低平原，因此本河段絕大多數的河彎和彎曲分汊河段的彎曲方向都

---

① 王文楚等點校：《太平寰宇記》，卷一四六，中華書局2007年版，第2835頁。

② 譚其驤：〈鄂君啟節銘文釋地〉，載《長水集》（下），人民出版社1987年版，第193—211頁。此文最初發表於《中華文史論叢》，第2輯，中華書局上海編輯所1962年版，第169—190頁；朱德熙、李家浩：〈鄂君啟節考釋（八篇）〉，載《紀念陳寅恪先生誕辰百年學術論文集》，北京大學出版社1989年版，第61—70頁。

倒向左岸。

具體來說，城陵磯至石碼頭、沙帽山至武漢市、西塞山至武穴的三個河段大體上屬順直分汊河型，而石碼頭至沙帽山、武漢市至西塞山、武穴至湖口的三個河段則屬彎曲分汊河型。順直分汊河型的河床兩側往往有較多的磯頭瀕臨江邊，甚至呈對稱地鎖住江道，束縛河床自由擺動，因此，其河床在歷史時期變動很小，河道長期比較穩定。彎曲分汊河型兩側的地貌形態有顯著差異，右岸丘陵山地瀕臨江邊，磯頭較多，左岸大多為開闊的氾濫平原，磯頭較少，間距大，容易形成彎曲分汊河道，又在新構造運動向左岸掀斜的支配下，分汊河道的彎曲方向大多向左岸發展，在歷史時期變化較大。

城陵磯—石碼頭河段，除城陵磯外，還有三組磯頭對稱夾江分布，即道人磯和白螺磯、彭城磯和楊林磯、鴨欄磯和螺山磯。據《水經注　江水注》記載分析，6世紀前，上述上下磯頭間的江道較今偏右，緊逼東部丘陵，鴨欄磯尚處於大江之中。特別是螺山磯以下河段，江水受螺山磯迫溜，古河道偏在今河道以東，自鴨欄磯經郭家棚、曉洲、李家、橫河堤至黃蓋山西側挑流北上直抵烏林。在李家附近，廢道河槽至今還相當開闊（圖1—1[①]）。當時在河床中已有沙洲見於記載，如彭城磯附近有可供駐軍的彭城洲等。由於江道緊迫右岸丘陵，夏季江水氾濫於左岸沖積平原，形成完整的自然堤，阻隔雲夢澤與江水的交匯，因此《水經注》在該河段左岸沒有留下任何支流的記載，而右岸則有眾多的季節性溪流注入長江，如黃金浦、良父浦、鴨欄、冶浦等，說明右岸尚無自然堤阻隔或自然堤極不完整，今天右岸的一系列小湖泊，在6世紀以前還沒有形成。

---

① 　引自中國科學院《中國自然地理》編輯委員會：《中國自然地理　歷史自然地理》之圖
　　4-3-11，科學出版社1982年版，第110頁。

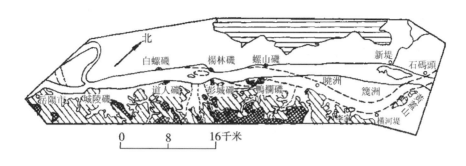

圖1-1　城陵磯－石碼頭河段

　　石碼頭－沙帽山河段，由陸溪口鵝式彎道、嘉魚微彎分汊河道和城陵磯以下長江中下游唯一典型的簰洲灣河曲三部分組成。6世紀以前，該河段屬微彎分汊河型。據《水經注　江水注》記載，當時江水受黃蓋山迫溜北上，直趨烏林，被黃蓬山挑流折向東流，經嘉魚縣西南一帶丘陵，又東北經嘉魚縣城，歸糧洲、燕子窩，穿過簰洲灣頸部，由大灣北上至赤磯山西、沙帽山東。當時江中沙洲較多，著名的有練洲（龍口西北）、蒲圻洲（蒲圻山北）、揚子洲（魚嶽山北）、金梁洲、淵洲（俱在魚岳山東北）、沙陽洲（簰洲東南）、龍穴洲（沙陽洲下尾）、聶洲（赤磯山西南）等，而陸溪口彎道和簰洲灣曲流可能已具雛形，屬長江支浦。

　　沙帽山－武漢市河段，自南向北有5組磯頭夾江分布：沙帽山和赤磯山、大軍山和龍船磯、小軍山和楊泗磯、蝦蟆磯和梅家山以及龜山和蛇山。它們制約著河床的橫向擺動，從《水經注》等史料分析，這一河段的江岸變動少，河床基本穩定，特別是前四組磯頭之間，間距最小，河床相當穩定。

　　武漢市－西塞山河段，南北向局部斷裂與北西向南淮陽深斷裂錯綜交匯，破碎帶錯斷位移，使河道在北西－南東的總流向下曲折多變，形成許多直角狀拐彎，又由於斷層交匯地帶基岩破碎，第四紀疏鬆沉積物發育，有利於河床橫向擺動，當它超過穩定河寬時，

泥沙落淤即形成邊灘、江心洲和分汊河道。事實上，江水過鰪、蛇二山之後，江面驟然展寬，水流挾沙能力下降，在其下游江中即有沙洲漲出，使長江成為分汊河道。據《水經注　江水注》記載，6世紀以前，江中沙洲較今為多，自上而下計有東城洲、武洲、崢嶸洲、舉洲、蘆洲、五洲和三洲等，這些沙洲現今大多已靠岸成陸。目前該河段由天興洲彎曲分汊河道、雙柳鎮（現為新洲區雙柳街道）單一彎曲河道、團風鵝頸式汊道、黃岡彎曲汊道、戴家洲彎曲汊道和散花洲單一彎曲河道等六個部分組成。

西塞山—武穴河段，丘陵山地緊臨河床兩側，使河道發育成峽谷型的單一河段，河床十分穩定。據《水經注　江水注》記載分析，6世紀以前，此河段橫斷面較今略寬，當時大江自西塞山東下，主泓緊迫右岸山地。

武穴—湖口河段，發育於九江沖積扇，由龍坪鵝式汊道、單家洲順直汊道和張家洲彎曲汊道三部分組成，先秦時期，長江出武穴，在九江沖積扇上形成扇狀分汊水系，東注彭蠡古澤，因汊道眾多，《禹貢》謂之「九江」，李白有詩句云「白波九道流雪山」，即此意。由於沖積扇處於下揚子准地槽新構造南向掀斜下陷帶[1]，九江水系趨於向南匯集，至東漢班固著《漢書》時，在尋陽縣（今黃梅縣西南）下注曰：「禹貢九江在南，皆東合為大江。」[2]

湖口以下為長江下游。自鄱陽湖至鎮江段，全長530公里，跨江西、安徽、江蘇三省，屬分汊性河型。在大地構造上，它與長江城陵磯—湖口段同屬淮陽地盾和江南古陸之間狹長的揚子准地臺，發育於地臺的擠壓斷裂破碎帶，安慶以東的長江流路幾乎與斷裂帶完全一致（見圖1—2[3]），寬度可達十幾公里至40公里，第四紀疏鬆沉積物廣

---

① 林承坤：〈第四紀古長江與沙山地形〉，載《南京大學學報》，1959年第2期。

② 《漢書　地理志上》。

③ 方鴻琪：〈長江中下游地區的新構造運動〉，載《地質學報》，1959年第39卷第3期。

泛發育，極有利於河床橫向擺動和分汊河道的形成，受新構造運動左岸掀斜的影響，絕大多數分汊河段的彎曲方向都指向左岸，但因下游河段河谷開闊，與中游相比，其順直與彎曲河段相間的現象不甚顯著。這段長江共有8個順直分汊河段，主要分布在湖口－吉陽段和蕪湖－鎮江段，其中以蕪湖－南京段最為順直；有兩個彎曲分汊河段，都分布在彭澤－縱陽段；有5個鵝頭型分汊河段，主要分布在吉陽－蕪湖段，而以銅陵－高安橋段發育最為充分。在順直分汊河段中，一般江面寬闊，江中沙洲出沒頻繁，河道往復擺動性也較大。

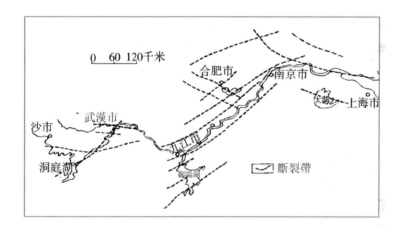

圖1-2　長江中下游地區主要構造斷裂

　　由於歷史記載缺失的緣故（比如《水經注》卷三五〈江水〉篇在記載到今湖北與江西交界處的青林湖就結束了，歷代學者都認為〈江水〉的記載有亡佚），我們現在對於上古時期長江下游流路的具體情況已經不甚了解，所能依靠的僅有通過鑽探與考古得到的資料[①]。

①　楊達源：〈晚更新世冰期最盛時長江中下游地區的古環境〉，載《地理學報》，1986年第41卷第4期；楊懷仁等：〈長江下游晚更新世以來河道變遷的類型與機制〉，載《南京大學學報》（自然科學版），1983年第2期。

在距今18000年前後末次盛冰期時，世界海面大幅度下降，古海岸線大幅度向海推進，大陸架多出露為陸地，當時我國東部幾百公里寬的大陸架就是如此，古長江尾段在大陸架上蜿蜒，直至赤尾嶼與釣魚島間入海，而其在大陸架上的延長河段的平均地面坡降，要比今長江中下游的水面比降與床底坡降大8～10倍左右，由此引起了低海面時期長江中下游發生較強的溯源深切，形成古深槽，古深槽的位置基本上與今河道相吻合。九江附近與黃石附近的長江古深槽偏在今長江的北邊，武漢市青山以下，偏在今長江南灘的南側，這些地方深槽的槽底深達−30～−25公尺，多切在基岩之中；蕪湖附近曹姑洲及其兩側的長江汊道中，末次冰期晚冰期以來的沉積厚達45～55公尺以上，於標高−42～−44公尺處普遍有一薄層鈣質膠結的礫石層，南京附近古深槽嵌在更新世沖積物中，槽底最深達−55公尺以下，附近支谷切深−20～−50公尺不等；鎮江附近古深槽畔窪地中，標高−31公尺以下的含細礫碎屑的灰黑亞粘土，[14]C測年為距今15000 200年；在長江河口已發現有兩支古深槽，一支在今河道北側，大體經南通北部至啟東與如東之間向東，槽底標高在−47公尺以下，啟東附近古深槽內充填厚約50公尺的海侵沉積層；另一支經崇明島一帶向東延伸，該地鑽探剖面中，晚更新世晚期以來的沉積層總厚達90公尺左右。一般認為，現代長江河口三角洲是在冰後期海侵結束後的近6000年內形成發展的，在距今6000年以前，長江河口是一個以鎮江和揚州為頂點的三角港或河口灣，河口南北兩嘴的寬度達180公里。在冰後期海面上升的過程中，由於其上升速率遠大於近河口段的泥沙沉積速率，長江近河口段因此而成為寬廣、水深的喇叭狀河口。在距今2500年左右，喇叭口的頂點在鎮江附近，鎮江、揚州以下的江面很寬。以後海面變化趨於穩定，由長江挾裹而來的泥沙逐漸在河口沉積，使得河口三角洲發育，江面淤

窄，河口下移，唐朝以前鎮江、揚州段的江面仍達20公里，詩人張若虛在《春江花月夜》中曾描述：「春江潮水連海平，海上明月共潮生。灩灩隨波千萬里，何處春江無月明。」正是由於江海相連，寬闊無邊，所以詩人才如此著筆，而人們也把鎮揚之間的江面稱作海門，即作為長江的入海口。在鎮揚以上，才稍具江形。

二、雲夢澤－洞庭湖

雲夢澤的記載先見於《左傳》、《戰國策》和《楚辭》等先秦時期的古籍，而考古和區域地質地貌資料則表明，早在全新世初期，雲夢澤已漸形成。前文提到，約距今18000年前的盛冰期期間，東海海面曾大幅度下降達120公尺以上，由於長江基面下降，河谷下切，相繼產生溯源侵蝕。在這種情形之下，當時荊江為深切河谷，江漢、洞庭地區亦為河谷深切的河網平原。冰後期氣候回暖，海面上升，從而使得河床縱比降變緩，相繼發生溯源堆積。由於長江基面上升，水位上漲，於是在荊江古河槽內首先是瀦水形成湖沼，在距今5000年前後到達荊江第一個高水面時期，早期的雲夢澤即在此時形成，但範圍局限於古河谷內，在荊北以沙市以東、洪湖以西為主體，向幹支流河谷延伸；在荊南以東洞庭湖地區為主體，亦沿各支流呈指狀分布，但因支流河谷不大，相應湖沼規模較小，而在南北之間為廣興洲地塹，河谷較深，南北相通連為一體。隨後因長江上游泥沙源源不斷地充填，使荊江河床淤積抬高，水位上升漫出河槽，導致河湖沼澤再度擴張，形成晚期的雲夢澤。從地質地貌分析來看，其範圍西至松滋口，東接大別山麓，北越漢水，南入洞庭的河谷窪地，其低下者為湖沼，高平者為丘原，包含了多種地貌單元，且水陸相間，這大體就是先秦文獻中所說的「雲夢」，即以「水鄉澤國」視之，從比較寬泛的意義上來理解和使用這一名稱，二者可以互通。但是如果忠實於「澤」之本義，那麼這裡的「雲夢澤」一說是不準確的。「澤」，據《國語　周語》曰：「水之鍾

也」，也就是水積聚的地方，指的是水深的湖泊或者水草叢雜的湖澤，不包括山地丘陵等其他地貌景觀。換句話說，從西晉杜預注《左傳》開始，人們所認為的「跨江南北」、包括江南巴丘湖（相當於今東洞庭湖）的雲夢澤（指湖泊水體）只是對「雲夢」（包括山地、丘陵、平原和湖澤等多種地貌形態）的一種誤解。雲夢澤以湖沼形態著稱，是範圍廣闊、地貌多樣的雲夢的一個組成部分，且與江南的洞庭湖區沒有關係。

先秦時期，雲夢澤大體相當於今江漢平原地區，這裡是一片廣漠的水體（見圖1-3[①]）。由於長江和漢水挾帶泥沙的長期充填，當時這裡已變成平原－湖沼形態的地貌景觀。根據考古發掘和聚落城邑的歷史記載分析，平原有兩大片，分布在江漢地區雲夢澤的東西兩頭，西部平原即江陵以東的荊江三角洲，東部為城陵磯至武漢的長江西側氾濫平原，在這兩塊平原上，早有邑居和聚落，如見於《左傳 昭公七年》的章華臺，故址即今荊江三角洲江陵以東百里的漢晉華容城內；見於《左傳 桓公十一年》和《戰國策 楚策》的州國故城，在長江氾濫平原今洪湖市新灘口附近；此外，在今湖北省監利縣柳關鎮、洪湖市烏林鎮、仙桃市沙湖鎮等地曾發現了新石器時代遺址、在洪湖市瞿家灣鎮的洪湖中還發現了西周時期的墓葬，說明遠在四五千年前長江西側的這一帶已經形成了可供人類定居的氾濫平原，今天浩渺的洪湖，在當時並不存在，而是此後的地貌變遷逐步形成的。因此先秦時期的雲夢澤僅僅局限於這東西兩大平原之間，南北與長江、漢水溝通，西部接納荊江三角洲上的長江分流夏水和湧水。當時這一地區的河湖水系已經受到人類的干預和改造，《禹貢》云「雲夢土作乂」，就是這一過程的最早記錄，當時雲夢澤中的一些地方經過疏導

---

① 引自中國科學院《中國自然地理》編輯委員會：《中國自然地理 歷史自然地理》之圖4-3-1，科學出版社1982年版，第90頁。

治理後已經可以耕種了。

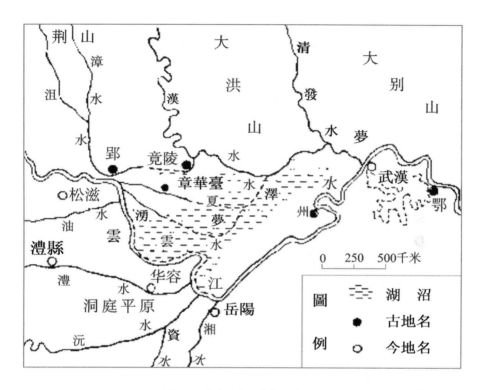

圖1-3　先秦時期雲夢與雲夢澤圖

　　在古籍中，有的「雲夢」的確是指雲夢澤，如見於《周禮　職方》荊州「其澤藪曰雲夢」，見於《爾雅　釋地》、《呂氏春秋　有始覽》之十藪、《淮南子　地形訓》九藪中的「楚之雲夢」等。但另有許多「雲」、「夢」，指的則不是雲夢澤，如《左傳　宣公四年》載，令尹子文之父在䢵時私通䢵子之女，生下了子文，初生時被䢵夫人「使棄諸夢中。虎乳之」。同書昭公三年載，鄭伯到了楚國，楚子與鄭伯「田江南之夢」。「夢」即雲夢的簡稱，它們都不是專指湖泊沼澤，而是指山林原野。又同書定公四年載，吳師入郢，楚昭王自郢出走，「涉睢，濟江，入於雲中。王寢，盜攻之，以戈擊

第一章　楚國自然地理

王」。這裡的「雲」，也是雲夢的簡稱。在《戰國策》、《楚辭》等戰國時代的文獻中，凡是提到「雲夢」的，都離不開楚國統治者的游獵生活。《戰國策　齊策》：「荊有雲夢，犀兕麋鹿盈之。」①又《楚策》云：「於是，楚王游於雲夢，結駟千乘，旌旗蔽日，野火之起也若雲蜺，兕虎嗥之聲若雷霆，有狂兕牱車依輪而至，王親引弓而射，壹發而殪。王抽旃旄而抑兕首，仰天而笑曰：『樂矣，今日之遊也。寡人萬歲千秋之後，誰與樂此矣？』」②這是描寫楚宣王的一次大規模田獵活動。又《楚辭　招魂》：「與王趨夢兮課後先，君王親發兮憚青兕。」這些都說明當時的雲夢屬於山林原野，其中生活著眾多的野生動物，是一個極為廣闊的王室遊獵區。其具體情況，在《國語　楚語下》有所記載，大夫王孫圉出使晉國，談到楚國之寶：「又有藪曰雲連徒洲，金木竹箭之所生也。龜、珠、角、齒、皮、革、羽、毛，所以備賦，以戒不虞者也。所以供幣帛，以賓享於諸侯者也。」③這個「雲連徒洲」，應即《左傳》、《戰國策》等書中的「雲夢」，王孫圉所說的物產中，只有龜、珠生於澤藪中，其他皆為山野林薄中的產品，可見這個雲連徒洲雖然被稱為藪，實際上是山林原野與澤藪連為一體的。漢代司馬相如在〈子虛賦〉中對雲夢的描述最為詳盡，雖然他生活於漢武帝時，但他所鋪陳的雲夢卻是戰國時代的。據〈子虛賦〉說：「雲夢者，方九百里」，其中有山，高到上干青雲，壅蔽日月；山坡傾斜，山勢寬廣，其下連接江河；有各種類型的土壤和岩石，蘊藏著金屬和美玉。東部的山坡和水邊，生長著多種香草，南部則有平原廣澤，緣以大江，限以巫山。高燥區和卑濕區各自繁衍著無數不同的草類；西部則有湧泉清池，中有神龜、蛟鼉、玳瑁、鱉黿，北部有長著巨木的森林和各種果林，林

① 《戰國策　宋衛策》，上海古籍出版社1985年版，第1148頁。
② 《戰國策　楚策一》，上海古籍出版社1985年版，第490頁。
③ 《國語》，上海古籍出版社1982年版，第580頁。

上有孔雀和各種猿類，林下有虎豹等猛獸。楚王遊獵其中，主要以駕車驅馳射獵禽獸為樂。此賦中雖然不乏誇飾之辭，但它所反映的雲夢中有山地、丘陵、平原和湖沼，應是無可懷疑的。其開篇云楚有七澤，雲夢為其一，這與王孫圉稱雲連徒洲為藪一樣，不能理解為全是湖沼池澤，而是有多種地貌形態的綜合體，這就是先秦時期雲夢的原義。

〈子虛賦〉裡描述的雲夢東部，當指今武漢以東的大別山麓以至江濱一帶；西部的湧泉清池，當指沮漳水下游的一些湖泊；北部的高山叢林，當指今鍾祥、京山一帶的大洪山區；南部的平原廣澤，當指分布在郢都附近以至江漢之間的平原湖沼地帶，平原之西限以廣義的巫山即鄂西山地的邊緣，廣澤之南則緣以荊江部分的大江，這才是雲夢中的澤藪部分，即《周禮》、《爾雅》等列為九藪、十藪之一的「雲夢澤」。根據〈子虛賦〉推定的雲夢的範圍，大體可以包括先秦史料中所有有地望可推的「雲」、「夢」，如《左傳　宣公四年》所記令尹子文被遺棄的邔之夢，應在今雲夢縣境；《左傳　昭公三年》的「江南之夢」，亦即《左傳　定公四年》的「雲中」，應在郢都的大江南岸今松滋、公安一帶；〈招魂〉的「夢」在廬江之南，郢都之北，約在今荊門市境。春秋戰國時的雲夢範圍如此廣大，估計東西約在800華里以上，南北不下500華里，比〈子虛賦〉所說「方九百里」要大上好幾倍。在此範圍內，錯雜分布著許多已經開發了的耕地聚落以及都邑，見於記載的，如春秋時有軫（今湖北應城市西）、鄖（今湖北安陸市）、蒲騷（鄖邑，今應城市西北）、州、權（今湖北荊門市東南）、那處（今荊門市東南），戰國時有州、竟陵等國邑。但是一方面雲夢長期作為楚國統治者遊獵的苑圍，另一方面雲夢的主體部分在當時的生產力條件下，耕墾實難，因此見於記載的郢都周圍今湖北江漢平原一帶的城邑，反而不如今豫皖境內淮水兩岸的多，只在雲夢的邊緣地帶有所分布。

與雲夢澤連在一起的是洞庭湖，在《楚辭　九歌　湘夫人》中即有提及：「嫋嫋兮秋風，洞庭波兮木葉下」，此句極寫秋風清冷，黃葉凋零的蕭瑟之象，亦渲染了等候者的淒迷惆悵之情，古往今來為讀者所擊節歎賞，以為狀物寫情之絕妙好辭。前人以為，雲夢之澤跨江南北，包括了荊南之洞庭湖，上文已論及此說之非。然則，當雲夢澤存在的先秦時期，洞庭湖區的地貌景觀究竟若何？經過學者們多方考察，證實此時的洞庭湖區實乃一河網切割的平原景象。

原來，洞庭湖區是燕山運動中所形成的地塹型盆地，後經第三紀的抬升、夷平，湖盆形態已基本消失。隨著新構造運動的來臨，夷平面在第四紀之初的斷塊差異運動中迅速解體，洞庭湖區凹陷成湖，重新開始接受沉積。鑽孔資料表明，第四紀洞庭湖地區的沉降幅度已達220（西）～270公尺（東），這種沉降趨勢，至今猶然。在下更新世中期和中更新世中期的後半段，是洞庭湖的兩個「全盛」時期，範圍很大，但湖水不深，屬斷陷式平淺型湖泊。由於赤山在下更新世即已開始伴隨斷裂作用發生隆起，洞庭湖逐漸被分為東西兩部分。上更新世洞庭湖區的新構造運動，帶有普遍陸升的特徵，湖相沉積消失，盆地呈現河網切割的地貌景觀。赤山更明顯地隆起，基本上具備現今的形態。

全新世初期以後，繼承上更新世普遍陸升的新構造運動性質，洞庭湖區仍為河網縱橫的平原地貌，因此，為新石器時代人類的生產活動提供了極其廣闊的場所。據調查，湖區範圍內的安鄉、南縣、華容、沅江、湘陰、汨羅等縣都有遺址發現，特別是湖區中心部分的大通湖農場各分場，在地表以下7公尺左右的新石器時代遺址中出土了大量石器。新石器時代以後的先秦漢晉時期，洞庭地區雖有沉降趨勢，形成一些局部性小湖泊，但整個河網切割的平原景觀仍很顯著，1957年出土的鄂君啟節，其舟節西南路的銘文說：「自鄂（今湖北鄂城）往：上江，入湘，入資、沅、澧、油」，其

中並沒有提到洞庭湖，也沒有提到各水先入湖，再由湖入江，這說明湘、沅、澧在洞庭山（今君山）附近與長江交匯，戰國時代洞庭地區為平原景色（見圖1—4[①]）。約成書於戰國至漢初的《山海經·中山經》中次十二經亦云：「又東南一百二十里曰洞庭之山，其上多黃金，其下多銀鐵，其木多柤梨橘櫾，其草多菱、蘪蕪、芍藥、芎藭。帝之二女居之，是常游於江淵。澧沅之風，交瀟湘之淵，是在九江之間，出入必以飄風暴雨。」[②]《戰國策·魏策一》記載吳起之言曰：「昔者三苗之居，左彭蠡之波，右洞庭之水。」這裡提到「江淵」、「瀟湘之淵」、「洞庭之水」，其所指當無不同，說明此時的洞庭地區已經出現了一定面積的湖泊水域，或即以「洞庭」命名。此名之由來，據字義可揣測一二，《說文解字》曰：「洞，疾流也」、「庭，宮中也」[③]，即水流湍急之地，據湖區鑽孔資料分析，全新世以來至先秦時期，洞庭地區雖然是河湖切割的平原地貌，但其切割度比較大，起伏相當明顯[④]，這可能使洞庭四水在交匯、入江時水流疾速異常，因此才以此而稱之。當時甚至還出現了以此為郡名的「洞庭郡[⑤]」，也就是《莊子》所說的「洞庭之野」，其〈天運〉篇曰：「帝張咸池之樂於洞庭之野」，又其〈至樂〉篇云：「咸池九韶之樂，張之洞庭之野。」《說文解字》釋「野」為「郊外也」，段玉裁《說文解字注》曰：「邑部曰，距國百里曰郊。冂部曰，邑外謂之郊，郊外謂之野，野外謂之林，林外謂之冂。詩如南、邶風傳皆曰，郊外曰野。鄭風傳曰，野，四郊

① 引自中國科學院《中國自然地理》編輯委員會：《中國自然地理·歷史自然地理》之圖4-3-7，科學出版社1982年版，第103頁。

② 袁珂：《山海經校譯》，上海古籍出版社1985年版，第145頁。

③ 段玉裁：《說文解字注》，中華書局1963年版，第230、192頁。

④ 何業恒：〈洞庭湖地區環境演變的初步研究〉，載《湖南師院學報》（自然科學版），1982年第2期。

⑤ 趙炳清：〈略論「洞庭」與楚洞庭郡〉，載《歷史地理》，第二十一輯，上海人民出版社2006年版，第33—40頁。

之外也。論語，質勝文則野。包咸曰，野如野人，言鄙略也。」[①]
顯然，這裡「洞庭之野」的「洞庭」不應為湖名，而當為郡邑名，
否則難以索解矣。東漢三國時代的《水經注》又記載：「（澧水）
又東過作唐縣北，又東至長沙下雋縣西北，東入於江」，「（沅
水）又東至長沙下雋縣西北，入於江」，「（資水）又東北過益陽
縣北，又東與沅水合於湖中，東北入於江也」，「（湘水）又北過
下雋縣西，微水從東來流注，又北至巴丘山，入於江」[②]，這裡所
記的洞庭四水中，資水與沅水合於湖再入於江，湘、澧二水則直接
流注長江，與後世四水皆流注浩渺的洞庭湖不同。資、沅二水交匯
之湖，根據上文資料可知，當位於益陽縣北、君山西南，這可能就
是屈原在〈湘夫人〉中所說的「嫋嫋兮秋風，洞庭波兮木葉下」之
「洞庭」，吳起所謂「洞庭之波」的「洞庭」也應指此，因為自新
石器時代以來，洞庭地區即處於緩慢沉降之中，這裡可能因低窪
而首先形成平淺型湖泊，雖有一定面積但不會很大，只有居住在
當地的或者南方一帶的人，才知其存在。因此，在此前後詳載全
國各大湖澤的《周禮　職方》、《呂氏春秋》、《淮南子　地形
訓》以及《禹貢》、《漢書　地理志》和《說文解字》等等都沒有
收錄這個湖泊，稍有提及的，除了上述文字外，還有《山海經　海
內東經》篇末所附文字：「沅水出象郡鐔城西，入東注江，入下雋
西，合洞庭中」，「湘水出舜葬東南陬，西環之。入洞庭下。一曰
東南西澤」[③]。

① 段玉裁：《說文解字注》，上海古籍出版社1993年版，第694頁。王國維：《水經注校》，上
　海人民出版社1984年版，第1165—1175、1183—1203頁。
② 王國維：《水經注校》，上海人民出版社1984年版，第1165—1175、1183—1203頁。
③ 王心湛：《山海經集解》，廣益書局1936年版，第117—120頁。

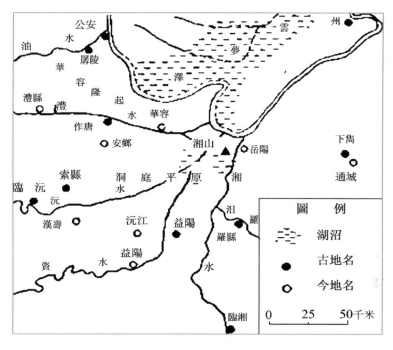

圖1-4 先秦兩漢時期洞庭平原水系圖

很多學者都認為，這兩段文字係由他書攔入的衍文，清人畢沅疑其出自《水經》，袁珂則在校注《山海經》時，直接將這些文字刪除，認為如此「庶符原書本貌[①]」，不過，就這兩段文字來看，其所作時間可能在漢代或稍後，如上所述，這時沅水已經不是直接流注長江，而是先入於洞庭湖中，再匯入長江，文中說沅水「入東注江」與「入下雋西，合洞庭中」，似有矛盾，推斷其為不同時代之人所見到的情形。總之，先秦漢晉時代的洞庭地區是河網交錯的平原景觀，而洞庭湖只是一個地區性的小湖泊，與後來「周回數百里，日月出沒其中」的煙波之景相去甚遠。

---

① 袁珂：《山海經校譯》，上海古籍出版社1985年版，第142頁。

第一章 楚國自然地理

三、彭蠡澤－鄱陽湖

與雲夢澤、洞庭湖一樣，人們習慣上將現在的鄱陽湖認為是古代的彭蠡澤，其實這是一種誤解。鄱陽湖現在是我國最大的淡水湖泊，位於長江中下游南岸，江西省北部，它自西往東接納了修水、贛江、撫河、信江和鄱江等河流，由湖口注入長江，多年平均流量達1433億立方公尺，水域面積在高水位（22公尺）時可達3900餘平方公里，低水位（12公尺）時僅有100多平方公里，高低水位相差10公尺左右，而且季節性變化很大，是典型的吞吐型湖泊。每年春夏之際，湖水猛漲，水面擴大，但見碧波萬頃，浩渺無際，唐朝詩人王勃的〈滕王閣序〉中「落霞與孤鶩齊飛，秋水共長天一色」二句即為形容此湖的千古名句；但進入冬季，則湖面萎縮，只見水束如帶，黃茅白葦，曠如平野，雁泊小湖鑲嵌其中。站在湖中的四望山上，古城遺址歷歷可數，三角洲前緣灘地上古水田阡陌縱橫，溝渠相通，宅基成行，洪水期時這些遺跡又悉數沒入湖中。在茫茫大湖中出現人類活動足跡，說明了鄱陽湖在人類歷史上歷經的滄桑之變！通過分析大量史料與地質鑽孔證據，研究者們一致認為，鄱陽湖大水面形成於400年前後，是一個跨越1600年的年輕湖泊。那麼鄱陽湖何以與彭蠡澤牽連起來，以致形成人們的刻板認識？要弄清楚這個問題，首先要把鄱陽湖盆地、彭蠡澤和鄱陽湖區分開來。

鄱陽湖盆地在大地構造上屬於江南複背斜的鄱陽湖凹陷，形成於中生代。燕山運動使盆地周圍地區強烈褶皺上升而形成諸多山脈，而湖區本身則開始強烈斷裂下陷，導致鄱陽湖的再生，故此可以說鄱陽湖屬新構造斷陷湖泊。在整個更新世時期，由於新構造運動變化劇烈，同時氣候冷熱、乾濕變動頗大，冰期和間冰期交替出現，鄱陽湖在內外力的共同作用下，亦幾經滄海桑田。但直到全新世中期，鄱陽湖盆地仍是一個由南向北傾斜的贛江下游河谷盆地，積水區僅限於盆地北部的湖口地塹內，其面積很小且季節性明顯，或許只是古彭蠡

澤的尾閭，南部廣大地區仍為河流沉積區，因這裡地勢平坦，土壤肥沃，西漢時高帝六年（前201）曾在湖盆中心的四望山（今泗山）上設立鄡陽縣（縣城在今都昌縣周溪鄉，至今城址猶存）來治理，後因鄱陽湖擴張，南朝宋永初二年（421）始廢①。

　　而彭蠡澤，則是在武穴以下的九江、宿松、黃梅和望江一帶的望江凹陷中，其具體範圍包括今宿松、望江間的長江河段及其以北的龍感湖、大官湖和泊湖等湖沼地區，其地勢自南向北傾斜，它的形成與古長江在九江盆地的變遷有密切關係。更新世中期，長江出武穴後擺脫了兩山的挾持，在九江盆地中分成多股汊道，其主泓流經太白湖、龍感湖、下倉鋪至望江匯合。但這條主泓並不穩定，而是在不斷地擺動，由於受科氏力的作用而向右偏轉，更新世後期，長江主泓逐漸南移，從武穴南流入九江盆地南緣，最終遷移到目前的長江河道上②，由此在江北遺留下一系列廢棄的古長江河道。這些河道如果按照自然演變的趨勢早應消亡，但由於該地區處於下揚子准地槽新構造掀斜下陷帶，特別是全新世以來，掀斜下陷更為顯著，再加上全新世中期氣候溫暖，雨量充沛，海面上升，潮流界的範圍大幅度向長江中上游伸展，使長江中下游一帶地勢低窪的地區常被河水充填，於是古長江廢棄河道隨之擴展成一系列湖群，並與九江盆地南緣寬闊的長江水面合併，形成一個空前規模的大湖泊，這就是我國最早的地理著作《禹貢》中記載的彭蠡澤。

　　當時，長江出武穴之後，擺脫兩岸山地約束，形成了一個以武穴為頂點，北至黃梅城關，南至九江市的巨大沖積扇。沖積扇的前緣，根據黃梅境內龍感湖中新石器遺址的分布情況判斷，當在鄂皖交界一線。在《禹貢》時代，江漢合流出武穴後，滔滔江水在沖積扇上

① 王文楚等點校：《太平寰宇記》，卷一〇七，中華書局2007年版，第2140頁。
② 林承坤：〈第四紀古長江與沙山地形〉，載《南京大學學報》，1959年第2期。

第一章　楚國自然地理

49

以分汊狀水系，東流至扇前窪地瀦匯成彭蠡澤，由於沖積扇上汊道眾多，《禹貢》概謂之「九江」。傳說禹疏九江，大體是在分汊河道上加以整治，使之通暢地匯注彭蠡澤，不致在沖積扇上氾濫成災。彭蠡澤曾經是古代長江中下游水上交通的必經之地，出土文物和史書均有明確記載。上文提及的戰國「鄂君啟節」，其中舟行水程之節載有「逾江，適彭射」，據考證，這裡彭射即彭澤，是邑聚名，當得名於江北彭蠡古澤[1]。《史記 封禪書》載元封五年（前106）漢武帝南巡時，「浮江，自尋陽出樅陽，過彭蠡」，尋陽在今湖北黃梅縣境，樅陽即今安徽樅陽縣治，因此，武帝所過之彭蠡，無疑還是戰國時江北的彭蠡澤。又據《水經注》記載：「沔水（今漢水）又南至江夏沙羨縣北，南入於江」，「沔水與江合流，又東過彭蠡澤，又東北出居巢縣」[2]，也證明當時古彭蠡澤是在今長江河床及其北岸。但因彭蠡澤是九江在長江廢棄河段上瀦匯而成的，具有河流的帶狀形態，既可稱之為湖澤，亦可認為是長江的加寬河段，因此，先秦和漢初的許多典籍，記載了全國的許多湖泊，包括長江中下游的雲夢澤、震澤（具區），卻沒有彭蠡澤的蹤影，估計是把彭蠡澤作為長江的拓寬河段來看待的。

由於彭蠡澤是長江新老河段在下沉中受九江瀦匯而成的，因此水下新老河段之間脊線分明，當九江主泓在今九江市折向東北匯注彭蠡澤時，受贛江水流的頂托，其所挾帶的泥沙就在主泓北側的脊線上沉積下來，並與九江汊道帶來的泥沙匯合，年復一年，最後出露水面而形成自然堤，而將彭蠡澤與九江主泓道分離開來。到了東漢班固作《漢書》時，原來東匯彭蠡澤中的九江水系，已「皆東合為大江」，

---

① 譚其驤：〈鄂君啟節銘文釋地〉，載《長水集》（下），人民出版社1987年版，第193—211頁；又，「彭射」之「射」的隸定，見朱德熙、李家浩：〈鄂君啟節考釋（八篇）〉，載《紀念陳寅恪先生誕辰百年學術論文集》，第61—70頁。
② 王國維：《水經注校》，上海人民出版社1984年版，第917—918頁。

則說明當時河湖完全分離的時間，大約在司馬遷作《史記》後的一個世紀左右。此後，每年汛期長江氾濫，在自然堤外側繼續沉積河漫灘相物質，促使彭蠡澤不斷萎縮，最後僅余池陂大小規模和水流通道，江北彭蠡澤之名，遂被聲名顯著的雷池和雷水所取代。

而鄱陽湖則因長江主泓南移，滔滔江水直接阻礙了贛江水系的下泄，使得湖口地塹的水域擴大，地塹以南的平原地帶沼澤化，並迅速向湖泊方向演變，湖面因此急劇向東、向南擴張，最終導致了原來的鄡陽縣淪陷湖中而被撤銷。隋煬帝時，因湖接鄱陽山（今蓮荷山）而得名，唐初時湖面已擴展到南昌附近，故有王勃「漁舟唱晚，響窮彭蠡之濱」之佳句。彭蠡澤與鄱陽湖古今演變的過程可概括如下（表1—2 [1]）：

表1—2　彭蠡澤與鄱陽湖演化表

	古彭蠡澤		鄱陽湖	
時代	當時名稱	位置和範圍	當時名稱	位置和範圍
大禹時代	彭蠡澤	位於現在的長江北岸黃梅、宿松、望江一帶，由長江瀦集而成。		
戰國時代	豫章	大致同上		
兩漢	彭蠡澤	位置較上南移，但在長江之北，並通過長江與「江南彭蠡澤」相通。	彭蠡澤宮亭湖	位於縶子口以北至湖口一帶的狹長水域。
南北朝至唐初	雷池、雷水	在今長江北岸，由古彭蠡澤萎縮而成，並與長江分離。	彭蠡澤、擔石湖、宮亭湖、鄱陽湖	為鄱陽湖形成至全盛時期。面積達6000平方公里，東至余干縣境；西至堃家埠沿贛江主支；北至長江；南至南昌—進賢縣北山一線。
唐、宋、明初	太清池	位置同上，湖面進一步萎縮成一系列湖群。	鄱陽湖	由於三角洲發展，湖面明顯縮小，西涯退至松門山—康山一線；東岸退至棠蔭—蓮荷山一線。
明清以來	龍感湖	同上	鄱陽湖	湖面又一次擴張，三角洲前緣被淹，軍山湖、青嵐湖及一些溺谷型湖灣形成。

---

① 引自蘇守德：〈鄱陽湖成因與演變的歷史論證〉，載《湖泊科學》，1992年第4卷第1期。

第一章　楚國自然地理

不過，雖然先秦時期的鄱陽湖是河網縱橫的平原地貌，但這裡得到開發是很晚的事情。據《鄂君啟節》中沒有提及今江西省內的任何一部分推測[①]，當時這裡是遠遠落後於其近鄰的湖南和浙江的。史籍的記載也證實了這一點，相關文獻裡的先秦地名，可以落實在今江西境內的，只有見於《左傳 哀公二十年》的艾，和見於《史記 吳世家 闔閭十一年》的番。艾一說在今永修縣境，一說在今修水縣西；番在今鄱陽縣東。此外見於《左傳 哀公十九年》的冥，前人也推定當在今江西省境東北部。以一省之大，見於數百年記載的地名僅有三個，則其發展程度如何，概可想見矣。

四、漢水、淮水

漢水與淮水，一為楚國早期肇基之地，一為晚期遷播之域，都在楚國歷史上有著重要意義。但是，在這一時期，兩條河流的自然變遷並不顯著。

漢水亦名沔水，屢見於《尚書》、《詩經》、《左傳》、《國語》等先秦典籍。《尚書 禹貢》述其源流稍詳：「嶓塚導漾，東流為漢，又東為滄浪之水，過三澨，至於大別，南入於江；東匯澤為彭蠡；東為北江，入於海。」[②]嶓塚即今陝西寧強縣境內嶓塚山（漢源山），漢水發源段名漾水，即今漾家河；到漢中始名漢水，又東至楚地，名滄浪之水，即今湖北丹江口至襄陽以西的漢水河段。三澨，當在襄陽以東不遠的漢水之濱[③]。漢水中游河段流經山前丘陵平原地帶，受地質構造的控制，基本流向變化不大。但因河谷較寬廣，河床寬淺，洪枯水位時水面寬度相差幾十倍，河道得以在一定幅度內左右

① 譚其驤：〈鄂君啟節銘文釋地〉，載《長水集》（下），人民出版社1987年版，第193—211頁。

② 尹世積著：《禹貢集解》，上海商務印書館1957年版，第40—41頁。

③ 魯西奇、潘晟：〈漢水中游河道的歷史變遷〉，載《歷史地理》，第十九輯，上海人民出版社2003年版，第270—293頁。

擺動，特別是丹江口─襄陽段左岸（北岸）屬南（陽）襄（陽）斷陷區，水流北界為第四紀疏鬆的河流沖積物，抗沖性能差，易為水流沖刷，故歷史時期的河道一般較今稍為偏南，且因河道擺動，形成許多消漲頻繁的洲灘。襄陽─鍾祥中山口河段位於漢水地塹內，河谷愈向下愈寬，兩岸有較寬廣的河漫灘（左岸較窄，右岸較寬），洪水期容易形成氾濫，可直達兩邊崗地邊緣，河道也往往在河漫灘地帶發生擺動。因此，漢水中游河道在總體上屬於典型的遊蕩型河段。而漢水下游則因其在先秦時期匯入雲夢澤，其具體流路今則難以詳知。

淮河很早就已見於記載，殷商時期的甲骨文中即有「淮」字。在12世紀黃河襲奪以前，淮河是一條獨流入海的大河，古人將其與江、河、濟並列，稱為「四瀆」，《詩經・小雅・鼓鐘》云：「鼓鐘將將，淮水湯湯」，「鼓鐘喈喈，淮水湝湝」，生動地描述了淮河滾滾東流的情景。《禹貢》則述其源流稱：「導淮自桐柏，東會於泗、沂，東入於海。」[①]《漢書・地理志上》「南陽郡」之「平氏」縣下則記載了淮水幹流的情況：「《禹貢》桐柏大複山在東南，淮水所出，東南至淮浦入海」，桐柏即今桐柏山，淮浦故址在今漣水縣治，這兩條史料概括地描述了先秦西漢時期淮河幹流的基本流路及其入海口的位置。三國時的《水經》及北魏酈道元的《水經注》之〈淮水〉篇中，則對淮河幹支流情況有了詳細系統的記述：淮河幹流發源於南陽平氏縣（今河南桐柏縣西平氏鎮）桐柏胎簪山（即桐柏山主峰太白頂），東過江夏平春縣（今河南信陽市西北）北，又東過新息縣（今河南息縣）南，又東過期思縣（今河南淮濱縣期思鎮）北，又東過原鹿縣（今安徽阜南縣南）南，又東過廬江安豐縣（今河南固始縣東南）東北，又東北至九江壽春縣（今安徽壽縣）西，又東過壽春縣北，又東過當塗縣（今安徽懷遠縣淮水南岸）北，又東過鍾離縣（今

---

① 尹世積著：《禹貢集解》，上海商務印書館1957年版，第45頁。

安徽鳳陽東北臨淮關）北，又東北至下邳淮陰縣（今江蘇淮陰市西
南甘羅城）西，又東過淮陰縣北，又東至廣陵淮浦縣（今江蘇漣水縣
西）故城東，又東入於海。這一流路，在北宋後期繪製的〈禹跡圖〉
和〈華夷圖〉（見下圖）中也基本一致。淮河的支流非常多，尤其是
淮北，《水經注　淮水》中記載的就有大小19條支流，自西北向東
南流注淮河；淮河以南，由於山地丘陵逼近淮河幹流，平原狹窄，支
流相對較少且多數為短小河流。其主要支流除沂水、沭水、泗水外，
還有汝水、潁水、渦水、睢水、汴水等。在古淮河流域內，還有大小
上百個湖泊，它們大多分散在支流沿岸和支流入淮處，濟、泗兩水之
間和江淮尾閭之間，其中著名的古澤有滎澤、圃田、蒦苻、孟諸、菏
澤、沛澤和向陽湖等（見圖1—5[①]）。

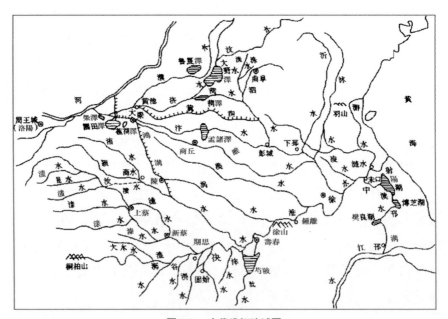

圖1–5　古代淮河流域圖

---

①　參考水利部治淮委員會：《淮河水利簡史》，水利電力出版社1990年版，第11頁；王鑫義主
編：《淮河流域經濟開發史》，黃山書社2001年版，第5頁。

春秋戰國以前，淮河與長江並不相通，淮河與黃河之間，有濟水和泗水通過菏水、汴水、睢水相連，當時淮河流動的範圍大致與現在差不多。春秋後期，由於政治和經濟的需要，人工運河相繼出現。歷史記載最早的一條人工運河出現在淮河流域，這就是「通溝陳蔡之間[①]」的運河，但這條運河沒有留下遺跡。有史籍可考的是西元前486年開挖的邗溝，溝通了淮河與長江，此即蘇北里運河的前身。此後又開挖鴻溝溝通了黃河和淮河，開挖菏水溝通了濟水和淮河，到漢代時已形成了溝通江、淮、河、濟的水運網。

---

① 　王國維：《水經注校》，上海人民出版社1984年版，第295頁。

第二章　楚國政治地理

　　政治地理學是從空間的角度來研究人類社會政治現象和政治過程產生、發展的原因、結果，及其空間分布的一般規律和特徵。一般認為，政治地理學研究的主題是政治區域。所謂政治區域，是指地球表面上任何按照政治標準劃分的地區，它既包括一個國家或國家之下的行政區，也包括數國結成的區域。政治區域作為一個基本範疇是由三個要素組成的：其一，政治系統；其二，一定數量的人口；其三，地理區域。任何政治區域都是這三個要素的有機統一體。國家是最基本的政治區域，因此政治地理學也可以說是對國家的空間結構及其內、外活動的研究[1]。與國家有關的領土、邊界、首都、行政區、政治地理格局等相應地成為政治地理學研究的主要內容。本章即著眼於這些方面，嘗試對楚國的政治地理略作分析。

第一節　楚國的疆域

　　楚以國稱，前後約800年，其疆域盈縮變化，亦不可以一語盡之。《史記　孔子世家》記楚昭王時令尹子西語云：「楚之祖

---

① 　王恩湧等：《政治地理學》，高等教育出版社1998年版，第1—3頁。

封於周，號為子男五十里。」《史記　楚世家》亦云：「熊繹當周成王之時，舉文、武勤勞之後嗣，而封熊繹於楚蠻，封以子男之田，姓羋氏，居丹陽。」這就是楚國初封之疆與肇基之地。其後楚人發揚踔厲，營疆擴土，終於發展為雄踞江淮、「地方五千里」的泱泱大國。

一、西周時期的楚國疆域

在熊繹受封之前，楚人即已開始了對疆土的經營活動。楚人初居丹陽，「號為子男五十里」，誠可謂彈丸之地，但此地之得來亦屬不易。《墨子　非攻下》記載：「昔者楚熊麗，始討此睢（雎）山之間」，清人畢沅注曰：「討字當為『封』，睢山，即江漢沮漳之沮。」但以「討」為「封」之誤，亦有解釋不通之處，即熊繹受周成王之封難有著落，故孫詒讓加注按語曰：「《史記　楚世家》熊繹當周成王之時，舉文、武勤勞之後嗣，而封熊繹於楚蠻，是始封楚者，為熊麗之孫繹，與此書不同。梁玉繩云：『麗是繹祖，睢為楚望，然則繹之前已建國楚地，成王蓋因而封之，非成王封繹始有國耳。』」[1] 這裡孫氏引梁氏語，出自其書《史記志疑》卷二十二，其下亦有小字曰「『討』疑作『封』[2]」。有學者認為，這裡的「討」釋作「征討、征伐」更符合原意 [3]，似不確。對「討」意的理解，或應結合《墨子　非攻下》的上下文來確定。上引《非攻下》「熊麗」句之下文曰：「越王繄虧，出自有遽，始邦於越；唐叔與呂尚邦齊、晉。此皆地方數百里，今以並國之故，四分天下而有之。」句中的「邦」用作動詞，指建立國家，它可以與「討」互釋，有學者指出上引梁氏之說「甚是」、「極有見地 [4]」，熊麗之「討此睢山之間」，

---

① 〔清〕孫詒讓：《墨子閒詁》，上海書店1986年版，第95頁。
② 〔清〕梁玉繩：《史記志疑》，中華書局1981年版，第1006頁。
③ 李玉潔：《楚國史》，河南大學出版社2002年版，第39頁。
④ 何浩：《楚滅國研究》，武漢出版社1989年版，第26頁。

即指熊麗開始在「雎山之間」建立統治關係①，當較符合原文之意。所謂「建立統治關係」，即指熊麗佔領了這一塊地方，樹立了自己的權威，並對其土地、百姓徵收賦稅，施行統治等等。但是，這一地方性政權沒有得到周天子的認可，因此後來周成王「封熊繹於楚蠻」之地，對楚國來說是具有標誌性意義的事件。雖然它「只不過是承認楚國存在的既成事實，給他一個封號而已②」，卻使得楚國具有了政治合法性，從此楚方得以國稱行於諸侯間。

楚疆最初號為「子男之田五十里」，究竟有多大？「子男五十里」屬周制，《禮記　王制》云：「王者之制祿爵，公、侯、伯、子、男，凡五等……天子之田方千里，公侯田方百里，伯七十里，子男五十里。不能五十里者，不合於天子，附於諸侯曰附庸。」《孟子　萬章》載孟子曰：「天子之制，地方千里，公侯皆方百里，伯七十里，子男五十里，凡四等。不能五十里，不達於天子，附於諸侯，曰附庸……大國地方百里……次國地方七十里……小國地方五十里。」《管子　事語》也有類似記載，這些都是周室班爵祿制的表述，「子男」是爵稱，「五十里」則是爵封地之範圍，表明了周王朝對諸侯的等級限額。但是，在當時的管理體制下，它不可能嚴格執行③。而且，楚人雖號稱祝融之後，其先鬻熊曾「子事文王」，但畢竟流落於蠻夷之地，與周天子關係疏遠，因此其初受封時難有高等爵位是可想而知的，但子男之田五十里絕非當時楚人所控制的全部區域，其實際範圍可能更大。《墨子　非攻下》說「熊麗始討此雎山之間」，「皆地方數百里」云云，可見楚人所占之土在熊麗之時就要比制度上的限額高得多，因此熊繹受封時，其可控之區應當不會小於其

① 羅運環：《楚國八百年》，武漢大學出版社1992年版，第72—73頁。
② 黃德馨：《楚國史話》，華中工學院出版社1983年版，第6頁；羅運環：《楚國八百年》，武漢大學出版社1992年版，第75頁。
③ 羅運環：《楚國八百年》，武漢大學出版社1992年版，第72—73頁。

祖，或許由於其爵位列於末等，故在土地的數額上只能作相應比附。

熊繹五傳至熊渠，疆土得以擴張。熊渠以膽氣和勇力見稱，他整軍經武，成效卓著，特別重視團結那些願意臣服於楚的小邦部落，在江漢之間很得人心，「蠻夷皆率服」。其時周夷王在位，王室衰微，諸侯或不朝貢，或互相攻伐，周天子也不能制止。趁此之際，熊渠征討蠻夷，「乃興兵伐庸、楊粵，至於鄂①」，擴大了楚國的疆域。

庸，是一個古老的方國，《正義》引《括地志》云：「房州竹山縣，本漢上庸縣，古之庸國。昔周武王伐紂，庸蠻在焉。」②其地在今湖北竹山縣堵河流域，其居民以濮人居多。楊粵，即楊越、揚越，揚越得名於揚水，揚水在江漢平原中部，連接漢水和長江。所謂揚越，即揚水以東和以南的越人，實即濮人③。過去有人認為揚越之揚是指揚州，這是不準確的。

鄂，有西鄂和東鄂兩種說法。西鄂在今南陽南，東鄂在今鄂州。西鄂可能與西周的姞姓有關，周昭王南征時曾到過鄂國，其後鄂侯與周王室有姻親關係，《噩侯簋》云：「噩侯乍王姞媵簋」，即其證。據《禹鼎》記載，西周中後期，「噩侯馭方率南淮夷、東夷廣伐南國、東國至於曆內」，周因此滅鄂，此鄂不可能是東鄂，而是《漢書　地理志》南陽郡的西鄂縣，楚懷王時鄂君啟曾就封於此。東鄂作為地名最早見於屈原《九章　涉江》，曰：「乘鄂渚而反顧兮」，王

---

① 《史記　楚世家》。
② 《史記　楚世家》。
③ 濮人是我國古代南方的最大族系，庸、揚越的主要族群即是濮人，在後世的文獻中他們被稱為「越」。濮也是楚國境內人數最多的少數民族，和楚人關係密切。在楚國的南方地帶，有時稱為「濮地」，有時又稱為「越地」；住在那裡的人民，可以稱「濮」，也可以稱「越」。熊渠封其子為句亶王之「句」、越章王之「越」，都是百越慣用的名稱，其地亦屬濮人區域。此請參閱江應樑：〈說「濮」〉，載《思想戰線》1980年第1期；又轉載於《中國社會科學》1980年第5期；另據研究，春秋初、中期的楚國西境和南境都有濮人居住，楚國開發西境和南方的過程，幾乎可以說，主要就是開濮的過程。此可參考殷崇浩、何浩：〈試述楚人取得的幾處濮地〉，載《求索》1982年第2期。

逸章句：「鄂渚，地名。」渚為水中的小塊陸地，鄂渚因鄂地得名，此鄂當即東鄂。《說苑 善說》有鄂君子皙，即《左傳》中的令尹子皙，為楚康王、靈王的同母弟，其封地在東鄂，故名鄂君。《說苑》記載他乘坐華麗的遊船，為他划船的越人擁楫而歌：「今夕何夕兮搴舟中流，今日何日兮得與王子同舟，蒙羞被好兮不訾詬恥，心幾煩而不絕兮得知王子，山有木兮木有枝，心悅君兮君不知。」[①]這個有越人生活的鄂，應是《漢書 地理志》江夏郡的鄂縣，也是熊渠所伐之鄂。熊渠出兵路線，當是向西攻打庸後，即沿漢水而下進攻長江流域的越人，一直攻打到東鄂，鄂扼守長江中游，戰略地位極其重要，而且銅礦資源極為豐富，現在大冶銅綠山一帶已經發現了大型古代礦冶遺址，表明此地可能是當時最大的銅業生產中心。大概正是在此誘惑之下，熊渠才不憚長江風濤之險，勞師遠征，來到鄂地。

在征服了鄰近的部落、方國之後，熊渠又將這些地區分別封給他的三個兒子去統治。《史記 楚世家》云：「（熊渠）乃立其長子康為句亶王，中子紅為鄂王，少子執疵為越章王，皆在江上楚蠻之地。」句亶，裴駰《史記集解》引張瑩曰：「今江陵也。」司馬貞《索隱》：「《地理志》云江陵，南郡之縣也。楚文王自丹陽徙都之。」即二人皆以句亶在今江陵縣境。近來黃鳳春撰文，主張句亶當在今湖北鄖縣遼瓦店子[②]，言雖成理，然尚需更多史料以佐證。

鄂即東鄂，在今鄂州市境內。越章，其地望不易指實。先師張正明先生認為「據現有資料，以在今湖北秭歸縣較為可靠[③]」。不過，從熊渠所伐之地來看，越章王是楚在佔領揚越之地後設置的，考慮到當時的政治、軍事形勢，如果句亶即江陵、鄂即東鄂不誤的話，那

① 〔漢〕劉向撰，向宗魯：《說苑校證》，中華書局1987年版，第278—279頁。
② 黃鳳春：〈鄖縣遼瓦店子與楚句亶王——楚熊渠分封三王地理的檢討之一〉，載《江漢考古》，2010年第2期。
③ 張正明：《楚文化史》，上海人民出版社1987年版，第25頁。

第二章 楚國政治地理

麼，越章應當處於句亶與東鄂之間，否則鄂將因離楚境過遠而勢難持久，而且要想控制「江上楚蠻之地」，特別是鄂地的銅礦資源，則越章宜與句亶、鄂相呼應。值此之故，現在有兩種看法足資參考。第一種看法認為越章「在安陸之章山、章水一帶 [①]」，因為據《明史　地理志》：「章山，安陸東有章山，即豫章山」，學者多以為，吳師入郢時所過之豫章，並與楚軍夾漢對峙之地即指此，這裡也曾是揚越的分布地。沈會霖《安陸縣志》：「（安陸）成王時屬熊繹，夷王時屬越章王執疵。」這句話前半段是錯的，後半段是對的，「從熊渠出兵南向擴地的次序來看，先征竹山之庸，再征夏水一帶的揚越，然後兵力到達大冶、鄂城之鄂。並依次在今江陵建立句亶王國，在安陸建立越章王國，在鄂建立鄂王國。論次序，越章王國的地望也當在安陸的章山、章水一帶，正是漢東的豫章。江東與江北（江陵以至漢口一帶的長江以北）正是揚越分布之地，而越章又在揚越的北面……故越章的地望確定在安陸之章山、章水一帶是無疑了。」第二種看法認為越章「在雲夢一帶是有可能的 [②]」，據云：「今雲夢縣有越王臺，《清一統志》謂在縣北十四里。《名勝志》謂：地名許落市。《德安府志》謂：或曰楚熊渠少子越章王遊觀地。若以楚地形勢論之：雲夢、江陵、鄂，適成鼎足，藩封捍衛，理當取此。「我以為封越章王當與伐楊越有關。若熊渠中子紅所封之鄂為東鄂可以成立的話，那麼，這個越章當處於東鄂與楚都丹陽之間，否則鄂將孤立無援。所以越章在雲夢一帶的可能性比較大。」上述兩種看法都有其可取之處，它們的共同點是將熊渠三子所封之地看做三個政治、軍事據點，控制著漢水下游及長江中游沿岸地區，楚國由此穩固地佔領了豐厚的銅礦資源而獲得了振興的資本。但是，從前揭楚國歷史自然地理中的有關內容來

---

① 何光岳：〈「越章」考〉，載《江漢論壇》，1984年第10期。
② 羅運環：《楚國八百年》，武漢大學出版社1992年版，第107頁。

分析，筆者以為第一種看法，也就是越章在安陸之說似較勝。因為今之雲夢縣在西周時可能還是林澤之區，即鄂君田獵時遇見子文受虎乳之「夢」，故其可以為「遊觀地」，但要建立大片的居住地，或許尚需時日。

　　周厲王在位時，由於他為人「暴虐」，對周邊「荒服」地區不斷攻伐，曾親自南征，鎮壓淮夷的反抗，被征服的南夷、東夷有「廿又六邦」（《宗周鐘》），據《史記　楚世家》記載，熊渠「畏其伐楚，亦去其王」，即去掉了他三個兒子的王號，避免與周王朝發生正面衝突，據今本《竹書紀年》卷下記載，周厲王元年「楚人來獻龜貝」，以向周王朝示好，但這種謙下低調保存實力的方式，並不能使周王朝放鬆警惕，周厲王十四年時「召穆公帥師追荊蠻，至於洛」，此時楚子熊勇在位。楚國強勁的發展勢頭似乎一直讓周王朝感到不安，周宣王五年「秋八月，方叔帥師伐荊蠻[1]」，此事亦見於《詩經　小雅　采芑》：「蠢爾蠻荊，大邦為讎。方叔元老，克壯其猶。方叔率止，執訊獲醜。戎車嘽嘽，嘽嘽焞焞，如霆如雷。顯允方叔，征伐玁狁，蠻荊來威。」[2]據「蠻荊來威」之語推測，是楚向周做了妥協，此後周宣王進一步對楚採取了限制措施，改封「元舅」申伯（姜姓）於謝（今河南南陽），重新建立了一個申國。《詩經　大雅　蕩之什》[3]詳細贊述其事：

　　崧高維嶽，駿極於天。維嶽降神，生甫及申。維申及甫，維周之翰。四國於蕃。四方於宣。
　　亹亹申伯，王纘之事。于邑于謝，南國是式。王命召伯，定申伯

① 黃永年校點：《古本竹書紀年輯校　今本竹書紀年疏證》，遼寧教育出版社1997年版，第92—95頁。
② 〔宋〕朱熹：《詩經集傳》，上海古籍出版社1987年版，第79頁。
③ 〔宋〕朱熹：《詩經集傳》，上海古籍出版社1987年版，第144—145頁。

第二章　楚國政治地理

之宅。登是南邦，世執其功。

王命申伯，式是南邦。因是謝人，以作爾庸。王命召伯，徹申伯土田。王命傅御，遷其私人。

申伯之功，召伯是營。有俶其城，寢廟既成，既成藐藐。王錫申伯，四牡蹻蹻，鉤膺濯濯。

王遣申伯，路車乘馬。我圖爾居，莫如南土。錫爾介圭，以作爾寶。往近王舅，南土是保。

申伯信邁，王餞於郿。申伯還南，謝于誠歸。王命召伯，徹申伯土疆。以峙其粻，式遄其行。

申伯番番，既入于謝。徒禦嘽嘽。周邦咸喜，戎有良翰。不顯申伯，王之元舅，文武是憲。

申伯之德，柔惠且直。揉此萬邦，聞於四國。吉甫作誦，其詩孔碩。其風肆好，以贈申伯。

這首詩是宣王的母舅申伯出封於謝，宣王派召伯虎給他建築謝城，賜予他車馬、介圭，並親自在郿地給他餞行，大臣尹吉甫為此歌詠贈別，創作此詩贈給申伯。謝是楚國通向中原的門戶，也是周人南土的軍事重鎮，周宣王封申伯於此，目的非常明確，就是要依靠「維周之翰」、「四國於蕃」、「四方於宣」的申伯使「南土是保」，希望申伯與漢東諸姬一起加強對南土的防守力量，以阻遏楚人的北向擴張。但是這一舉動並沒有達到預期的效果，隨著周天子力量的式微，對諸侯的控制能力降低，楚及其他諸侯國趁機崛起，這種趨勢在西周末年時周史伯即有預言，語見《國語　鄭語》：「融之興者，其在羋姓乎？羋姓夔、越不足命也。蠻羋蠻矣，唯荊實有昭德，若周衰，其必興矣。」歷史發展真的應驗了這一預言，「及平王之末，而秦、晉、齊、楚代興，秦景、襄於是乎取周土，晉文侯於是乎定天子，齊莊、僖於是乎小伯，楚蚡冒於是乎始啟濮。」濮是一個有著悠久歷史

的方國部落，《尚書　牧誓》記載的參與周武王伐紂滅商戰爭的隊伍中，就有濮人的身影，他們散處於江漢之間，號稱「百濮」。春秋初年時，他們已被納入楚國的勢力範圍之內。

然則兩周之際，楚國的疆域範圍究竟有多大？《左傳　昭公二十三年》載：「若敖、蚡冒至於武、文，土不過同。」杜預注曰：「方百里為一同，言未滿一圻。」又說：「方千里為圻。」很多人將「不過」理解為「不超過」，由此認為西周末年時楚國的勢力還很弱小，楚境尚不過百里之數。其實這是一種誤解。正如孔穎達《春秋左傳正義》所指出的：「言田雖至九百里，猶止名『同』，故云『不過同』，非謂百里以下也。」即雖有數同而未滿一圻，不過似乎不宜因此估計過高，蓋《墨子　非攻中》有云：「南則荊吳之王，北則齊晉之君，始封於天下之時，其土地之方，未至有數百里也。」若敖、蚡冒時，楚人已由荊山向東發展到漢水西側，並在郢城以南兼併了姬姓聯國。從考古發掘資料來看，這個時期的楚文化遺存，以今沮漳河的中游和下游為淵藪。這表明，「正是在楚人沿古沮水河谷向東發展占有漢西平原的兩周之際，楚勢還曾自荊山以南延伸至大江以北的今當陽、荊門、江陵一帶[①]」。

二、春秋時期楚國的疆域

蚡冒死，其弟熊通殺其子而代立，時為周平王三十一年（前740），熊通三十七年，自號為武王。武王死，子文王立，文王兩傳至成王，成王兩傳至莊王。自熊通以後，楚國進入了一個併吞諸侯方國，大力開疆拓土的擴張時期。楚國不僅將周邊的一批蠻夷部落方國盡行吞滅，而且還將用來藩屏周王朝的「江漢諸姬」以及淮河流域的一些諸侯國都收歸囊中，使得楚國的疆域達到了前所未有的廣大。據劉向在《說苑　正諫》中說：「荊文王……務治乎荊，兼國

① 何浩：《楚滅國研究》，武漢出版社1989年版，第21頁。

三十。」而《韓非子　有度第六》也說：「荊莊王並國二十六，開地三千里。」則文王、莊王時即吞併了56個國家，但這個數字是有問題的，《春秋》、《左傳》直書楚滅之國，僅有息、鄧、弦、黃等17國。清人顧棟高在《春秋大事表》中對春秋時期各諸侯國的族屬、疆域、滅國等作了比較系統的研究，在是書卷四《楚疆域表》中加按語曰：「楚在春秋吞併諸國凡四十有二」，但其所列具體各國，則有錯訛之處，如將一國誤為二國，或將城邑、蠻夷部落當做諸侯國等等，故實際數額並沒有超過42國。現在有學者對楚所滅之國進行了梳理、校訂，但彼此清理出的數字亦有較大差別，如黃德馨認為僅51國[①]，而何浩則認為當有61國之數[②]。下面具體列出黃、何二位學者所列表中俱有之國：

聃，姬姓，地在今湖北荊門市東南[③]，熊咢元年至若敖十七年（前799—前774）被滅。據《左傳　莊公十八年》：「遷權於那處（杜注：楚地，南郡編縣東南有那口城。那，又作聃）」。此約為楚最早所滅之國，時為周宣王與幽王在位時。

權，子姓，地在今湖北荊門市東南，楚武王三十四年至五十年（前707—前691）被滅。據《左傳　莊公十八年》：「楚武王克權。」

羅，熊姓，地在今湖北宜城市西二十里，楚武王四十三年至五十年（前698—前691）被滅。

盧戎，嬀姓，地在今湖北襄陽縣西南。在楚武王四十三年至五十年（前698—前691）被滅。

---

① 黃德馨：〈楚疆域變遷考略〉，載《武漢師範學院學報》（哲學社會科學版），1980年第4期。
② 何浩：《楚滅國研究》，武漢出版社1989年版，第10—13頁。
③ 按：各地名之今地，如何、黃二表相同，則依表注出；如二表不同，則依史為樂主編之《中國歷史地名大辭典》（中國社會科學出版社2005年版）。下不另注。

申，姜姓，地在今河南南陽市。楚文王三年至六年（前687—前684）被滅。

呂，姜姓，地在今河南南陽市西。楚文王三年至六年（前687—前684）被滅。

息，一作鄎，姬姓，地在今河南息縣西南。楚文王十年（前680）被滅。

鄧，曼姓，地在今湖北襄陽市北。楚文王十二年（前678）被滅。

穀，嬴姓，地在今湖北穀城縣。堵敖元年至楚成王十六年（前676—前656）被滅。

軫，不得姓，地在今湖北應城市西。楚成王三十三年至十七年（前639—前626）被滅。

貳，姬姓，地在今湖北廣水市南。楚文王五年至楚成王十六年（前685—前656）被滅。

州，偃姓，地在今湖北洪湖市東北。楚文王五年至楚成王十六年（前685—前656）被滅。

絞，不得姓，地在今湖北鄖縣西北。堵敖二年至楚成王十六年（前675—前656）被滅。

鄖，嬴姓，地在今湖北安陸市。楚文王十二年至楚成王十七年（前678—前655）被滅。

蓼，己姓，地在今河南唐河縣南湖陽鎮。楚文王五年至楚成王十六年（前685—前656）被滅。

弦，隗姓，地在今河南光山縣西北。楚成王十七年（前655）被滅。

道，姬姓，地在今河南確山縣北，一說在今息縣西南。楚成王三十年至四十六年（前642—前626）被滅。

房，祁姓，地在今河南遂平縣。楚成王三十年至四十六年（前642—前626）被滅。

柏，柏姓，地在今河南西平縣西。楚成王三十年至四十六年（前

642－前626）被滅。

黃，嬴姓，地在今河南潢川縣西北。楚成王二十四年（前648）被滅。

蔣，姬姓，地在今河南淮濱縣東南期思鎮。楚成王二十四年至三十七年（前648－前635）被滅。

英，一作英氏，偃姓，地在今安徽金寨縣東南。楚成王二十六年（前646）被滅。

夔，羋姓，地在今湖北秭歸縣。楚成王三十八年（前634）被滅。

江，嬴姓，地在今河南正陽縣東南。楚穆王三年（前623）被滅。

六，偃姓，地在今安徽六安市北城北鄉。楚穆王四年（前622）被滅。

蓼，一作繆國，姬姓，地在今河南固始縣東北蓼城岡。楚穆王四年（前622）被滅。

郡，允姓，地在今湖北宜城市東南，楚穆王五年至十二年（前621－前614）被滅。

宗，偃姓，地在今安徽桐城縣北。楚穆王十一年（前615）被滅。

庸，不得姓，地在今湖北竹山縣西南。楚莊王三年（前611）被滅。

麇，嬴姓，地在今湖北鄖縣西。楚莊王三年（前611）被滅。

舒蓼，偃姓，地在今安徽舒城縣至廬江縣古龍舒城之間。楚莊王十三年（前601）被滅。

蕭，子姓，地在今安徽蕭縣西北。楚莊王十七年（前597）被滅。

巢，偃姓，地在今安徽六安市東北。楚共王八年至十六年（前583－前575）被滅。

舒庸，偃姓，地在今安徽舒城縣西南。楚共王十年（前574）被滅。

舒鳩，偃姓，地在今安徽舒城縣。楚康王十二年（前548）被滅。

賴，即厲，姜姓。賴國，一說在隨棗走廊內今湖北隨州東北百餘里的殷店一帶，一說在淮河以北的今河南鹿邑縣東十里之古厲鄉，

春秋中期後南遷於今息縣東北的包信鎮一帶[①]。楚靈王三年（前538）被滅。

唐，姬姓，地在今湖北隨州市西北唐縣鎮。楚昭王十一年（前505）被滅。

頓，姬姓，原在今河南商水縣東南，後迫於陳而南遷，在今河南項城市西南南頓鎮。楚昭王二十年（前496）被滅。

胡，歸姓。地在今安徽阜陽市。楚昭王二十年（前496）被滅。

戎蠻，即蠻氏，地在今河南伊川縣西南東西蠻子營（今名東、西村）。楚昭王二十五年（前491）被滅。

陳，媯姓，都宛丘，地在今河南淮陽縣。楚昭王三十八年（前478）被滅。

以上40國，二位學者都認為是春秋時期楚國所吞併拓展之疆土。另外還有一些不同的意見，如桐，在黃表中有而何表中無。桐屬偃姓，地在今安徽桐城縣北。《左傳 定公二年》記：「桐叛楚。」杜預注曰：「桐，小國，世屬於楚。廬江舒縣南有桐鄉。」黃氏認為其被滅可能在魯定公二年，並在注釋中解釋說：「桐本楚附庸國，魯定公二年叛楚，後不見於《春秋》、《左傳》，故可能於此時滅於楚。」此說如無新資料證明其非，則宜先從之。如此，則可以認為，已知的春秋時期楚所滅國，應該是41國。另外，在何表中有而黃表中無的一些條目，如繒、應、西黃、皖、州來、養、不羹等，何書亦論之甚詳[②]，其說較為嚴謹，亦可從。故綜上所述，春秋時期楚國的疆域擴張之勢，從其空間分布與征服時間來看，大致以郢都為中心，先經營漢水以西，再征服漢水以東，逐漸向江淮之間進發（參考

---

① 徐少華：〈古厲國歷史地理考異〉，載《歷史地理》，第十九輯，上海人民出版社2003年版，第126—132頁。

② 何浩：《楚滅國研究》，武漢出版社1989年版，第125—151頁。

圖2-1 ①）。

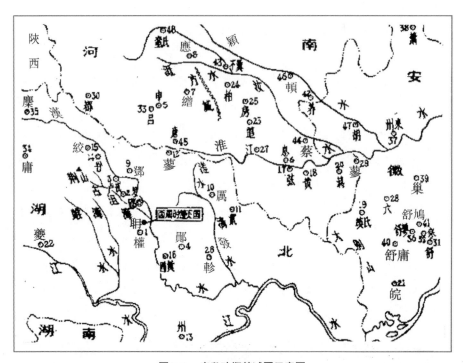

圖2-1　春秋時期楚滅國示意圖

　　在這一過程中，楚國亦拓境江南，以今湘西北地方為入口，向西、向南延伸，擴張至湘、資、沅、澧四水流域。楚成王時周天子賜胙，讓其「鎮爾南方夷越之亂」，即是征服長江以南湘、資流域的濮人②，楚共王（前591—前560）時即「撫有蠻夷，奄征南海，以屬諸夏」，而在今湖南長沙、常德、衡陽等地曾發現春秋中晚期的楚墓③；楚平王時因長期在中原爭霸中受到削弱，無力北圖和東進，於是收縮力量經營南方，《左傳　昭公十九年》即記載「楚子為舟師以

① 引自何浩：《楚滅國研究》，武漢出版社1989年版，第148頁。
② 殷崇浩、何浩：〈試述楚人取得的幾處濮地〉，載《求索》，1982年第2期。
③ 高至喜：〈楚人入湘的年代和湖南越楚墓葬的分辨〉，載《江漢考古》，1987年第1期。

伐濮」，濮人散處於江南，這是楚人對南方的一次大規模的軍事行動，其結果就是楚得以「收南方」，楚平王的南征，還有史跡可循，《輿地紀勝》常德府部錄南朝梁伍安貧〈武陵記〉云：「其湖產菱，殼薄肉厚，味特甘香，楚平王嘗采之，有采菱亭。」後世的采菱亭可謂楚國經營江南的一條旁證。因此，如果說「春秋楚南境的範圍，包括今湖北境內除清江流域（時為巴地）以外的江南各地，直至湖南南嶺山脈以北地區[1]」，或者說楚國南境「依據先秦史籍，結合考古資料，參照唐人看法，比較恰當的估計應該是：其南達零陵（唐永州治所）、常寧（唐衡州轄縣）、耒陽（唐衡州轄縣）以南，其東、西稍出今湖南省境，其東北至修水、錦江流域，其西南略伸入今廣西東北境內，即除湘南以外的今湖南省大部地區和贛西北的部分地區[2]」。略為誇張的話，則比較保守地估計說，春秋時期楚國之南疆已達今湖南中部是沒有疑義的。

三、戰國時期楚國的疆域

戰國時期，楚疆進一步擴張。南收揚越，佔有蒼梧，抵於五嶺；但這一階段楚國勢力頗有起伏，西面又有強秦崛起，屢遭侵奪，故其疆域往往失之東隅，收之桑榆，巫郡、黔中郡乃至郢都等皆落入秦手，但竟能北略泗水以東，併吞魯國，北祭泰山，只是此時楚國已經距其滅於秦僅有35個年頭了。在此依然列出黃、何二表內楚所滅之國。

許，姜姓，地在今河南魯山東南，楚肅王八年至十年（前373—前371）被滅。

蔡，姬姓，春秋時屢受齊、楚侵伐。楚靈王十年（前531）為楚所滅，3年後（前529）楚平王複立蔡，蔡平侯遷新蔡（今河南新

---

① 何浩：《楚滅國研究》，武漢出版社1989年版，第68頁。
② 何浩、殷崇浩：〈春秋時楚對江南的開發〉，載《江漢論壇》，1981年第1期。

蔡縣），楚昭王二十三年（前493）吳徙蔡昭侯於州來（今安徽鳳臺縣），楚惠王四十二年（前447）複為楚所滅。

杞，姒姓，其地初在雍丘（今河南杞縣），杞成公遷都緣陵（今山東昌樂縣東南50里），杞文公又遷淳於（今山東安丘市東北30餘里），楚惠王四十四年（前445）被滅。「是時，越已滅吳而不能正江、淮北，楚東侵，廣地至泗上[①]」。

莒，己姓，都莒，即今山東莒縣，楚簡王元年（前431）被滅。

隨（曾），姬姓，地在今湖北隨州市西北，楚威王九年至楚懷王五年（前331—前324）被滅。

邾，曹姓，地在今山東鄒縣東南。楚宣王時（前369—前340）被滅。

小邾，曹姓，地在今山東滕縣東，楚考烈王二年至六年（前261—前257）被滅。

魯，姬姓，地在今山東曲阜，楚考烈王十四年、魯頃公二十四年（前256）被滅。

另外，在何表中，勾掉了越而增加了郯、邳、費三國。何氏以「楚國雖曾一再侵奪越地（主要是故吳地），又佔領過琅邪與吳，誅殺過越王，但始終未曾滅越」，「越國君統未絕」為由，將越從楚所滅國的名單中勾銷。越，芈姓，都會稽，即今浙江紹興，楚威王六年（前334）時楚「大敗越，殺王無強，盡取故吳地至浙江，北破齊於徐州。而越以此散，諸族子爭立，或為王，或為君，濱於江南海上，服朝於楚[②]」。

楚打敗了越，佔領了其土地並使其從此破散分裂，與後世之西晉與東晉、北宋與南宋相似，雖然其繼承者仍是司馬氏、趙氏之子孫，但人們一般還是認為西晉、北宋已滅亡，東晉、南宋為新政權，

---

① 《史記　楚世家》。
② 《史記　越王句踐世家》。

故云越滅於楚，其理可通；言其未滅，亦不為過。鄙，地在今山東鄙城縣北，一般認為其於戰國初為越所滅，但何氏考訂其滅於楚頃襄王三十五年至楚考烈王元年（前264－前262）之間；邳，故址在今江蘇睢陵縣西北古邳鎮東3里，何氏考訂其滅於楚考烈王二年（前261）前後；費，季姓，地在今山東費縣北，何氏考訂其滅於楚考烈王三年至七年（前260－前256）[1]，姑列出存此。

　　以上俱為戰國時楚所滅之國，從其分布來看，顯然多居於淮域，東至於沂、沭，南則奄有吳、越，滅國雖少而地實不遜於前代（參見圖2－2[2]）。

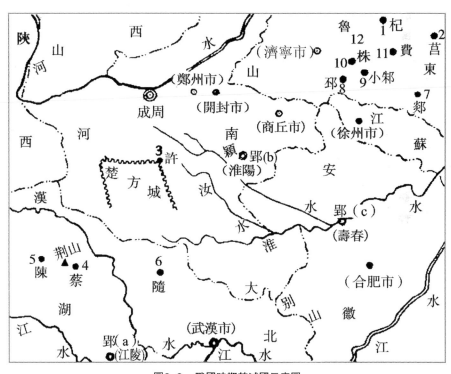

圖2-2　戰國時期楚滅國示意圖

---

① 以上見何浩：《楚滅國研究》，武漢出版社1989年版，第269－317頁。
② 引自何浩：《楚滅國研究》，武漢出版社1989年版，第318頁。

而西面之楚境，在楚懷王十七年（前312）之前「自漢中，南有巴、黔中 ①」，此後則因「虎狼之國」的強秦步步緊逼，在30多年中步步退縮。西元前312年，楚、秦戰於丹陽，秦打敗了楚，並「取地六百里，置漢中郡 ②」；西元前283年，楚、秦兩國會盟於鄢、穰，這兩個地點可以看做此時秦與楚的大致分界線，即楚國的西界已經東縮到了今湖北省北部的漢水流域了；西元前278年，秦國終於攻克了郢，並設置了南郡，楚都被迫東遷。從此楚國主要控制淮河流域、長江中游以南及下游地區直至滅亡。

　　秦王政二十六年（前221），六國歸於一統，秦王朝建立，秦王政改稱始皇帝，將全國劃為36郡，三十三年（前214）又增設10郡，共46郡，其中有12郡原屬於楚，即漢中郡（治今陝西漢中）、南郡（治今湖北江陵）、洞庭郡（治今湖南沅陵西）、蒼梧郡（治今湖南長沙）③、陳郡（治今河南淮陽）、南陽郡（治今河南南陽）、泗水郡（治今江蘇沛縣東）、薛郡（治今山東曲阜）、東海郡（治今山東郯城西）、九江郡（治今安徽壽縣）、會稽郡（治今江蘇蘇州）、

---

① 《資治通鑒　周紀二》。按，這裡的漢中，是指楚漢中郡，學術界對其界線尚有爭議，有認為在今湖北西北部鄖陽地區者：在湖北竹溪發現了一段楚長城遺址，自竹溪平安至陝西旬陽綿延70多公里，其走向大致與今湖北、陝西兩省省界相合，此應即楚國的西北界，說參張海超：〈戰國楚漢中的位置〉，載《齊齊哈爾師範高等專科學校學報》，2005年第1期；有認為西至陝西漢中、安康交界處者：楚國漢中郡的西界大約就是今天陝西漢中市和安康市的分界線，北線在武關，即今陝西商南縣武關河一帶，南線到大巴山、荊山，包括原來位於漢水南岸的庸國、麇國故地，總之，其範圍包括今陝東南和鄂西北，地當漢水東西大道和商丹南北大道的交匯處，此說參梁中效：〈楚國漢中郡雜考〉，載《陝西理工學院學報》（社會科學版），2007年第25卷第1期。

② 《史記　秦本紀》、《史記　楚世家》。

③ 參閱周宏偉：〈傳世文獻中沒有記載過洞庭郡嗎？〉，載《湖南師範大學社會科學學報》，2003年第3期；陳偉：〈秦蒼梧、洞庭二郡芻論〉，載《歷史研究》，2003年第5期；王煥林：〈里耶秦簡釋地〉，載《社會科學戰線》，2004年第3期；周振鶴：〈秦代洞庭、蒼梧兩郡懸想〉，載《復旦學報》（社會科學版），2005年第5期；徐少華：〈從出土文獻析楚秦洞庭、黔中、蒼梧諸郡縣的建置與地望〉，載《考古》，2005年第11期；徐少華：〈楚秦漢蒼梧郡建置、地望及相關問題考述〉，載郭聲波主編《南方開發與中外交通》，西安地圖出版社2007年版，第3—17頁。

衡山郡（分九江郡置）。由此可知，楚國的疆域曾先後東臨海至今江蘇、山東西南部、浙江西北部[①]，西至今陝西東南部、重慶大部分[②]，南至今湖南，北至今河南中南部，幾乎囊括了長江中下游及淮河流域而達到黃河流域。

第二節　楚國的都城

都城，是一國的政治和文化的中心。楚國的都城，數量不止一座，地望也不限一處，由於文獻語焉未詳，自20世紀80年代形成楚文化研究熱潮以來，楚都的研究便一直是楚文化研究的難點。一般認為，早期的楚都在「丹陽」，中期的楚都在「郢」，晚期的楚都在「陳」、「壽春」。晚期楚都的地望是明確的，但是遷陳以前的郢、遷郢以前的丹陽，以及被楚昭王一度作為國都的鄀，其地望至今存有爭議。下面對此問題略作述論。

一、楚都丹陽

《史記　楚世家》云：「熊繹當周成王之時，舉文、武勤勞之後嗣，而封熊繹於楚蠻，封以子男之田，姓芈氏，居丹陽。」楚人初居於「丹陽」，史無異辭；但一說到丹陽之所在，則眾見歧出。歸納起來，大體可概括如下：

一曰當塗說。《漢書　地理志》：丹揚郡丹陽縣下，班固原注：「楚之先熊繹所封，十八世，文王徙郢。」今人譚戒甫亦云：「楚到山東後，由於周族的發展，楚又被迫遷徙到今江蘇丹陽。」此「江蘇

---

① 參閱何浩：〈略論楚境「東至於海」〉，載《江漢考古》，1995年第1期；熊涵東等：〈江蘇大豐出土楚國金幣佐證楚國疆域曾達東海〉，載《東方收藏》，2011年第1期。
② 趙炳清：〈從峽江地區的楚墓看楚國西境的變化〉，載《中國歷史地理論叢》，2008年第23卷第2期。

丹陽」所指實即安徽當塗之丹陽。王玉哲認為，楚族係由河南東部徙居於蘇、皖境，到熊渠時始沿江西上，因而「楚之先王熊繹所居之丹陽，當以此地最近情理」，極力推崇此說[1]。

二曰秭歸說。《山海經‧海內南經》載：「夏后啟之臣曰孟塗……居山上，在丹山西。丹山在丹陽南，丹陽居屬也。」東晉郭璞注云：「今建平郡丹陽城秭歸縣東七里，即孟塗所居也。」北魏酈道元《水經注‧江水注》引東晉袁崧《宜都記》曰：「秭歸，蓋楚子熊繹之始國。」並指出：「丹陽城，城據山跨阜，周八里二百八十步。東北兩面，悉臨絕澗。西帶亭下溪，南枕大江，險峭壁立，信天固也。楚子熊繹始封丹陽之所都也。《地理志》以為吳子之丹陽。論者云：尋吳楚悠隔，藍縷荊山無容遠在吳境，是為非也。又楚子先王陵墓在其間，蓋為徵矣。」郭璞、袁崧和酈道元都主張楚都丹陽在今湖北秭歸縣境。楊寬認為丹陽即今秭歸縣東南之楚王城[2]；劉彬徽和文必貴則主張為江北的秭歸鰱魚山遺址[3]。

三曰枝江說。《史記‧楚世家》之《正義》引東漢穎容所撰《春秋三傳例》云：「楚居丹陽，今枝江縣故城是也。」東漢末三國時人宋衷注《世本‧居篇》亦云：「丹陽在南郡枝江縣。」《史記‧楚世家》之《集解》引東晉末劉宋初人徐廣的話說，楚丹陽「在南郡枝江縣」。此外，晉司馬彪《續漢書‧郡國志》南郡枝江縣原注云：「枝江侯國，本羅國，有丹陽聚。」黃盛璋、鈕仲勳贊同此說：「從荊山與郢的位置來考察，枝江說法較為合乎事實。」[4]俞偉超通過實地考

① 轉引自馬世之：〈楚都丹陽地望探論〉，載《中州學刊》1991年第1期。據此文注釋二人觀點之出處為：譚戒甫〈楚的開國史〉，1962年11月7日在湖南師範學院的講演稿；王玉哲〈楚族故地及其遷移路線〉，載《周叔弢先生六十生日紀念論文集》。筆者尚未查到原文。

② 楊寬：〈西周時代的楚國〉，載《江漢論壇》，1981年第5期。

③ 劉彬徽：〈試論楚丹陽和郢都的地望與年代〉，載《江漢考古》，1980年第1期；文必貴：〈秭歸鰱魚山與楚都丹陽〉，載《江漢論壇》，1982年第3期。

④ 黃盛璋、鈕仲勳：〈楚的起源和疆域發展〉，載《地理知識》，1979年第1期，後收入氏著《歷史地理論集》，人民出版社1982年版，第405—410頁。

察，「感到還是枝江之說可能性最大①」。高應勤、程耀庭認為湖北當陽草埠農場季家湖西岸的季家湖古城址，可能是楚都丹陽城②。因此地原屬枝江市，為枝江說提供了一個新的例證。

四曰淅川說，或稱「丹淅之會說」、「丹淅說」。《史記 韓世家》載韓宣惠王二十一年，韓「與秦共攻楚，敗楚將屈丐，斬首八萬於丹陽」，唐初司馬貞《索隱》云：「故楚都，在今均州。」丹淅之會於唐代初年地屬均州，這是楚都丹陽淅川說的今存最早紀錄。清宋翔鳳〈過庭錄 楚鬻熊居丹陽武王徙郢考〉一文，在對「秭歸說」和「當塗說」批判的基礎上，斷言楚丹陽在丹淅之會：「戰國丹陽在商州之東，南陽之西，當丹水、淅水入漢之處，故亦名丹淅。鬻子所封正在於此。」此說對後世影響甚大，被譽為「宋氏楚丹陽一地的考定，對於中國古史上有很大的貢獻③」，許多學者俱從其說。

五曰商縣說。石泉、徐德寬在〈楚都丹陽地望新探〉一文中，認為淅川說基本符合西周後期至春秋初期的楚丹陽地望，但又認為此說也有不足之處，從而提出商縣說進行補充：「今陝西商縣附近的丹江上游有那麼多以『楚』、『荊』命名的山水，必有其歷史淵源；而商縣城又正位於丹水之陽（北岸），凡此，似皆可提供熊繹所居的早期楚丹陽宜當在此的線索。」④何光岳也認為楚於商末立國，「今陝西商縣的楚山和楚水之間，應為荊楚的第一次建都⑤」。「商縣說」與「淅川說」相近似，二者並稱為楚都丹陽「北系說」。而與之對應的「秭歸說」和「枝江說」，則被稱作楚都丹陽「南系說」。

六曰遷徙說。首創楚都丹陽遷徙說的為唐杜佑，他在《通典 州

---

① 俞偉超：〈關於楚文化發展的新探索〉，載《江漢考古》，1980年第1期。
② 高應勤、程耀庭：〈談丹陽〉，載《江漢考古》，1980年第2期。
③ 羅爾綱：〈楚建國考〉，《天津益世報 史學》，第18期，1935年12月24日。
④ 石泉、徐德寬：〈楚都丹陽地望新探〉，載《江漢論壇》，1982年第3期。
⑤ 何光岳：《楚源流史》，湖南人民出版社1988年版，第169頁。

第二章 楚國政治地理

郡篇》「荊州枝江」條下云：「枝江，古之羅國，漢舊縣。楚文王自丹陽徙都，亦曰丹陽。其舊丹陽在今巴東郡。」又在「歸州秭歸縣」條下提出：「昔周成王封楚熊繹，初都丹陽，今縣東南故城是也。後移枝江，亦曰丹陽。後又移都郢，在江陵。後又移都壽春，亦曰郢。」[1]按照杜氏的說法，楚舊都丹陽在秭歸，後徙都枝江，仍襲舊稱。楚文王再遷江陵，其名則以郢稱之。後世主此說者不乏其人，如清顧棟高《春秋大事表》云：「蓋諸侯遷都，常仍舊名，故有兩丹陽。」清宋翔鳳《過庭錄》主張楚都丹陽先在淅川，後徙湖北南漳；蒙文通認為丹陽先在淅川，後遷秭歸枝江；石泉等認為西周早期楚丹陽在商縣，後遷淅川；顧鐵符主張丹陽先在淅川，在今河南丹江與淅水一帶，後徙荊山，在今湖北宜城[2]。

楚都丹陽的地望之所以存在著如此巨大的分歧，主要是歷史文獻記載的抵牾與考古資料的匱乏，學術界也沒有就判定丹陽地望的統一標準達成一致意見。針對這一情況，王光鎬提出了九條標準，美國學者蒲百瑞亦列舉了六項原則。王氏標準如下：

1. 楚族起源之地；

2. 西周時期周、楚關係的親疏及其交往的多寡；

3. 西周楚人與荊山的聯繫；

4. 丹陽與江、漢、沮、漳四水特別是沮、漳的聯繫；

5. 西周楚丹陽的地理形勢；

6. 丹陽既為都邑，應以古城址為據；

7. 熊渠征伐及封三子事涉及楚丹陽的所在；

8. 考古資料；

9. 楚丹陽與早期楚郢都的關係。

---

[1] 杜佑：《通典　州郡十三》，卷一八三，中華書局1984年版，第972頁。

[2] 顧鐵符：《夕陽芻稿——歷史考古述論彙編》，紫禁城出版社1988年版，第32—50頁。

徵之上述各項，他認為「當塗說」漸為人們所拋棄，不再是楚丹陽地望有代表性的一說，故已不足論；「枝江說」無一相符；「秭歸說」各主要根據無一成立，反而處處與史不合；「先秭歸後枝江說」的歷史依據是不存在的，其關於熊渠由秭歸遷枝江的設想也是難以成立的；「淅川說」除第七項不論外，尚存在幾種不同情況。一種是與之極為相符，如第1、6、8項；第二種情況是在同一項中部分相合，如第2項；第三種情況即彼此明顯抵牾，如第3、4、5、9項。總之，「淅川說」與早期楚丹陽各特徵皆合，可知鬻熊之時的丹陽在淅川，但此說又同熊繹之後丹陽的歷史狀況明顯不符，說明熊繹受封前後，楚丹陽已遷徙，其具體地點為今湖北南漳[①]。

蒲百瑞的6項原則為：

1. 對原始史料提供的證據所作的一切合理解釋都必須考慮和估價；

2. 除非能提出相反的可靠證據，一條較早的史料總比較晚的更為可據；

3. 不能假定古地名與今地名的一致或不一致，兩者都必須通過論證；

4. 即使地名能追溯到統一王朝初期，仍不能假定為遠古地名；

5. 不能保證一個特定地名只用於一個地點；

6. 關於丹陽的討論不能基於它在湖北西南部的先驗假定。

根據這6條原則，他認為從原始文獻看，在年代上，丹陽可能至少在商周之際的鬻熊時代即為楚都（《世本》），其子（熊麗）或其曾孫（熊繹）為周王始封（分別見《墨子》、《史記》）。在地理上，《史記》和《世本》所說丹陽，表明早期楚都位置近於稱為「丹」的地貌，而《墨子》說它在「睢山」，從直接地理證據看，

① 王光鎬：《楚文化源流新證》，武漢大學出版社1988年版，第355—376頁。

第二章 楚國政治地理

「當塗說」顯然有不可克服的困難；「枝江說」不能滿足第3、4兩條原則；「秭歸說」與第2、4原則不符；在現存的文獻中，沒有關於丹陽「遷移說」的詳盡記載，這一觀點不能由歷史地理或考古學證實；「淅川說」有一個證據，表明漢以前（戰國）那裡已有丹水，從第2條原則來看，此一假說的處境勝於他說。

從間接地理證據看，即以不帶丹字的地名——荊山和睢漳流域的位置來論證各種假說，南派「枝江說」與「秭歸說」認為丹陽近於睢漳，不過還沒有提供古睢漳與今睢漳等同的可信證據；北派「淅川說」與「商縣說」為相反說法提供了更堅實的證據，符合第3條原則。此外，《左傳》關於睢漳在楚祀典中占重要地位的記載出於西元前5世紀，因而它同當時楚都（郢）的位置有關，但這並不一定意味著它同早於5世紀的丹陽位置密切相關。從第1條原則出發，沒有絕對必要贊同丹陽近於睢漳之說。荊山與丹陽密切相關，南派認為荊山在湖北西部，北派提出河南西南部有多處荊山。荊山不只一處的觀點的一個重要暗示，符合第5條原則。看來以間接地理證據來試定丹陽的位置，因荊山、睢漳作為線索確定性的種種疑難而陷入困境，故不如直接的地理證據那樣堅實。

從考古學證據看，「當塗說」未能提出考古證據；「枝江說」主張今湖北當陽季家湖遺址為丹陽，但它屬東周時期，所發現的材料早於紀南城，並無西周地層，這不符合第6條原則；「秭歸說」排除了長江南岸的「楚王城」，因其無漢以前地層，在江北鰱魚山遺址發現的少數西周早期遺物，更近於巴蜀文化而不屬於紀南城一帶那種遺物，其居住年代與丹陽也不符合；「淅川說」提出丹江東的龍城遺址，下層已被丹江水庫淹沒，難於進行發掘；「商縣說」舉出的紫荊遺址，包含不同階段的新石器時代遺存，上面雖疊壓有西周地層，但當前尚未判定它有什麼楚文化特色。因而迄今提出作為丹陽的任何考古遺址，其證據都只能認為是假設。蒲百瑞的分析雖然沒有得出

結論性的成果，但其傾向性十分明顯，即「堅信楚都丹陽淅川說更為合理①」。

顯然，「淅川說」在多數學者中比較受認同。馬世之在比較各說基礎上，更提出了13個方面來論證這一說法可能「更近於正確②」，新出的竹簡也為此提供了有力的證據③。不過，也有學者力挺「商縣說」，認為楚人早期所居丹陽可能在陝西商縣的丹江河谷④，「商縣一帶，丹水上源眾多楚山、楚水的存在，當為楚地特定地理實體的反映，也是楚人、楚國早期居楚、封楚的有力旁證⑤」。這一意見也值得重視。

筆者推測，楚人自鬻熊開始，可能是沿商縣—丹淅河谷—荊雎山地—江漢平原這樣一條由西北向東南的路線發展而來，雖然沒有資料證明楚人早期歷史地名是隨著人群而遷移的，但也許這是一個更富有說服力的觀點。也就是說，「丹陽」一名並不固定於某一處，而隨著楚人的遷徙而遷移。商縣附近的楚山、楚水等地名，似可看做楚人早期的歷史記憶，表明楚之先祖如鬻熊與其族人或在此地停居，而不必晚至熊繹之時，蓋傳說鬻熊在文王時「往歸之」，而為「文王師」，其地當離周室之豐、鎬不遠，商縣附近比較合適。而後楚熊麗「討此雎山之間」，來到了肥沃的丹淅河谷，奠定了楚國發展的基業，故熊繹之時得以受封於周成王。但是，這一封號只是對既成事實的承認，並不意味著周王室對楚人放鬆了警惕與防範，因此後來熊繹只好「辟

① 〔美〕蒲百瑞：《探索丹陽》（上、下），載《江漢考古》，1989年第3、4期。
② 馬世之：〈楚都丹陽地望探論〉，載《中州學刊》，1991年第1期。
③ 何琳儀：〈楚都丹陽地望新證〉，載《文史》，2004年第2期；又轉載於《人大複印報刊資料（先秦、秦漢史）》，2004年第5期。
④ 孫華：〈楚國國都地望三題〉，載《華中師範大學學報》（人文社會科學版），2005年第44卷第4期。
⑤ 徐少華：〈楚丹陽地望及其考古學分析〉，載王光鎬主編：《文物考古文集》，武漢大學出版社1997年版，第192—200頁；又見氏著〈周代南土歷史地理與文化〉，武漢大學出版社1994年版，第242—258頁。

在荊山」，先師張正明先生認為：熊繹的後人說起這段往事，帶著抱怨甚至訴苦的口吻，可見熊繹南遷荊山實屬無奈。成、康之際，周王室完成了統一大業，詩人說是「自彼成、康，奄有四方」（《詩經周頌 執競》）。熊繹率族人南遷荊山，可能就在成、康之際。這裡的「辟在荊山」之「辟在」二字，歷來作「僻處」解，但我以為作「避處」解更為貼切。「辟」用同「避」，這在古籍中是常見的。論自然條件，丹淅比荊山要優越些。如果沒有受到嚴重的威脅，熊繹是不會捨丹淅而取荊山的。丹淅固然沃腴，可惜無險，離周都又太近，周人只要過藍關、沿丹水、出武關，丹淅就是口中虱。荊山儘管僻陋，好在有險，退可防守，進可擴張。楚人權衡利弊，終於拋棄了丹淅的田園，到荊山去拓荒。直到若敖、蚡冒，還是「篳路藍縷，以啟山林①」。這裡的荊山，當在今湖北南漳境內，而荊山的丹陽，北不過漢水，南不過荊山，西不過彭水，東不過鄧、盧戎、羅，就在這縱橫都只有百餘里的地段裡面了②。

二、楚都郢

春秋初期楚都徙郢。圍繞楚之都「郢」，主要有三個方面的問題值得考慮：一曰「郢」義何謂？二曰何時徙郢？三曰郢在何地？

「郢」義何謂？《世本 居篇》載：「武王徙郢。」在楚都徙郢之前，傳世文獻中似未見此字，可見「郢」字出現於春秋早期，且與楚國都城有關③。《越絕書 吳內傳第四》載：「郢者何？楚王治處也。」《說文解字》亦云：「郢，故楚都，在南郡江陵北十里，從邑，呈聲。」段玉裁注：「南郡江陵，今湖北荊州府治江陵

---

① 《左傳 宣公十二年》。

② 張正明：〈楚都辨〉，載《江漢論壇》，1982年第4期。

③ 董灝智：《楚國郢都興衰史考略》，東北師範大學碩士論文（中國期刊網碩士學位論文庫），2008年，第5頁。

縣。府治即故江陵城，府東北三里有故郢城。」①又認為郢為「程字之假借也。」而《說文解字》釋「程」為「品也，從禾，呈聲」，段注曰：「品者，眾庶也，因眾庶而立法則，斯謂之程品。」則從「邑」之「郢」可訓為「因眾庶立法則之邑」，即發佈政令之處，也就是國都②。有人認為「郢」釋為「王邑」亦與此同義，蓋從字形上看，「郢」字是偏旁連讀成語的會意字，該類型的會意字由兩個以上（絕大多數是兩個）可以連讀成語的字構成，連讀而成之語能說明或暗示字義③；從字義上看，「郢」為「王邑」，簡言之，「王所居之邑」。因此「郢」是楚人為「楚王都」所造的專用之字，即楚王都的專稱。「郢」字出現於春秋初期，可能與熊通稱王有關④。《史記 楚世家》云：「三十五年（前702），楚伐隨。隨曰：『我無罪。』楚曰：『我蠻夷也。今諸侯皆為叛相侵，或相殺。我有敝甲，欲以觀中國之政，請王室尊吾號。』隨人為之周，請尊楚，王室不聽，還報楚。三十七年，楚熊通怒曰：『吾先鬻熊，文王之師也，蚤終。成王舉我先公，乃以子男田令居楚，蠻夷皆率服，而王不加位，我自尊耳。』乃自立為武王，與隨人盟而去。」熊通在自立為王後，在政治上必然有一番變革，其具體內容不得而知，將楚王居住的都城改稱為「郢」是可能的內容之一。《荀子 正名篇》：「故王者之制名，名定而實辨……若有王者起，必將有循於舊名，有作於新名。然則所為有名，與所緣以同異，與制名之樞要，不可不察也……故知者為之分別制名以指實，上以明貴賤，下以辨同異。」因此，「同鬻熊是楚國歷史上第一位有爵位的酋長一樣，武王是楚國歷史上第一位正式稱王

① 〔清〕段玉裁：《說文解字注》，中華書局1963年版，第292—293頁。
② 劉正民：〈「郢」探〉，載《荊州師專學報》（哲學社會科學版），1989年第3期。
③ 裘錫圭：《文字學概要》，商務印書館1988年版，第135—136頁。
④ 董灝智：《楚國郢都興衰史考略》，東北師範大學碩士論文（中國期刊網碩士學位論文庫），2008年，第6頁。

的國君。這位雄心勃勃的武王為了實現自己塑造一個全新的楚國的宏願，在政治、經濟、軍事、文化等方面推行了一系列改革措施，而作為國家標誌的都城的位址與名稱，自然也在更新之列①」。

既然「郢」是楚人為楚都所造之專用字，則隨著時間之推移，不免隨楚都之遷移又成為其通稱。馮永軒認為，郢在古代有兩種用法，一為故楚都，另為楚國都城的通稱，凡楚都皆可加上一個郢字，如江陵的紀南城，又名紀郢；後楚都遷於陳，即名之陳郢、郢陳；楚都又遷於壽春，也稱為郢。郢字作為都城的通稱，與後代京城的京字義相近②。由此不難理解為何在出土文獻中多次出現「某郢」的地名，如包山楚簡中出現了「栽郢」、「藍郢」「郏郢」、「偃郢」，新蔡葛陵楚簡中出現了「鄩郢」等，都可視作楚之別都、楚王駐蹕之地，或楚國之重要城邑③。

何時徙郢？《左傳　桓公二年》中，唐孔穎達《正義》引《世本》云：「楚鬻熊居丹陽，武王徙郢。」新出的清華簡《楚居》篇明確記載了徙居郢者乃武王④。而《史記　楚世家》則記載：「文王熊貲立，始都郢。」武王在位年代在西元前740年—前690年間，文王元年為西元前689年，二者年代前後銜接，因此不少學者認為這並不是一個大的問題，先師張正明先生即認為：「武王徙郢之說和文王都郢之說可能是似異而實同的。楚都徙郢，可能就發生在武王五十一年，武王既死、文王已立之時。」⑤顧鐵符也並不以此為意：「對徙郢的年代，《世本》說楚武王徙郢，《史記》說楚文王都郢，中間可能有

① 劉玉堂：〈楚都名稱與楚人的尋根意識〉，載《尋根》，1997年第2期。
② 馮永軒：〈說楚都〉，載《江漢考古》，1980年第2期。
③ 參閱董灝智：《楚國郢都興衰史考略》，東北師範大學碩士論文（中國期刊網碩士學位論文庫），2008年，第5－8頁；湖北省荊沙鐵路考古隊編：《包山楚墓》，文物出版社1991年版，第564－567頁；何琳儀：〈新蔡竹簡選釋〉，載《安徽大學學報》（哲學社會科學版），2004年第3期。
④ 李學勤主編：《清華大學藏戰國竹簡（壹）》，中西書局2010年版。
⑤ 張正明：〈楚都辨〉，載《江漢論壇》，1982年第4期。

幾年至一二十年，或更長一些時間的參差。因為遷都可能建設好了一次搬遷，也可能一面建設一面遷移，會有早遲。只要不牽涉到重大歷史問題，我們就不在這個問題上去多糾纏。」①羅運環亦認為：「說始都郢在文王元年，這本身就說明郢都的建設是在文王元年以前。這一說法至少不能排除郢都為武王時代陪都的可能性。是武王遷郢，殆指武王時以郢為陪都，晚年並實居郢（沒有廢除丹陽的都城地位）的情況；文王始都郢，殆指文王正式定居郢都。似不可將二者對立，使之互相排斥。其實，郢都的建設不始於武王，而始於武王之前。《左傳》昭公二十三年載楚左司馬沈尹戌反對令尹子常之言曰：『無亦監乎若敖、蚡冒至於武、文，土不過同，慎其四竟，猶不城郢。』這裡提到了若敖、蚡冒與郢的問題。這是一個重要的歷史資訊，是探索楚始都郢的珍貴資料。清代學者已開始注意到這條史料。梁玉繩《史記志疑　楚世家》引高士奇《春秋地名考略》云：『《左》昭二十三年沈尹戌曰……則居郢並不始於武王，疑數世經營，至武、文始定耳。』其說甚合文意，可從。若將傳統的說法與此結合起來考察，當即：郢都的經營始於若敖，文王即位正式定都郢……古籍關於始都郢的記載較零星，貌似矛盾，實際上是互相補充的，不可只守一端，分割這一歷史過程。」②因此，「可能是武王遷居於郢，但都城仍然是故都丹陽，至文王時才定都郢③」。

當然，也有主張武王遷郢的，並確定了楚自丹陽遷都郢的具體時間。清人宋翔鳳從楚武王向外開拓疆土的歷史背景來考察，推測是在楚武王三十五年（前706）④；石泉等則基於童書業關於春秋時期巴國

①　顧鐵符：《夕陽芻稿——歷史考古述論彙編》，紫禁城出版社1988年版，第32—50頁。
②　羅運環：《楚國八百年》，武漢大學出版社1992年版，第129—130頁。
③　孫華：〈楚國國都地望三題〉，載《華中師範大學學報》（人文社會科學版），2005年第44卷第4期。
④　〔清〕宋翔鳳：〈過庭錄　楚鬻熊居丹陽武王徙郢考〉，中華書局1986年版，第156—162頁。

在陝西東南部漢水上游的意見，以及《左傳 桓公九年》所記的巴、楚、鄧三國的位置關係，認為楚遷都郢「蓋不出楚武王三十八年至四十二年初（前703－前699）之間」。文中又指出：「楚都遷郢時期之所以有武王、文王二說」，與元、明時期實際遷都與宣佈遷都時間不俸類似，「似可設想：楚都實際上已在武王晚年由丹陽遷郢，但正式建都於郢並宣示中外，則在十餘年後的文王元年。這雖然只是一種推測，但亦非無此可能。當然，歷史上的問題，『實』比『名』更為重要。所以我們要確定楚都遷郢究在何時，首先應著重探討其實際遷都的年份，這對我們研究楚史更有意義。」①

此外，也有人特別強調二者的差異，認為在這一問題上「不能將二者混為一談」，「是楚武王還是楚文王徙郢對郢都的地望確定至關重要」，「楚武王稱王改制的措施之一是將都城稱為『郢』，而問題在於楚武王是將原來的都城丹陽改稱為郢還是遷都於郢？從《左傳》的史事中看……楚武王稱王後已將都城由丹陽遷徙於郢，遷都時間在楚武王三十八年左右。為何《史記》中記載『楚文始都郢』？石泉先生解釋為：『楚都實際上已在武王晚年由丹陽遷郢，但正式建都於郢並宣示中外，則在十餘年後的文王元年。』本文贊同石泉先生的意見」②。將這一段的述論與上文略加比較就可發現，雖然它提出了楚武王是將原來的都城丹陽改稱為郢還是遷都於郢這個前人有所忽略的重要問題，但是並沒有進一步作出回答，而只是簡單地作出取捨，贊同楚郢都在江陵紀南城。顯然，「不能將二者混為一談」的說法並沒有超越前賢之種種解釋，而將楚武王遷郢的時間暫定於三十八年亦可商榷，其主要依據為《左傳 桓公九年》「巴子使韓服告於楚，請與鄧為好」這條資料，有學者此前已指

① 石泉：《古代荊楚地理新探》，武漢大學出版社1988年版，第352頁。
② 董灝智：《楚國郢都興衰史考略》，東北師範大學碩士論文（中國期刊網碩士學位論文庫），2008年，第11—12頁。

出了以其判定郢地的不確定性，「魯桓公九年相當於楚武王三十八年（前703），這時楚國是否已將都城從丹陽遷到了郢，還不能確認」。「楚國自丹陽遷都至郢，是出於向漢水以東擴展的目的，不是受到外敵壓迫才遷都，當然不會將其丹陽故地放棄，因此，上起丹水之陽，下至楚郢都所在（湖北宜城縣或江陵縣）的丹水－漢水以西、沮水以東的地區，應當都是楚國的版圖。在這種情況下，無論當時楚國的都城在丹陽還是在郢都，位於當時楚國統治區域西北的巴國要同漢水東側的鄧國發生友好交往，自然就要越過楚國的版圖，需要楚國同意其使者過境甚至還需要楚國派人作為仲介。上述《左傳　桓公九年》這段文字實在不足以作為當時（前703）楚國尚未遷居郢都以及郢都所在位置的證據。」[1]因此，事實或許如前賢所指出的那樣，楚武王徙郢與楚文王始都郢，可能只是一個「名」與「實」的問題，似異實同，不可將二者對立，使之互相排斥。而且這個時間問題與郢在何地似無關聯，因為從古至今鮮有學者認為「丹陽」與「郢」為同一地，或者說「郢」乃由「丹陽」所改稱。筆者似僅見顧鐵符做出了這一判斷，但他在文中也說得很模糊，他認為楚武王徙郢係由今湖北宜城遷到今湖北當陽季家湖，季家湖古城即可能是早期的郢，約在楚昭王時又遷到了晚期的郢，即今江陵城北十里紀南城遺址。宜城與季家湖古城在當時又俱稱丹陽，而由季家湖古城遷到紀南城後，「季家湖和紀南城距離很近，步行走得快一些，半天之內可以到達。如果兩處都叫郢或丹陽，就容易引起人們生活中不必要的混亂。好在遷到紀南城去的時候，新城還沒有說也叫丹陽。因為季家湖古城習慣叫丹陽，所以枝江縣到漢代還有丹陽聚等地名，而實際上並沒有叫郢；因此就把紀南城叫

---

① 孫華：〈楚國國都地望三題〉，載《華中師範大學學報》（人文社會科學版），2005年第44卷第4期。

第二章　楚國政治地理

郢,而不再叫丹陽。正因為這樣人們常常只知道紀南城是郢,甚至認為『自丹陽徙郢』,就是徙在紀南城。一直到現在又發現了季家湖古城遺址,才有人敢作郢有先後之分,即『先枝江,後江陵』的設想[1]」。概言之,顧提出楚武王遷郢,實際上是遷往季家湖,即早期的郢,但當時這裡不叫郢,而叫丹陽;楚昭王時才徙到晚期的郢,即江陵紀南城,為避免混淆才將紀南城叫郢。如果真是這樣的話,文獻所說的「武王徙郢」或「文王都郢」之「郢」的名稱都要落空,即有「郢」之實而無「郢」之名。這一大膽設想比較令人費解。

然則,郢在何地?上文已經提到,傳統的看法認為在今湖北江陵紀南城,這裡發現了規模巨大的楚國城址和豐富的文化遺跡,不少研究者贊同這一意見。但這一說法也不是沒有問題,考古工作者們多年來在此做了大量調查、發掘工作,「尤其在它的周圍如八嶺山、雨臺山、望山、藤店、沙塚、葛坡寺、張家山、拍馬山、武昌義地、太暉觀、天星觀等,發掘了數以千計的中小型楚墓。而使人感到奇怪的是,百分之九十五以上以鼎、敦、簠、壺等禮器為隨葬品的,都是屬於戰國時期的墓。只有很少的一部分小墓,可能早到春秋晚期。因此讓人聯想到這座古城的年代,除了是戰國的之外,上限能不能到春秋,還是個疑問」,而在今沮漳河的中下游,即今湖北當陽和枝江的東部,特別在當陽的河溶到枝江的江口鎮以北的一段,地面上留有許許多多大的封土堆,據傳是楚國王公貴族的墓葬;20世紀70年代,在當陽趙家湖發掘了一個墓葬群,共303座墓,其時代上限可以到西周晚期或春秋早期,下限為戰國中期或更晚一些,但絕大多數是春秋中晚期;又在離趙家湖之南約20里的季家湖西側發現了一座古城遺址,南端離長江近30里,東距現在的沮漳河4～5里,城南北長約2公里,東西寬約1.4公里,面積在2.8平方公里

---

① 顧鐵符:《夕陽芻稿——歷史考古述論彙編》,紫禁城出版社1988年版,第32—50頁。

以上，據試掘的結果，其上層主要是春秋時期的遺物。由此推測，「武王熊通徙郢（早期的），亦稱丹陽，在今湖北當陽（原屬枝江）季家湖」，「昭王熊珍徙都後回郢（後期的），在今湖北江陵紀南城」①。而從文獻分析的角度，童書業根據《左傳》所記楚國與周圍國家的相對位置，尤其是吳、楚柏舉之戰的前後經過及昭王自郢出逃的路線，推斷「春秋時楚之郢都應在漢水中游一帶②」。石泉更通過對春秋戰國至南朝江陵城歷史地理的考察，得出了「楚郢都及齊梁以前的古江陵城故址雖有遷徙，始終未出今宜城縣南境。春秋、戰國的楚郢都及秦漢江陵城應當在當時的沮漳二水間（今蠻河流域下游）、漢水以西不遠處。今楚皇城遺址應即楚郢都及其後繼城市秦漢江陵故城遺跡③」的結論。

　　一般來說，戰國時期的楚郢都即現在的江陵紀南城，基本上是學術界一致的意見。但春秋時期郢都在何處，則頗見分歧。有認為是紀南城者，有認為是楚皇城者，有認為先楚皇城後徙紀南城者，也有認為先楚皇城再季家湖城址再紀南城者……不一而足。因史書記載簡略，考古發現亦有限，各人依據大體相同的資料，在一些地名的定位上各抒己見，以此造成對史料的不同理解，所得出的結論亦各有別。在此筆者如對各條史料與意見一一評述，恐亦治絲益棼，難有定讞。但是從多年爭議的結果來看，春秋時期楚郢都可能在湖北宜城楚皇城的觀點似漸居主流，差異只在於何時由楚皇城遷往紀南城④。

①　此段以上引文俱出自顧鐵符：《夕陽芻稿——歷史考古述論彙編》，紫禁城出版社1988年版，第32—50頁。

②　童書業：《春秋左傳研究》，上海人民出版社1980年版，第231頁。

③　石泉：《古代荊楚地理新探》，武漢大學出版社1988年版，第417—504頁。

④　可參閱張正明〈楚都辨〉；徐少華〈周代南土歷史地理與文化〉；孫華〈楚國國都地望三題〉；賈海燕〈楚國始都郢及其初遷時地的探討〉（載《中南民族大學學報》（人文社會科學版），2005年第25卷第2期）；董灝智〈楚國郢都興衰史考略〉等文。

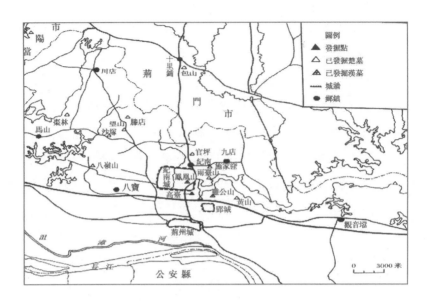

圖2-3　紀南城位置圖

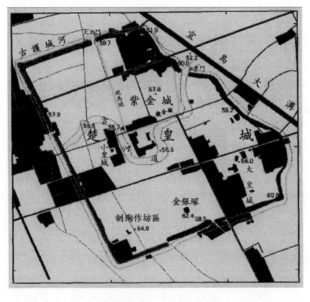

圖　例

━━━━ 居民地　　　　　━━ 古河道

━━━━ 現代道路　　　　━ 楚皇城牆

━━━━ 現代水體　　　　　紫金城牆

圖2-4　楚皇城遺址圖

不過，無論春秋時楚國的郢都是在今宜城楚皇城還是在今江陵紀南城，都面臨著一個共同困境，即楚文化遺存時代偏晚的問題。如上所述，紀南城的考古發現都集中在戰國早期以後，缺乏更早的春秋時期的遺存；宜城楚皇城已經發現的考古材料也都在戰國時期，而且其豐富性和重要性遠不及江陵紀南城。這也是目前楚文化考古的困境，在故楚境內春秋時期楚國貴族的墓葬只在河南淅川縣下寺等不多的地點有所發現，且其年代也都不超過春秋中期偏晚的時段，這似與春秋時期楚的強國形象有點距離。而對文獻的解讀也要弄清楚，「江」、「漢」、「河」、「淮」是否專稱，抑或泛指，秦漢至南北朝江陵城是在今宜城楚皇城還是今江陵紀南城，也是解決問題的關鍵，恐怕不能僅僅寄希望於考古新發現。

三、楚別都

　　除了都城以外，楚國另外還有別都，即首都以外的都城，它們在地位上稍遜於首都而高於一般城邑。馬世之認為，這些別都「不是郢的門戶，便是楚的軍事重鎮，在楚國發展經濟、開拓疆土方面，起過重要作用，是其稱霸諸侯、抗拒中夏的戰略要地 [1]」；劉玉堂則認為，「所謂別都，有兩種涵義：一是指楚王室政權迫於某種政治、經濟、軍事形勢，將國都臨時遷往某地，旋即遷回；一是指楚王室政權出於某種考慮，在國都之外另建一都城，這類性質的別都又稱陪都 [2]」。這些表述，顯示了對楚別都之作用與功能的不同看法，而在別都的認定與數量上，也有一些差異。

　　馬世之主要考證了春秋時期的楚別都，計有鄂、鄢、析、武城、

---

[1]　馬世之：〈關於楚之別都〉，載《江漢考古》，1985年第2期。

[2]　高介華、劉玉堂：《楚國的城市與建築》，湖北教育出版社1996年版，第153—169頁。按，先師張正明先生主編之《楚文化志》（湖北人民出版社1988年版），其第六章〈城市和建築〉系由高介華先生撰寫，亦有〈別都〉一節，則由導師劉玉堂先生執筆，其定義大體與此相類，故不復引。

陳、蔡、不羹。劉玉堂先生則將楚別都分為三期，早期的有鄂、鄢、郟、西陽；中期的有陳、蔡、不羹；晚期的有穰、城陽、項城、鉅陽。這裡晚期的別都基本上屬於戰國時期，早期與中期的則屬於春秋時期的楚別都，其中與馬文所不同者有二，即將析、武城換成了郟、西陽。這些地名的地理位置及其城址情況等相關資訊，二位先生已有詳細考證，故此不贅。近年來因出土文字資料頗多，如栽郢、藍郢、𣗏郢、僝郢、鄢郢等，亦有學者認為此或為楚之別都（或陪都）①，皆為楚王駐蹕之地②，然其地在何處，或尚無定論，或不知其詳，有待進一步求證。

對於春秋時期的楚別都，馬世之認為，其形制、規模與分布具有明顯的軍事性質，除鄂王城設在郢都的東面，是東通吳越的門戶外，其餘別都均設在北線，自南而北，逐漸向中原推移，表明了楚國進取中原的宏圖雄心，可從一個側面反映楚國自春秋以來積極擴大自己的版圖，北上東進，稱霸爭雄的歷史事實。不過，就郟而言，則是楚王在郢都遭受戰爭衝擊而臨時避處之地，其雖為「楚國北門鎖鑰，郢都屏障」，但似乎難以表達出稱霸爭雄的意義。戰國時期的楚別都，顯然與楚國國勢的衰頹有關，因郢都被秦人佔領，楚王室倉皇東遷，流徙於淮河流域，直至滅亡。由此可見，不同時期的楚別都在性質與意義上不可一概而論。

① 劉彬徽、何浩：〈論包山楚簡中的幾處楚郢地名〉，載《包山楚墓　附錄四》，文物出版社1991年版，第564—568頁。

② 何琳儀：〈新蔡竹簡選釋〉，載《安徽大學學報》（哲學社會科學版），2004年第28卷第3期。

第三節　楚國的政區

　　楚自周初建立國家後，不斷向外擴張，從熊渠封三子於「江上楚蠻之地」，以及曾參與熊霜「三弟爭立」的同姓薳氏食邑於薳等情況看，楚國採納了周人那種「授土授民」的分封制以控制其佔領區。但自武王以後，楚國在不斷吞滅周邊其他諸侯國的過程中，沒有繼續沿用這種制度，而是創建縣制以加強管理，後來又在一些邊境地區設立了郡。在春秋戰國時期，這是地方行政制度的一種新變化，它為後來的郡縣制奠定了基礎。

一、縣

　　一般認為，春秋時期諸侯國中最早設縣的當屬楚國，據《左傳　莊公十八年》記載：「初，楚武王克權，使鬥緡尹之，以叛，圍而殺之，遷權於那處，使閻敖尹之。」顧頡剛先生認為這裡「雖沒有說明滅權以為縣，但他設置『尹』的官，和此後的『縣尹』一樣，則實是他建縣的證明，這是春秋第一個縣，而且面積甚為廣大」[①]。這個結論基本上為學術界所接受。按，楚武王於西元前740年至前690年在位，則楚之設縣時間應早於前690年。其後又有楚文王以彭仲爽為令尹，「實縣申、息[②]」的記載。秦之有縣亦早，秦武公十年（前688），「伐邽、冀戎，初縣之」，次年又「初縣杜、鄭」[③]，但這一時期的秦縣史載甚簡，無法確知，學者們多認為，秦國當時制度之落後於中原甚遠，因此其縣制「估計可能如《周禮》所記的『都鄙』之縣，在性質上也沒有中原先進[④]」，「應該理解為秦國領域向西擴展

---

①　顧頡剛：〈春秋時代的縣〉，載《禹貢》第7卷第6、7期合刊，1937年。
②　《春秋左傳集解》，卷三〇，上海人民出版社1977年版，第1829頁。
③　《史記　秦本紀》。
④　顧德融、朱順龍：《春秋史》，上海人民出版社2001年版，第282頁。

第二章　楚國政治地理

到邦冀，向東擴展到杜鄭地區為宜^①」；晉獻公十六年（前661），晉滅耿、霍、魏之後，「為太子城曲沃，賜趙夙耿、賜畢萬魏，以為大夫^②」，這可以說是晉國置縣的最早記載，蓋因晉國掌縣之臣稱大夫。大概在西元前600年前後，各國推行縣制已經比較普遍^③，而且此時的縣也逐漸失去了采邑的性質^④。顯然，這是具有特殊意義的轉變，表徵著地方行政制度的出現。

根據學者們的研究，縣的發展大體可分為三階段，即所謂「縣鄙」、「縣邑」、「郡縣」^⑤。縣最初是與國相對應的鄙、野，即國都周邊的郊野之地。「縣」字原作「寰」^⑥，《穀梁傳　隱公元年》「寰內諸侯」，范甯注：「寰即古縣字。」又鍾文丞《穀梁補注》：「《文選》注引尹更始曰：天子以千里為寰，寰古縣字。」「寰」是指王都附近由周王直轄的地區，就是指王畿^⑦，後以「縣鄙」或「縣」指稱這一地區。從政治上講，「縣」是直隸於邦或邦君的未分與國人之地；從地理上講，是「寰」，即指核心之外的周邊部分^⑧。隨著城市國家的發展，在國都之外的鄙野之地出現了新邑，《左傳　莊公二十八年》云：「凡邑，有宗廟先君之主曰都，無曰邑」，邑就是人群集中的聚落，即如《公羊傳　桓公元年》所說：「邑者，人聚

① 周振鶴：〈縣制起源三階段說〉，載《中國歷史地理論叢》，1997年第3期，後收入氏著《周振鶴自選集》，廣西師範大學出版社1999年版，第1—14頁。
② 《春秋左傳集解》，卷四，上海人民出版社1977年版，第216頁。
③ 李志庭：〈縣制的產生及其與社會經濟的關係〉，載《杭州大學學報》，1980年第4期。
④ 黃灼耀：〈縣制的形成與發展〉，載《華南師院學報》（社會科學版），1982年第4期。
⑤ 參閱虞雲國：〈春秋縣制新探〉，載《晉陽學刊》，1986年第6期；周振鶴：〈縣制起源三階段說〉，載《中國歷史地理論叢》，1997年第3期，後收入氏著《周振鶴自選集》，廣西師範大學出版社1999年版，第1—14頁。
⑥ 李家浩：〈先秦文字中的「縣」〉，載《文史》第28輯，中華書局1987年版，第49—58頁；後收入氏著《著名中年語言學家選集　李家浩卷》，安徽教育出版社2002年版，第15—34頁。
⑦ 錢林書、祝培坤：〈關於我國縣的起源問題〉，載《復旦學報》（社會科學版　歷史地理專輯），1980年增刊。
⑧ 鄭殿華：〈縣郡淵源考〉，載《北京圖書館刊》，1995年第1—2期。

會之稱也。」在西周封建之初，有宗廟先君之主的都僅指諸侯國都（亦即國），與此相對的即是鄙，在縣鄙之地出現的邑，又有以「縣邑」稱之者。因很多縣邑是諸侯卿大夫的食邑，由封建（裂土分封之意）而產生，因此它們還不具備地方行政制度的含義，但它已經包含了分區的意義，一旦國君將其劃歸己有，並派駐自己的代理人統領其土，則其即可轉為後世意義上的「郡縣」之「縣」。「縣鄙」沒有地方行政區劃的含義是學者們的共識，「縣邑」之縣與「郡縣」之縣則不易區分。虞雲國認為，判定「郡縣」之縣的標準要看其是否為「直隸君主，沒有封建的成分在內」的行政區劃單位；周振鶴則認為二者有四個方面的差別：一是郡縣之縣不是采邑，而完全是國君的直屬地；二是其長官不世襲，可隨時或定期撤換；三是其幅員或範圍一般經過人為的劃定，而不是純天然形成；四是縣以下還有鄉、里等更為基層的組織。更有人在此基礎上又加一條「郡縣制的縣必須具有行政、財政和司法三個方面的職能」，並由此認為，以這五條標準來衡量春秋楚縣，不難得出其僅為縣邑之縣而非郡縣之縣的結論①。

　　筆者認為，一種制度在草創之初，必定與舊制度有千絲萬縷的聯繫，如果以其成熟形態的特徵來看待它，自有鑿枘不合之處，但如以此否定之則過矣。正如有學者所指出的：春秋縣制與戰國秦漢郡縣制實際上是處於同一事物發展過程的不同階段，表現出不同特點，完全割裂開來，只見差別、不見聯繫是不恰當的；再者，春秋時期正是新舊文明歷史性轉化時期，縣制處於古代中國郡縣制形成過程的第一階段，故其特徵表現為變與不變兩個方面，這是同一事物的兩個方面，不可割裂②。劉家和先生也說：「縣制的出現，一方面是邦的擴展，

① 周群：〈春秋時代楚國「縣」涵義的演變〉，載《廣東農工商職業技術學院學報》，2004年第20卷第1期。按，虞雲國等也認為春秋楚縣亦屬縣邑之縣。
② 鄭殿華：〈論春秋時期的楚縣與晉縣〉，載《清華大學學報》（哲學社會科學版），2002年第17卷第4期。

另一方面又是邦自身的否定。」①

　　「縣」在西元前700年間相繼在楚、秦、晉、齊等國出現，並不是一種偶然現象，而有其深刻的經濟、社會與政治背景②，因各國之社會狀況不同，故設縣之特點亦各有別。秦、楚等國通過兼併戰爭吞滅小國來推行縣制，而晉除了滅國為縣之外，還把卿大夫的封邑改建為縣③。也就是說，春秋時期晉國之縣的大量出現，是以公室與列卿之間的實力發展不平衡為背景的，列卿因經濟實力增長，其政治欲望膨脹，以至於達到互相兼併和瓜分公室的程度，故其縣多由侵奪而來。與之相比，楚國之縣是擴張爭霸的結果。楚國的公室向來強大，私族相對弱小，內部矛盾不像中原列國那麼激化，當春秋初年楚國開始滅掉周邊小國時，楚君有足夠的力量去控制它們，當此之時，分封制亦已暴露出易於造成叛離的弊端，因此這些被吞併的小國就不再以封邑的形式出現，而改設為楚君易於控制的縣了；而且由於楚國偏處南方，其文化、禮俗等都有自己獨特的內涵，受西周分封制的影響和束縛較輕，這也為楚國另擇辦法管理新近征服之地提供了條件。楚縣之長官由楚王直接任命，此於史有明載。如上引《左傳　莊公十八年》楚武王克權後使鬥緡「尹之」，又「遷權於那處，使閻敖尹之」即是，同書還有多處類似記載，如昭公八年，楚靈王「使穿封戌為陳公」，昭公十一年又有「楚子城陳、蔡、不羹。使棄疾為蔡公」等記載，戰國時楚國的縣公亦可見於載籍，這說明楚王親派縣公已成

---

① 劉家和：〈楚邦的發生和發展〉，載日知主編：《古代城邦史研究》，人民出版社1989年版，第304頁。

② 參閱錢林書、祝培坤：〈關於我國縣的起源問題〉，載《復旦學報》（社會科學版　歷史地理專輯），1980年增刊；李志庭：〈縣制的產生及其與社會經濟的關係〉，載《杭州大學學報》，1980年第4期。

③ 參閱李志庭：〈縣制的產生及其與社會經濟的關係〉，載《杭州大學學報》，1980年第4期；顧久幸：〈春秋楚、晉、齊三國縣制的比較〉，載河南省考古學會編《楚文化覓蹤》，中州古籍出版社1986年版，第215－229頁；鄭殿華：〈論春秋時期的楚縣與晉縣〉，載《清華大學學報》（哲學社會科學版），2002年第17卷第4期。

慣例。在有關縣公的資料中，還可發現楚王對此十分重視，所選擇的都是重要大臣來代表楚王行使管理大權，而且這些縣公都在楚王的直接控制之下，可以隨時任免或遷調，如據《左傳　襄公二十六年》記載，穿封戌原為「方城外之縣尹」，後來為陳縣縣尹。楚縣自有軍隊，可稱縣師，其調用權由楚王掌握，如《史記　楚世家》記載，楚成王三十九年，「魯僖公來請兵以伐齊，楚使申侯將兵伐齊。取谷，置齊桓公子雍焉」，此事《左傳》所記略同，這是楚縣之師被調往國外協同諸侯作戰並駐紮在外的例子。縣師的給養，來自縣內徵收的賦稅，常被引用的證據，即《左傳　成公七年》記申公巫臣反對以申、呂之田作賞田所說的話，因為如果將申、呂之田封賞於人之後，縣師的後勤給養會有短缺，就難以抵禦外敵入侵了。總而言之，春秋時期的楚縣「已經具有地方行政區的基本性質了[①]」。

　　春秋時期楚縣的具體情況如何？據楊寬的統計，楚縣的來源有三：一是滅國為縣，如權、那處、申、息、鄖、蔡、陳；二是利用邊境小國之舊都改建成縣，商、期思、葉、沈、寢、白縣即是；三是將邊境上的別都改設為縣，如武城、析、東西二不羹等[②]，如此得17縣。而在此文之前，據殷崇浩統計，春秋時期楚國明確記為置縣的有：申、息、陳、蔡、葉；按照楚王派縣尹而置縣的舊例，尚有：權、那處、沈、藍、連；由於「楚縣大夫皆僭稱公」，則楚縣又有：鄖、商、期思、白；因上古「尹」與「君」同是一字，故知棠亦楚縣；呂，依申公巫臣之言亦可定為縣；此外按照楚滅國不分封而置縣的慣例，除開離居無城邑的群舒，見於顧棟高《春秋大事表　楚疆域表》中的40餘諸侯國被滅後皆可能為縣，故「春秋時期，楚在其統轄的南方廣大地區，普遍地實行了縣制[③]」。顧久幸在楊文考證的

---

① 　陳偉：《楚「東國」地理研究》，武漢大學出版社1992年版，第193頁。
② 　楊寬：〈春秋時代楚國縣制的性質問題〉，載《中國史研究》，1981年第4期。
③ 　殷崇浩：〈春秋楚縣略論〉，載《江漢論壇》，1980年第4期。

第二章　楚國政治地理

基礎上，去掉了權，增加了魯陽、梁、鄧和成，共得20縣[①]；徐少華則考證為25縣，即重新肯定了權，而排除了顧文增加的魯陽、梁，補入了棠、上庸、呂、藍、上鄀、湖陽六縣[②]。不久又作補遺，增加了巢、鍾離、許、江南、盧、陰6縣[③]。按，魯陽曾為楚縣，當楚惠王五十六年（前433）之前，甚至有可能早到惠王前期的春秋戰國之際，在曾侯乙墓出土竹簡的162、195簡中即有魯陽公之名[④]，故當補入；又江南一縣，其所據史料既晚且孤，暫不宜從。李玉潔則認為春秋時期的楚縣有：權、那處、申、息、商、鄙、期思、沈、析、寑、葉、白、武城、陳、蔡、東西二不羹、城父、陵、繁陽、許，共21縣[⑤]，與楊文所考不同者4縣，即城父、陵、繁陽、許。此處陵縣頗可疑。《左傳 昭公十二年》載，楚靈王「狩於州來，次於潁尾，使蕩侯、潘子、司馬督、囂尹午、陵尹喜帥師圍徐以懼吳」，杜注：「五子，楚大夫。」李文考曰：「其中有『陵尹』一職……楚國有『陵尹』、『陵師』，就如同楚國既有申、息之縣，又有『申公』、『息公』和『申、息之師』一樣，楚國的『陵』應該是一個縣名。楚國有陵縣。陵，不知其確處。」如果這一推理成立的話，那麼楚國應該還有一個「囂縣」，因上引《左傳》文中的「陵尹喜」之前有「囂尹午」，他們都「帥師圍徐以懼吳」，可見「囂」亦為一地名，其既有「尹」又有「師」，則設縣亦不無可能。只是如此說之證據俱嫌單薄。考察楚國的官制，可知囂尹為官名[⑥]，陵尹當亦與此同，上文用以認定為連縣的「連尹」，亦應以官職名視之，故所謂的「陵」地，

①　顧久幸：〈春秋楚、晉、齊三國縣制的比較〉，載河南省考古學會編《楚文化覓蹤》，中州古籍出版社1986年版，第215—229頁。

②　徐少華：〈關於春秋楚縣的幾個問題〉，載《江漢論壇》，1990年第2期。

③　徐少華：〈周代南土歷史地理與文化〉，武漢大學出版社1994年版，第281—284頁。

④　何浩：〈魯陽君、魯陽公及魯陽設縣的問題〉，載《中原文物》，1994年第4期。

⑤　李玉潔：《楚國史》，河南大學出版社2002年版，第129—130頁。

⑥　張正明主編：《楚文化志》，湖北人民出版社1988年版，第209—221頁。

實難言之，姑且錄此以提起更多的討論①。又，李曉傑在綜合諸家考證的基礎上，增加了州來、苦二縣②，州來為縣似可從，苦縣則暫存疑。

由上所述，將各家所考春秋時期楚縣的具體分布列舉如下：

權，在今湖北省當陽縣東南，今見縣尹有鬭緡，因鬭緡反叛，楚武王將權遷於那處。

那處，在今湖北省荊門市東南有那口城，那處本為西周封國，楚滅之以為縣。今見縣尹有閻敖。

申，在今河南省南陽市北，可能在楚文王伐申之後即置為縣，申的縣公有申公鬭班（見《左傳　莊公三十年》）、申公子儀（見《左傳　僖公二十五年》）、申公叔侯（見《左傳　僖公二十六年》）、申公巫臣（見《左傳　宣公十二年》）等。

息，在今河南省息縣，楚文王縣息，大約在魯莊公十一二年間，見於記載的息公有子邊（見《左傳　僖公二十五年》）、子朱（見《左傳　文公三年》）等。

陳，明確見於記載，楚莊王十六年曾滅陳置縣（見《左傳　宣公十一年》），60餘年後楚靈王八年第二次滅陳置縣，事見《左傳　昭公十一年》，楚惠王十年第三次滅陳置縣，時為魯哀公十六年（前479），《史記　楚世家》：「滅陳而縣之。」

蔡，亦明確見於記載，《左傳　昭公十一年》記楚靈王滅蔡為

① 按，殷崇浩在〈春秋楚縣略論〉一文在考訂「連縣」時，亦曾注意到這個問題，並非常謹慎地提出了自己的看法，見於第84頁之注2，其文曰：在楚國，「某尹」多為官職，而於「連尹」，杜注不以為官，故雖然連地不詳，姑列於此以供討論。類似情況還有「陵尹」、「嚻尹」（見《左傳　昭公十二年》），皆未詳考，不具列出。由殷氏此語觀之，陵縣一說似可存疑。不過，在包山楚簡中，又有「陵尹」、「陵尹之人」、「陵人」等稱呼（見於湖北荊沙鐵路考古隊：《包山楚簡》第179、181簡，文物出版社1991年版，第30頁），則「陵」為地名亦未可知。

② 周振鶴、李曉傑：《中國行政區劃通史　先秦卷》，復旦大學出版社2009年版，第257—274頁。

第二章　楚國政治地理

縣，以公子棄疾為蔡公。

葉，在今河南省葉縣南，葉縣是楚國的戰略要地，號稱「方城外之蔽①」，《左傳 定公五年》記有葉公諸梁，杜注：「諸梁，司馬沈尹戌之子葉公子高也。」

沈，一說在今河南省平輿縣北，一說在今安徽省臨泉縣。按，平輿縣本為故沈國地，沈國在魯定公四年（前506）被蔡所滅，其地後歸於楚。在《左傳》的記載中，沈國與楚之沈縣、沈君與楚之沈尹曾長期共存，故此有學者認為，沈縣或為楚國分裂沈國之土地而設置，其地處吳楚之界，為楚國東境禦吳之重鎮②，似應以今安徽省臨泉縣為是。沈與寢古音相通，故「沈」又作「寢」或「寢丘」，《左傳 宣公十二年》記有「沈尹將中軍」，杜注：「沈或作寢。寢，縣也」。另見於記載的有沈尹射（見《左傳 昭公四年》）、沈尹赤（見《左傳 昭公五年》）、沈尹戌（見《左傳 昭公十九年》）。

寢，在今安徽省臨泉縣，此地原為孫叔敖子之封地③，「寢」字似當以「寑」為正。楚國是否設寢縣，似應存疑。一般以寢尹吳由于為寢縣之長官，其證據來自《左傳 哀公十八年》：「寢尹、工尹，勤先君者也。」杜注：「柏舉之役，寢尹吳由于以背受戈，工尹固執象奔吳師，皆為先君勤勞。」但考察楚國之職官與出土之文物可知，

---

① 《左傳 昭公十八年》。
② 顧久幸：〈沈縣和沈尹——兼論楚縣的性質〉，載張正明主編：《楚史論叢》（初集），湖北人民出版社1984年版，第129—135頁。
③ 魏嵩山認為，孫叔敖之子所封地在今河南固始，春秋時本屬期思縣地，一作番國；今安徽臨泉縣為春秋魯文公三年（前624）以後之沈國，並設沈尹於此；至定公四年（前506）沈國為蔡國所滅，其後遂為沈縣，一作寢縣、寢丘；文公三年以前沈國則在今河南平輿縣，說參氏著〈沈國與寢丘地理辯證〉，載《湖北大學學報》（哲學社會科學版），1992年第2期。陳偉與徐少華則認為據漢魏六朝人之說，寢與寢丘實為一處，故城在西漢寢縣、東漢魏晉固始縣治所，即今安徽臨泉縣城一帶。詳見陳偉〈楚「東國」地理研究〉，武漢大學出版社1992年版，第33—36頁；徐少華〈孫叔敖故里封地考述〉，載《江漢考古》，2008年第2期。

此寢尹當是負責國君寢處之官，「寢」非為地名之謂①。此說甚是。

鄖，地在今湖北省安陸市，鄖縣縣公見於記載的有鍾儀（見《左傳 成公七年》）、鬭辛（見《左傳 昭公十四年》）。

商，在今陝西省丹鳳縣西，見於記載的商公有子西（見《左傳 文公十年》）。戰國時為秦所並吞，《史記 秦本紀》記孝公二十二年（前340），「封（衛）鞅為列侯，號商君」，即此。秦於此置商縣。

期思，在今河南省固始縣一帶，本為故蔣國之都邑，楚滅之以為縣，其縣公有複遂（見《左傳 文公十年》）。

白縣，在今河南省息縣東長陵鄉西，其縣公見於記載的有子張（見《國語 楚語上》）、勝（見《左傳 哀公十六年》）。按，白公勝所處之地，史籍中多說並存，《左傳 哀公十六年》記載，太子建之子勝，在吳，楚令尹子西「召之使處吳竟，為白公」。杜預注：「白，楚邑也。汝陰褒信縣西南有白亭。」而《史記 伍子胥列傳》則曰「遂召勝，使居楚之邊邑鄢，號為白公」。兩漢汝南郡有安成（《續漢志》作「城」）縣，故城在今河南汝南縣東南，去褒信故城較近，可能褒信一帶早先即曾稱為鄢（安）②。《史記 楚世家》又載，「惠王二年，子西召故平王太子建之子勝於吳，以為巢大夫，號為白公。」《正義》曰：「巢，今廬州居巢縣也。」此地亦見於《史記 吳太伯世家》：「八年，吳使公子光伐楚，敗楚師，迎楚故太子建母於居巢以歸……九年，公子光伐楚。拔居巢。」居巢一作巢邑，在今安徽省巢湖市東北，一說在今安徽省六安市東北。

棠，在今江蘇省南京市六合區，見於記載的有棠君尚（見《左傳 昭公二十年》）。春秋時處於楚吳邊境前沿。《太平寰宇記》卷一二三：「六合縣，本楚棠邑，春秋時，伍尚為棠邑大夫即此。」

① 陳偉：〈楚「東國」地理研究〉，武漢大學出版社1992年版，第183－184頁。
② 陳偉：《楚「東國」地理研究》，武漢大學出版社1992年版，第40頁。

又有認為其地在棠谿，即今河南省遂平縣西北，東漢應劭《風俗通》云：「楚伍尚為棠邑大夫，即棠谿也。」徐少華等皆從此說[1]。

武城，今河南省南陽市北，一名武延城，原為申國地，後屬楚。《左傳　僖公六年》：「冬，蔡穆侯將許僖公以見楚子於武城」，即此地，又同書哀公十七年有「武城黑」，杜注：「黑，楚武城大夫。」

析，又名白羽，即今河南省西峽縣治，《國語　楚語上》有析公臣。《左傳　昭公十八年》：「冬，楚子使王子勝遷許於析，實白羽。」可知析又名白羽。又曾侯乙墓出土的兵器中有「析君所造之戟」銘文[2]，此「析君」，當為析縣長官。

東、西二不羹，東不羹在今河南省舞陽縣西北，西不羹在今河南省襄城東南。據《左傳　昭公十二年》記載，楚靈王曾「大城陳、蔡、不羹，賦皆千乘」，而子革以「四國」稱之，杜注：「四國，陳、蔡、二不羹」，二不羹與陳、蔡等國所出之賦皆有千乘之多，則其設縣亦可想而知，然其縣公失載。

魯陽，地當今河南省魯山縣，《國語　楚語下》載：「惠王以梁與魯陽文子，文子辭。」《淮南子　覽冥訓》亦有「魯陽公」，東漢高誘注：「魯陽，楚之縣。公，楚平王之孫，司馬子期之子，《國語》所稱魯陽文子也。」此魯陽公非魯陽文子，何浩已辨其誣，見於上引文。曾侯乙墓所出竹簡的162、195簡，見有「魯陽公」之名。

梁，在今河南省汝州市西南，《左傳　哀公四年》記載：楚人「為一昔之期，襲梁及霍。」杜注：「梁，河南梁縣西南故城也。」上引《國語　楚語下》亦言及梁地。

鄧，在湖北省襄陽縣西北鄧城。本為西周封國，西元前678年為

---

①　徐少華：《周代南土歷史地理與文化》，武漢大學出版社1994年版，第281頁。
②　裘錫圭：〈談談隨縣曾侯乙墓的文字資料〉，載《文物》，1979年第7期。

楚文王所滅，按楚滅國為縣之例，當有鄧縣。湖北襄陽山灣楚墓出土有《鄧公乘鼎》，經鑒定係春秋晚期器物，因鄧在春秋早期已滅國，故此器之鄧公當即楚之縣公。

呂，在今河南省南陽市西。楚滅申、呂之時間相距不遠，後楚在申設縣，呂地情況不詳，亦不見呂公之記載，但從《左傳 成公七年》申公巫臣之言來看，當有呂縣。其時子重請以申、呂以為賞田，申公巫臣曰：「不可，此申、呂所以邑也，是以為賦，以禦北方。若取之，是無申、呂也。晉、鄭必至於漢。」申公巫臣明言申、呂都是為楚國提供軍賦、守衛北方的重要城邑，申為縣，則與之並舉的呂也應在楚縣之列。

上庸，原為庸國故地，在今湖北省竹山縣東，西元前611年被楚莊王所滅，當於其地設縣以治之，故《史記 楚世家》記楚懷王時有「上庸之地六縣」一說，《水經注 沔水注》亦提到「庸國……楚滅之以為縣」，當可憑信。

盧，在今湖北省襄陽市西南，盧或作廬，春秋時又稱盧戎，後為楚所滅，故地成為楚邑。《左傳 文公十四年》載有盧戢梨及叔麇，杜預注曰：「盧，今襄陽中盧縣。戢梨，盧大夫；叔麇，其佐。」《國語 楚語上》亦載有「盧戢黎」，韋昭注曰：「盧，楚邑也。戢黎，盧大夫也。」由此可知戢梨（黎）為盧縣縣公，春秋時楚設有盧縣。徐少華認為楚莊王初年即已置盧縣，為漢水中游南岸要邑[1]。郢，在今湖北省鍾祥市西北，徐少華據傳世及出土的兩件「上郢公簠」，認為至遲在春秋中期，郢已併入楚境，楚因其故地而設置了郢縣。

湖陽，位於南陽盆地東南部的古湖陽縣，即今河南省唐河縣南80里的湖陽鎮一帶，此地為周代蓼國所在，後被楚武王所滅，當因其地

① 徐少華：《周代南土歷史地理與文化》，武漢大學出版社1994年版，第283頁。

第二章 楚國政治地理

置縣，改稱湖陽。

城（成）父，在今河南省寶豐縣東，《左傳　昭公十九年》記載：「費無極言於楚子曰：『晉之伯也……若大城城父，而實大子焉，以通北方，王收南方，是得天下也。』王從之。」同書昭公十二年有「城父司馬奮揚」、「城父人」，杜注：「城父人，城父大夫也。」說明城父斯時當已設縣。又，《呂氏春秋　重言篇》記有「成公賈」，《說苑　辨物篇》有「王子建出守於城父，與成公乾遇於疇中」之語，徐少華認為成公賈、成公乾為成縣縣尹，成、城音同互通，成公乾當即《左傳　昭公十九年》所記之「城父人①」，則成縣與城父當為同地。

許，在今河南省許昌市東，本西周初封國，後多次遷移。李玉潔認為，《左傳　昭公十三年》載有「陳、蔡、不羹、許、葉之師」，許師即許縣之師，則楚在許國之舊地亦曾設縣。然據陳偉對楚東國地域範圍之分析，許之舊地未曾入楚疆，且許被遷後，其舊地或許已劃歸他縣，並沒有建立相應的縣，但其文又提到了方城之外的其他各縣，其中即有許②，似前後矛盾。不過，以許有軍隊而言，似當以設縣為確。

繁陽，為楚重要城邑，在今安徽省太和縣北，《左傳　襄公四年》載：「楚師為陳叛故，猶在繁陽」，同書昭公五年又有「繁揚之師」，二者應同地③，《鄂君啟節》和包山楚簡中皆有地名「繁陽」。當亦曾設縣。

州來，在今安徽省鳳臺縣，初屬吳，《左傳　昭公四年》載「楚沈尹射奔命於夏汭，葴尹宜咎城鍾離，薳啟疆城巢，然丹城州來」，

① 徐少華：《周代南土歷史地理與文化》，武漢大學出版社1994年版，第278頁。
② 陳偉：《楚「東國」地理研究》，武漢大學出版社1992年版，第6頁及所附圖1，第178、187、195頁。
③ 陳偉：《楚「東國」地理研究》，武漢大學出版社1992年版，第36—37頁。

則其設縣時間當在楚靈王四年之前，因此地處吳、楚之要衝，故兩國反復爭奪，其歸屬不常。

巢，在今安徽省六安市東北，本為淮域小國，春秋中晚之際或略晚為楚所滅，成為楚國經略淮河中下游地區和抵禦吳師的重要據點和城邑。《左傳　定公二年》載：「吳軍楚師於豫章，敗之。遂圍巢，克之，獲楚公子繁。」杜預注：「繁，守巢大夫」，即楚巢縣縣公。

鍾離，在今安徽省鳳陽縣東北臨淮關，亦為淮域小國，與巢先後為楚所滅，《左傳　昭公二十四年》載：「吳人踵楚，而邊人不備，遂滅巢及鍾離而還。」與此條相關之各家注釋皆云其為楚縣。

陰，在今湖北省老河口市北，《左傳　哀公十六年》有「齊管修」，杜預注曰：「管修，楚賢大夫，故齊管仲之後。」《重修廣韻》卷二「侵」韻「陰」條下引應劭《風俗通》曰：「管修自齊適楚，為陰大夫。」則知管修為陰縣縣公。

藍，縣址不詳。《左傳　定公五年》有「藍尹亹」，杜注曰：「亹，楚大夫」，殷崇浩、徐少華皆認為，此藍尹應即楚之藍縣縣尹，且殷氏懷疑「其與戰國時的藍田縣（見《史記　楚世家》懷王十七年）不知是否有淵源關係[1]」。

連，縣址不詳。《左傳　昭公二十七年》記有「連尹奢」，與上揭「陵縣」一樣，姑列此存疑。

與中原各國的縣制不同，楚縣有以下兩個方面的特徵[2]：

其一是規模大。大縣如陳、蔡、不羹，賦皆千乘，申、息二縣也很大。《左傳　成公六年》記載韓獻子對晉景公的話說：「成師以出，而敗楚之二縣，何榮之有焉？若不能敗，為辱已甚，不如還也。」這裡的二縣即指申、息而言，可見申、息兩縣的兵力有時可以

---

① 殷崇浩：〈春秋楚縣略論〉，載《江漢論壇》1980年第4期。
② 說參顧久幸：〈春秋楚、晉、齊三國縣制的比較〉，載張正明主編《楚史論叢》（初集），湖北人民出版社1984年版，第215—229頁。

第二章　楚國政治地理

禦強敵於國門之外。

其二是地位頗高。以縣之長官而論，楚縣長官稱「公」或「尹」[1]，直屬於楚王，縣公由楚王親自任命，是僅次於王的爵位等級。而晉縣長官稱「大夫」，隸屬於卿，齊縣稱「帥」，隸屬於大夫之下。以縣之長官的出身而論，楚的縣公多由王族子弟擔任，如屈氏、鬬氏任申、息二縣的縣公；楚公子棄疾為蔡公；令尹子文之後為勳公；王孫勝為白公等。而晉的縣大夫由列卿子弟或家臣擔任，皆為異姓之族。以縣之財賦、兵力而論，楚縣之財賦雄厚，由國君支配，楚靈王大城陳、蔡、不羹，目的是為了獲得其收入以為兵賦之用；楚縣的兵力強大，軍隊也由國君調遣，縣公經楚王授權，常常領軍作戰，如《左傳　宣公十二年》記沈尹將中軍，同書昭公五年記沈尹射被派往巢去禦吳之侵擾等等。以能否世襲而論，楚縣不是封賞的邑，因而一般也不世襲，其主要原因在於楚縣都擁有強大的軍隊，極易形成尾大不掉的局面而失去控制[2]。然亦有少數例外，如鄖公，其先為若敖氏，莊王時滅若敖氏，唯子文之後在，其子孫當昭王時仍為鄖公，這反映出楚縣在一定程度上仍保留了封邑的痕跡。

楚縣的存在，加強了王權，但是由於它實力強大，亦具有封邑的性質，也可能成為發動政變的工具。楚縣由王族子弟擔任縣公，他們與楚王的關係時緊時鬆，在一般情況下，他們對楚王集權是有利因素，而在特殊情況下，亦是叛亂的巢穴。如申公子儀因自己的要求未得到滿足，就和公子燮一道發動叛亂，挾持莊王離都西去，這次叛亂雖然很快失敗了，但它又引起了析公的叛變。「子儀之亂，析公奔晉」，後來在繞角之役中，因析公的建議，導致楚軍大敗。再如蔡是楚國的一個大縣，公子棄疾被命為蔡公，申無宇告誡楚靈王：「今棄

---

① 按：陳偉認為，春秋楚縣分大、小二等，其長官稱「公」或「尹」，乃與其所司之縣的等級對應，即大縣稱「公」，小縣為「尹」。說詳見氏著《楚「東國」地理研究》，第186頁。
② 晏昌貴：〈春秋楚王權與楚國政治地理結構〉，載《江漢論壇》，1998年第3期。

疾在外，鄭丹在內，君其少戒。」又說：「末大必折，尾大不掉，君所知也。」然而靈王未能及時防範，結果棄疾果然在第二年利用蔡縣叛亂，弒王篡位。昭王時情況更糟，唐、蔡投吳，此後又發生了白公之亂。而晉縣所起的作用，不是加強王權，而是加強卿權；不是使權力集中，而是使權力分散，它既是列卿爭鬥的產物，又是他們繼續進行鬥爭的工具。

以上是就整體論春秋時期的楚縣。如果細加考察，則有諸多方面值得注意。如楚縣的設置年代早晚有別[①]，存續時間久暫不一（如靈王時的不羹、平王時的城父，存在時間可能都很短），有的還幾經廢置（如陳、蔡），不應完全平等看待；縣之大小似亦存等第，不應等量齊觀，其大縣的長官縣公可能大都出自王族或其他大族，但作為小縣長官的縣尹，其成分比較複雜，很多人可能出自庶姓，其選拔恐怕已經實行了一般認為在戰國以後通行的官僚制度；同名之縣，其轄境或等級在不同時代或有變化，不能以靜止之眼光視之，轄境擴大之例，如《左傳 昭公八年》記楚滅陳為縣，次年「遷城父人於陳，以夷濮西田益之」，又在昭公十一年遷許、胡、沈於荊，至此陳縣之境似應得到進一步擴展；縣之等第變化者，如《左傳 昭公十三年》所記葉縣，初屬小縣，後來沈諸梁出任縣公，則當是一個大縣；再者如縣師之記載，如申、息之師等可能並非通例，而只是一個特定時期的特殊建制，春秋晚期後的楚縣之師多非常備，而是依據需要臨時調發[②]。

戰國時期的楚縣，其設置已經相當普遍，如《史記 張儀列傳》記載秦欲以「上庸之地六縣略楚」，《春申君列傳》以「淮北地十二縣」封春申君皆其例。除了春秋時期已經存在之縣，戰國時期隨著楚

① 對春秋楚縣設置時間的闡述，可參看徐少華《周代南土歷史地理與文化》之〈春秋楚縣建置表〉、李曉傑《中國行政區劃通史 先秦卷》之〈楚國置縣概述〉。
② 陳偉：《楚「東國」地理研究》，武漢大學出版社1992年版，第187—193頁。

第二章 楚國政治地理

疆的擴張，亦新置了一些縣，見於載記的有：

竟陵，在今湖北省潛江市西北，由郢縣改稱。

宛，在今河南省南陽市，由申縣改稱。

莒，在今山東省莒縣，楚簡王元年（前431）滅莒為縣。

臨沅，在今湖南省常德市西，至遲楚宣王八年（前362）已置黔中郡，其郡治臨沅亦當立縣。

廣陵，在今江蘇省揚州市西北，楚懷王十年（前319），楚城廣陵，則其當置為縣。

新城，在今河南省伊川縣西南，本屬韓，楚懷王十一年（前316）後屬楚。

襄城，在今河南省襄城縣，楚懷王二十九年（前300）前置，此後為秦所奪。

蘭陵，在今山東省蒼山縣西南，本為魯邑，楚考烈王五年（前258）滅魯後置，荀子即曾為蘭陵令。

另外，在《包山楚簡》中，新見一些地名，如尚、繁丘、喜、兼陵、正陽、中陽、株陽、夷陽、陽陵、新都等，其地望雖不可盡考，但據其職官設置來看，估計亦已置縣。

二、郡

郡產生於春秋末年，首先設郡的當屬晉國。《左傳　哀公二年》載晉、鄭交戰，趙簡子誓詞謂：「克敵者，上大夫受縣，下大夫受郡。」杜注引《周書　作雒篇》：「千里百縣，縣有四郡。」許慎《說文解字》亦言「周制天子地方千里，分為百縣，縣有四郡」，此實非西周已有之制。唯春秋時郡低於縣則近於事實。姚鼐《郡縣論》解釋縣地位之所以高於郡，係因「郡遠而縣近，縣成聚富庶而郡荒陋，故以美惡異等，而非郡與縣相統屬也。」這個解釋尚不全面。晉郡設於遠地，當是為了抵禦北方的狄族。直到戰國時，邊於戎狄的秦、趙、魏、燕等國仍是如此。《史記　匈奴列傳》載：「秦有隴

西、北地、上郡，築長城以拒胡」；趙「置雲中、雁門、代郡」；燕
「置上谷、漁陽、右北平、遼西、遼東郡以拒胡」；魏「有河西、
上郡，以與戎界邊」。這些郡都是設在北方邊境以禦胡戎的，可見郡
在最初建立時，其目的在於鞏固邊防，保境安民。春秋時，除了晉國
有明確的設郡記載外，南方的吳國也有置郡的記載，《史記　仲尼弟
子列傳》提到了吳王夫差「發九郡兵伐齊」，但其具體情況已不得而
知。戰國時郡與縣的一個新變化是，隨著經濟社會的發展，邊境地
區也逐漸繁榮，郡由於面積較大，其下遂分置了若干縣，這種以郡
統縣的郡縣制度也是在三晉首先建立。如《戰國策　秦策一》張儀說
秦惠王：「西攻修武，踰羊腸，降代、上黨。代三十六縣，上黨十七
縣。」又同書《齊策二》載，秦攻趙，趙令樓緩「因以上黨二十四縣
以許秦」。是時韓、趙皆有上黨郡，其下分別轄17縣和24縣。《史
記　秦本紀》記惠文君十年，「魏納上郡十五縣」於秦，是魏之上郡
有15縣。在三晉建立郡縣二級制之後，燕、楚、秦也先後有了郡縣的
設置。如《戰國策　秦策五》載：「趙攻燕，得上谷三十六縣。」是
燕已推行郡縣制之證。以郡擔負防衛邊境的責任，故其首長叫做守，
也尊稱為太守，如《戰國策　趙策一》有言曰：「秦起二軍以臨韓，
韓不能有。今王令韓興兵以上黨入和於秦，使陽言之太守，太守其效
之。」太守俱由武官充任，有徵發一郡壯丁出征的權力。

　　不過，郡與縣之關係的轉換過程，單純以邊地的繁榮來解釋，於
史難證其實。其可能的情況是[1]：在楚、晉等的邊地，最初設置的縣
都垂直地隸屬於中央，隨著疆域的擴展，縣的數量不斷增加，後來增
設的縣與國都的距離也越來越遠，當這種發展達到一定的程度，中央
對各縣的直接聯繫和管理便會發生困難；而另一方面，一些邊境縣往
往負有重要的軍事使命，但各自力量相對不足，在這些情形下，相關

①　陳偉：《楚「東國」地理研究》，武漢大學出版社1992年版，第194—202頁。

第二章　楚國政治地理

各縣以某種方式結合起來,在縣與中央之間形成某種中間組織就成為必要。楚之上國、東國的劃分,即《左傳　昭公十四年》楚平王「使然丹簡上國之兵於宗丘」、「使屈罷簡東國之兵於召陵」,以及楚國成、穆、莊、共之世申、息二縣多次在軍事上的聯合行動,都屬於這方面的嘗試,而到了春秋晚期,楚國又出現了一縣長官同時兼領或統攝相鄰幾縣的事例,如《左傳　昭公十三年》楚靈王使「棄疾君陳、蔡,城外屬焉」,這樣,當時棄疾兼領了陳、蔡二縣的縣公,還統管著方城之外的其他各縣,即不羹、許、葉等;昭公十九年(前523)後楚平王又使太子建居城父而統攝方城之外各縣;哀公十六年(前479)白公之亂時,葉公在蔡,《國語　楚語下》記其「帥方城之外以入」,可見他與先前的棄疾、太子建一樣,統帥著方城之外的全部楚縣。這些事實似可表明郡這種組織合乎邏輯的發展和以郡統縣這種形式發生初期的狀況。

　　楚國之有郡,見於記載的當自楚悼王始。據《說苑　指武篇》記載:「吳起為苑〔宛〕守,行縣,適息。」吳起既為宛地之守,則其地當設有郡,是為宛郡,其地以今河南南陽為中心,東南到息縣。在包山楚簡中,亦有提到「子宛公」,其身分是宛郡長官,並兼任宛縣長官。由此可推知,楚郡長官實際上是由郡治所在縣的縣公兼任[①]。

　　據楊寬《戰國史》之附錄,楚國其他可考的郡還有漢中、新城、江東、黔中、巫等,大體皆位於邊境地區。又陳偉《楚「東國」地理研究》亦考出新城、上蔡、江東、淮北四郡,其中新城郡由上蔡郡析置。近年又有新出土的簡牘材料,經釋讀後亦可考出一些未見載記的郡,如洞庭郡等。根據現有研究成果,下面略為縷述楚國所設之郡,因各位學者對資料的理解不同,其中一些郡的位置、轄境及存續時間

① 陳偉:〈包山楚簡中的宛郡〉,載《武漢大學學報》(哲學社會科學版),1998年第6期。

或有分歧，姑錄此以供進一步討論。

　　漢中郡，因漢水而得名，楚懷王時置，丹陽之戰被秦奪取。其治所在丹水與漢水交匯處的丹陽（今湖北省丹江口水庫一帶），西到今陝西安康市的石泉、漢陰縣一帶，北到武關，即今陝西省商南縣武關河一帶，南到大巴山、荊山，包括原來位於漢水南岸的庸國、麇國故地，東到方城和鄧的西部一帶[①]。

　　新城郡，因其地新城得名，轄境有今河南伊川一帶。原為韓地，後為楚所得，楚懷王曾以新城為主郡，見於《戰國策　楚策一》：城渾說楚新城公，曰：「今邊邑之所恃者，非江南、泗上也，故楚王何不以新城為主郡也，邊邑甚利之。」此番言語使「新城公大說，乃為具駟馬乘車五百金之楚，城渾得之，遂南交於楚。楚王果以新城為主郡」。一般認為這是在新城設郡，其廢當在楚懷王二十九年（前300）。

　　上蔡郡，在《戰國策　楚策一》城渾說新城君的話中，有「新城、上梁相去五百里，秦人一夜而襲之，上梁亦不知也」之語，學者們根據春秋晚期方城之外各縣的關係推測，認為此「上梁」當為「上蔡」之誤，且上蔡郡可能是楚國最早設郡的地方之一，其境大約包含著整個「方城之外」地區。西元前300年秦楚垂沙之役時，包括上蔡在內的大片楚地失守，楚上蔡郡亦不復存在。

　　江東郡，因地區名江東得名。轄境有今安徽東南部、江蘇南部及浙江北部地方。楚懷王滅越後所設。范蜎對楚王說：「故楚南塞厲門而郡江東。」[②]

　　淮北郡，指邊齊的淮北、泗上之地，《史記　春申君列傳》考烈王十五年（前248），「黃歇言之楚王曰：『淮北地邊齊，其事急，

① 梁中效：〈楚國漢中郡雜考〉，載《陝西理工學院學報》（社會科學版），2007年第25卷第1期。

② 《史記　甘茂列傳》

請以為郡便。』因並獻淮北十二縣，請封於江東」。其後淮北當已置郡。除了這12縣之外，楚隨後所攻取的驕、魯等邊齊之地大概也包含在郡境之中。據考淮北郡可能也是楚國最早設置的郡之一，《史記 屈原賈生列傳》記楚懷王「兵挫地削，亡其六郡」，撇開直接見於記載或據相關資料推知的漢中、宛、上蔡、新城、江東五郡當時全部或部分淪陷之外，還有一郡可能即為淮北郡。

黔中郡，因黔山得名，轄境有今湖南西部及貴州東北部，據《史記 楚世家》、《戰國策 楚策一》記載，楚威王時設郡。其治所可能在洞庭湖西部漢代武陵郡治臨沅（今湖南常德）[1]，近年來在沅水左岸酉水河口發現了規模巨大的城址，或即黔中故城。

巫郡，因巫山得名，轄境有今湖北清江中、上游和重慶東部。據《史記 楚世家》、《戰國策 楚策一》，可知楚懷王時已設郡。

巴郡[2]，約置於西元前361年楚佔領巴國之時，其治所當在江州（今重慶市），包括今忠縣以西、瀘州以東的長江沿線，以合川為中心的涪江下游、嘉陵江下游以及渠江流域，其廢約在周赧王元年（前311）秦奪江州之時。

洞庭郡，據《史記 楚世家》載：楚頃襄王二十三年（前276），「襄王乃收東地兵，得十餘萬，複西取秦所拔我江旁十五邑以為郡，距秦」，此15邑當即楚洞庭郡之範圍，可能包括湖南龍山里耶秦簡中所記的遷陵（今湖南龍山里耶）、酉陽（湖南永順縣東南）、臨沅（今湖南常德市西）、索（今湖南常德東約60里處）、益陽（即今湖南益陽市東）、零陽（今湖南慈利縣東）、沅陵（今沅陵縣西南）、孱陵（今湖北公安縣西）等縣，其郡治可能在今沅陵縣西約20里處。此郡在戰國中期當已存在，戰國晚期曾短暫落入秦人之

① 伍新福：〈楚黔中郡與「巴黔中」〉，載《江漢論壇》，1986年第2期。
② 楊光華：〈楚國設置巴郡考〉，載《中國歷史地理論叢》，2007年第22卷第4期。

手，一年後楚收回「江旁十五邑」並復置 [①]。

三、邑、里、州

在楚國的地方行政組織中，還有比郡縣更為基層的機構，即所謂邑、里、州，見於包山楚簡中。根據現有的研究來看，對這些基層組織的認識並不充分，且存在一定的分歧，尚需進一步探討，在此僅綜述一下有關代表性的意見 [②]。

邑，在簡書中共出現49處，如複域之少桃邑、長陵邑、漾陵君之陳淵邑、司禮之夷邑、鹿邑、聖夫人之青邑等等，大體可分為兩類，一類只記邑名本身，一類則在邑名前綴聯有地名或官爵名，少數的則難以斷入以上兩類。邑位於鄉野之地，是一種地域概念，是地域政治系統中的基層單位，可由國家配給並回收，在邑中設有官吏，即邑公。在邑之上，還有較多的組織機構。

里，簡書中所記里名共22處，不及邑名一半，如郢里、尚之己里、安陸之下隋里、羅之權里、繁丘之南里、下蔡山陽里、下蔡關里、陰侯之東身之里、冠陵之剢里等等，由此可見其結構較多的作某地某里，極少數僅書某里。里之分布大體可考，如古安陸故城在今湖北安陸縣城關或雲夢縣城關，則安陸之下隋里應與其相近；古下蔡故城約在今安徽鳳臺縣城關附近，則簡中所述下蔡諸里亦在其近處，其他如陰、繁丘等地之里亦在其所屬地附近。從簡文內容來看，無論就里、邑之名的稱述，還是從有關里、邑之事的記載來看，二者之間並無彼此隸屬的跡象。換言之，里、邑大致處於同一層級單位，如簡150同時記有「正陽之酷里」和「正陽之牢中獸竹邑」，顯示里、邑

---

① 徐少華、李海勇：〈從出土文獻析楚秦洞庭、黔中、蒼梧諸郡縣的建置與地望〉，載《考古》，2005年第11期。

② 羅運環：〈論包山楚簡中的楚國州制〉，載《江漢考古》，1991年第3期；顧久幸：〈楚國地方基層行政機構探討〉，載《江漢論壇》，1993年第7期；陳偉：〈包山楚簡所見邑、里、州的初步研究〉，載《武漢大學學報》（哲學社會科學版），1995年第1期；又見氏著《包山楚簡初探》，武漢大學出版社1996年版，第67—107頁。

第二章　楚國政治地理

可以共存於「正陽」之下，而「正陽」是楚國地域政治系統中層級較高的單位。可能的情況是，邑為鄉里之地域組織，而里是城邑中的地域組織。

傳世古籍如《周禮》、《國語》、《管子》等涉及鄉里制度時，大多將里歸於鄉管轄，又如《史記　老子列傳》說「老子者，楚苦縣厲鄉曲仁里人也」，似乎是楚國里轄於鄉的證據，但張守節《正義》懷疑這裡的楚是指西漢早期的諸侯王國；另據東漢延熹八年邊韶《老子銘》所記，老子生地於先秦楚國時屬相縣，後世才改屬苦縣，如此說不誣，則「厲鄉曲仁里」是否為先秦楚國的建置尚屬存疑，楚國里之上是否有鄉的存在，亦有待進一步證明，而且在包山楚簡中未見鄉的記載，在里的上面只有一個層級較高的單位，如前所述的「正陽」，這級單位與里的隸屬關係，不僅在代表這級單位的地名與里名的前後連稱方面得到顯示，而且在簡書中也有較多的具體例證，如簡31要求尚司敗「將尚之己里人青辛以廷」，可見這級官員對有關各里的官吏和居民負有多方面的責任。

　　州，也是簡書中常見的地域單位，所見凡41處，如邸陽君之州、靈里子之州、宣王之窋州、鬲君之耆州、膚人之州、司衣之州、覆命之州、大胡之州、並郢公之州、莫囂之州、游宮州、襄君之州等等，多數研究者認為，州、里具有直接隸屬關係，州是里的上級單位，二者是地方基層政區系統中相互銜接的兩個環節。但陳偉認為這一判斷與簡書提供的證據不符，具體表現在4個方面：一是邑名、里名之前往往冠以代表較高層級單位的地名，表示彼此間的隸屬關係，但這些地名中沒有一處是州名，而州名一概單獨出現，不與其他任何地名連稱；二是簡書中多見左尹官署直接對州發佈指令的情形，而左尹官署如果要了解里中的事務，須通過那些層級較高的單位，這顯示州、里對於中央的聯繫途徑或方式迥然有別。三是從受期簡中不同地點到達楚都的時間間隔來判斷，相關的州離楚都都不太遠。這意味著州、里

之地域分布的差異，州大概位於楚都四周，而里有的雖在楚都一帶，但大致可考者多離楚都較遠。四是州的官吏，簡書中常見某某之州加公，州加公當為州的官員；另見某某之州里公，這州里公與加公一樣，亦應是州之官吏，而不當被認為里之官吏，且以此為里轄於州之證據。簡書所見里公皆與治安執法有關，讀「里」為「理」是很適宜的，其並不必定設於里中，故某某之州里公的稱呼並不意味著州下轄里。由此分析表明，州、里具有隸屬關係的說法缺乏可靠根據。州大致環繞於楚都附近，在司法管轄上直屬於左尹官署，有其顯著的獨特之處。如果說里、邑處於一般的地方政區系統之中，那麼州就該是一種特殊的地域組織（按，羅運環即認為，州直接上屬中央王朝，是一種特別的地方民戶編制），其規模可能與里、邑相當，且在法律上與里、邑一樣，也是確定當事人所在的具體單位；同時州與里都設有加公、里公等官職。

州的前面冠以官名、爵名或人名，應該表示其為一種食稅單位，可以看做官員或封君出任官職的俸邑，戰國時官吏的薪俸有以田邑支付的記載，如《商君書　境內》云：「就為五大夫，則稅邑三百家。」稅邑即食邑，是國君將邑的稅收賜給臣下，而土地、人民依然屬公家；而封君又享有封邑，是國君將邑（連同土地、人民）賞給臣下，這與俸邑是不同的。另外一些州，如「宣王之窀州」，大概是宣王陵地的奉養之邑。因此，州集中於楚都周圍的格局，可能與官員的俸邑有關。

第四節　楚國的政治地理格局

楚國前後800餘年的歷史，因其立國之方略即為稱霸於諸侯，故大多數的時候都處於征戰與擴張之中，這一過程所面臨的國際關係在

不斷發生變化，其所處的政治地理格局也隨之有種種不同，而歷代楚君亦有著鮮明的個性與執政理念，故而由此內外環境之影響，決定了楚國的歷史走向。

一、西周時期楚國的政治地理格局

西周王朝實行分封制，形成了以周王為中央權力核心的周王朝對全國的統治，即周王朝分封建立諸侯國，對諸侯實行統治，四方諸侯國君承認周王的最高君主地位和政治統治，但諸侯國內部有很大的自治性，諸侯國國君直接統治諸侯國，呈現「天子—諸侯」兩層政治結構；而在一些重要或一方中心地區，天子與諸侯之間還有方伯，方伯是四方中某一方或某一地區的大諸侯國，它們是一方諸侯之長，有自己控制的小諸侯國，呈現「天子—方伯—諸侯」三層政治結構。這樣，在地理結構上則表現為「都城—諸侯國」或「都城—方伯區—諸侯國」的形式。周初的分封，除了承認原來殷商時期已經存在、臣服了周王朝的諸侯外，主要有兩種類型，一是在幾個都城沿線，即在較早控制的關中和伐商後佔領的雒邑地區（通常所說的王畿地區或統治核心地區）分封姬姓諸侯，直接確保周王朝的勢力向北、東、南展開的交通線，這些諸侯舊稱「畿內諸侯」；另外一些重要的姬姓、姜姓或功臣被分封到了新獲得的東土、南土和北土三方邊遠地區，成為能分別控制這些區域內諸侯國的諸侯之長——方伯。方伯本身也是諸侯，他們像畿內諸侯一樣直接聽命於周王，但是他們能控制若干諸侯，構成新的一級統治結構。在這樣一種中心強、邊緣弱的政治地理結構之下，周王朝實現了對全國的有效管理[①]。西周自懿王、孝王以後，王室逐漸衰微，戎狄交侵，荒服不朝，雖然宣王時有所振興，但已危機四伏，加上幽王繼位後倒行逆施，終於身死國滅。周幽王子宜臼得到諸侯的擁立，是為平王。當時鎬京一片殘破，到處是夷戎

① 王健：《西周政治地理結構研究》，中州古籍出版社2004年版，第50—53頁。

部落，平王已無力將他們驅逐出去，只能將岐西之地贈予秦伯，河西之地贈予晉侯，以獎勵他們平亂勤王之功，同時遷都雒邑（今河南洛陽），春秋的序幕由此拉開。

楚在商末鬻熊之時即臣服於周，但只是名義上的臣服而已，甲骨文中所記載的「今秋楚子來告」，大概僅流於形式，作為偏居一隅的異姓諸侯，楚與周王室的關係並不親密，至鬻熊子熊麗、孫熊狂時已經有擺脫周人控制的獨立傾向，故而楚人並沒有參加周武王滅商的戰爭，他們利用西周向東發展的機會開始不斷向周邊擴張勢力，即史書所說的「熊麗始討此睢山之間」，在包山楚簡中，熊麗儼然是楚始稱「荊王」者而受到後人的祭祀[1]，由此可推測周公、成王時期楚已經「稱王」（或被後人認為稱王）而獨立於西周王朝。周人東征勝利之後，天下底定，開始營建成周，楚國便成為成周南邊的重要國家。恰好周公受到成王的猜疑奔逃於楚，後來成王得知事情真相，又從楚迎回了周公，從而改善了周楚關係。周公奔楚揭示了兩方面的資訊，一是周楚關係的不冷不熱，二是楚為南方大國，否則周公不會庇身於此。楚之熊繹得到周王朝的冊封，可能是周公奔楚的積極成果，楚因此再次表示了對周王朝的臣服，而周王室也承認既成事實，給予了楚以合法的政治地位。但是基於楚國的叛服不定，周王室對其並不真正信任，所以楚國雖然此時已經在實際上控制著周邊的蠻夷小國，如楚熊通所言：「成王舉我先公，乃以子男田令居楚，蠻夷皆率服」，但熊繹與「魯公伯禽、衛康叔子牟、晉侯燮、齊太公子呂伋俱事成王[2]」時，沒有得到相應的名分。這四人中，「齊，王舅也。晉及魯、衛，王母弟也」，皆為姬姓或姻親的方伯級諸侯，而楚只是異姓諸侯，故此「楚是以無分，而彼皆有[3]」，即周王朝沒有給予楚以方

① 何琳儀：〈楚王熊麗考〉，載《中國史研究》，2000年第4期。
② 《史記　楚世家》。
③ 《春秋左傳集解》，卷二二，上海人民出版社1977年版，第1356頁。

第二章　楚國政治地理

117

伯的名分。在成王親政後進行的一次重要軍事行動「岐陽之蒐」時，楚國也沒有得到歃盟的機會，「昔成王盟諸侯於岐陽，楚為荊蠻，置茅蕝，設望表，與鮮卑守燎，故不與盟①」。這與楚人希望的政治地位顯然有差距，楚人並不滿足於做一般的諸侯，因此隨著周王室的日漸衰落，楚人亦日益顯露其稱霸一方的雄心。熊渠之時，一面推行睦鄰友好的策略，「甚得江漢間民和」，一面整軍經武，伐庸、楊粵，至於鄂，並封其三子為句亶王、鄂王和越章王，「皆在江上楚蠻之地」。楚國此時不但已經稱王，而且在其控制地區進行了分封，說明楚國已經成為西周名符其實的方伯，山西天馬—曲村遺址新出土的楚公逆鐘也證實了這一點。其銘文經考釋為②：「唯八月甲午，楚公逆祀厥先高祖考，夫（敷）壬（任）四方首。楚公逆出，求厥用祀。四方首休。多勤欽融，內（入）饗（享）赤金九萬鈞。楚公逆用自作龢齊錫鐘百肆。楚公逆其萬年壽，用保厥大邦。永寶。」楚公逆即楚君熊鄂，其先高祖即熊渠。整個銘文的主要意思是說：楚君熊鄂為祭祀其祖先高祖父（熊渠），祭用分攤四方首領。楚君熊鄂出巡（四方），聚積他準備祭祀的用品。四方首領讚美熊鄂勤勞不懈於國，威儀悉備，照臨四方，入貢赤銅九萬鈞。「夫壬四方首」，讀「敷任四方首」，意即祭祀高祖考所需用之物品分擔予四方首領。西周王朝的分封制中，表達臣服關係的一個重要內容就是臣服國向宗主國貢獻祭祀，如楚人在周初即臣服於周王朝，是其控制下的四方諸侯國之一，它與周王朝的關係主要體現在向周王貢獻祭祀用的「包茅」上，是以魯僖公四年（前656）時齊率諸侯之師伐楚，管仲即說明征討的理由是「爾貢包茅不入，王祭不供，無以縮酒」。楚公逆鐘銘文所記的四方首分擔祭祀楚先祖的用品，也是這種臣服關係的體現，由此可見，

---

① 《國語　晉語八》，上海古籍出版社1982年版，第466頁。
② 黃錫全、于炳文：〈山西晉侯墓地所出楚公逆鐘銘文初釋〉，載《考古》，1995年第2期。

熊渠時的楚國已經是能夠控制周邊的普通諸侯國，他們唯楚王之令是聽，而不再直接受命於西周統治者。就此時的政治地理結構來說，「楚國已經形成了自己的地方勢力範圍，相對於周王朝（大邦）來說，楚國是天下四方中的一方，一個諸侯，是周政治疆域中的一員，是小邦，與周王朝形成中央與地方的關係；而對於其統治下的四方首來說，楚又是一個中央，是大邦，有自己的地方勢力四方國，構成新的一級統治層。這就是：周王—四方諸侯，楚君—四方首，兩個層次，從名義上講，周王也是可以統治楚國下面的四方首的，但現在由於楚國的強大，控制了四方首，周王已經失去了對四方首的直接控制。構成了周王—楚君—四方首三級，周王的權力被分割了[①]」。

周厲王時加強了對楚國的威懾，楚國才迫於其暴虐而取消了王號，但其離心傾向十分明顯，故此周宣王冊命申伯為南土方伯，讓他率領南土小的諸侯國抵禦楚國的擴張，事見《詩經　大雅　崧高》，已見於前引，此不贅述。申伯作邑之地在謝，即今南陽一帶，此線當為周王朝能夠真正控制的南土，與周初相比已經大大後退了。

二、春秋時楚國的政治地理格局

周王室東徙後國力日衰，在最初的60餘年時間裡，主要依靠晉、鄭兩國力量的支撐。晉在黃河以北，鄭在黃河以南，從北面和東面給以蔽護；虞、虢（北虢）兩國則在西面，申、呂兩國在南面，共同成為周王室的屏障。這時各諸侯國也還朝覲周天子，周王尚有一定的號召力，憑藉昔日的餘威發佈命令討伐不臣的諸侯，中原地區的各諸侯國如齊、魯、晉、鄭、陳、蔡、宋、衛等的勢力也大致均衡，只有鄭國由於地處中原的中心，交通便利，經濟發達，且鄭伯是王室的卿士，地位特殊，以此國力漸強，在齊、晉、楚等國沒有強大起來之前，鄭莊公在中原的各小諸侯國中實現了小霸的局面，但鄭國很快因

---

① 　王健：《西周政治地理結構研究》，中州古籍出版社2004年版，第247頁。

第二章　楚國政治地理

莊公的去世而陷入內亂，失去了小霸的地位，而這時齊桓公、晉文公等相繼登上了爭霸的歷史舞臺，「齊、晉、秦、楚其在成周微甚，封或百里或五十里。晉阻三河，齊負東海，楚介江淮，秦因雍州之固。四海迭興，更為伯主 ①」，構成了新的政治地理格局。

按照當時各諸侯國、部落集團在政治活動中地位、影響的差別，中國大陸可以劃分為三個較大的地理區域 ②，也就是周王室和華夏、東夷中小諸侯所在的中原地帶，齊、晉、秦、楚及後起的吳國等諸強盤踞的弧形中間地帶，戎狄、西南夷、南蠻和越人等落後民族主要活動的周邊地帶。中原地帶由東往西，以沂山、泰山、黃河中游河段為北界，至洛陽盆地的西端折向東南，沿伏牛山、桐柏山、大別山脈到長江下游為南界，順流而至東海。中原地帶的中、西部，包括伊洛平原、豫西山地的東段、嵩高、外方以東的豫東平原、魯西南平原和豫南汝、潁流域的丘陵地區為其主要部分，地理位置處於東亞大陸的核心，也是當時全國自然條件最為優越、經濟文化最為發達的區域，分布著周王室和鄭、宋、魯、衛、陳、蔡、曹、許等眾多華夏中小諸侯國，不過在政治舞臺上，他們都只是扮演二三流的附庸角色；中原地帶的東部是泗水流域和淮河中下游地區，主要分布著東夷和淮夷，小國林立，分散衰弱，是春秋大國兼併的首要對象。

周邊地帶位於中國大陸的外緣，呈巨大的半環狀，其北部自東北平原，內蒙古高原和冀北山地向西推移，含有楔入晉國領土的太行山脈，經過晉北、陝北、甘肅黃土高原，緣及青海東部，轉而南下過四川盆地、雲貴高原再折向東方，越過嶺南的珠江流域、浙閩丘陵，抵達東海之濱，將中原和弧形中間地帶的齊、晉、燕、秦、楚、吳等國圍拱起來。其北部為遊牧民族的戎狄所佔據，文明程度較低，習性強

---

① 《史記　十二諸侯年表序》。
② 宋傑：《先秦戰略地理研究》，首都師範大學出版社1999年版，第51—75頁。

悍好戰，劫掠成風，華夏諸邦多受其害；周邊地帶的南部氣候潮濕，社會經濟水準低下，分布著越（粵）、夷、群蠻、百濮等，普遍呈分散孤立及弱小狀態，除了浙地的越人在春秋末葉強盛起來之外，其餘的部族在與楚人的衝突中始終處於下風，在全國的政治領域內沒有什麼重要地位。

　　弧形中間地帶從齊國所在的山東半島、魯西北平原向西方延伸，經過晉國的東陽與河內（冀中南平原）、河東（晉南河谷盆地），至秦國的涇渭平原、商洛山地，再向東南過楚國的南陽盆地、江漢平原，到大別山以東與吳國交界的淮南，在東亞大陸上構成了一個巨大的弧形。春秋中葉，齊、晉、秦、楚的領土逐漸接壤，對中原地帶形成了半包圍的狀態。弧形中間地帶的內緣，大致北在齊、晉兩國的南疆——泰山、沂山與黃河中游河段，向西延至伊洛平原的西端，再沿著伏牛山、桐柏山、大別山脈至長江下游河道。其外緣北邊即齊、燕、晉、秦等國的北疆，約在冀北山地、晉北及陝北高原的南端，西至隴阪，再向東南折至秦嶺、巴山及巫峽東段。南邊隨著楚國勢力的擴張，由長江中游推移到五嶺。東到楚吳邊境的昭關、州來、居巢。

　　春秋初年，這個地帶的齊、晉、秦、楚等國與中原地帶的魯、衛、鄭、宋等諸侯相比並不占有多少優勢。但是，「及平王之末，而秦、晉、齊、楚代興，秦景、襄於是乎取周土，晉文侯於是乎定天子，齊莊、僖於是乎小伯，楚蚡冒於是乎始啟濮[①]」，即秦國佔領了關中，晉國幫助周朝遷都於洛邑，齊國成為諸侯盟主，楚國則伐濮獲勝，這些都是東周初期的大事。此四國在隨後數十年內脫穎而出，成為地方千里、甚至數千里的一流強國，它們勢均力敵，更替稱霸，支

---

① 《國語　鄭語》，上海古籍出版社1982年版，第524頁。按，「秦莊」原文作「秦景」，此從韋昭注改。

配著中原地帶的諸侯國，是當時歷史進程的主導者和真正的政治重心區。

列強爭霸，以晉、楚之間的鬥爭構成春秋時期的主旋律，前人於此早有認識，童書業即指出：「晉、楚兩國的歷史是一部《春秋》的中堅。」[1]這與齊、晉、秦、楚四國所處的地理位置不無關係。楚、晉分別位於弧形中間地帶的南北兩面，齊、秦則分別位於東西兩面，當時大國爭霸的重點內容，就是爭奪對華夏中小諸侯如鄭、宋、陳、魯、衛等國的統治權力。但秦國在驅逐戎狄，據有昔日岐、豐之地後，其東進中原之孔道──豫西走廊的西段已經被晉國佔領，秦國要想與中原交通，必須假道於晉。最初秦國與晉國交好，並且軟硬兼施，曾先後扶立晉惠公、晉文公，希望通過操縱鄰國來獲得出入中原的通行權，但晉國實力很強，又靠近中原，不願讓秦國自由穿越豫西通道，因此秦與晉的幾次聯合行動只是促成了晉文公的霸業，自己並未撈到多少好處。秦、晉殽之戰後，兩國絕交，數相攻伐，而秦竟未能東出函谷，故此終春秋之世，秦只能稱霸於西戎，勢力局限於關中平原，而被屏於中原諸侯盟會之外。齊國與秦國類似，自襄公至桓公初年，不斷兼併弱小鄰邦，由泰山西側沿濟水南岸向中原擴張，先後滅掉紀（今山東壽光市南）、譚（今山東濟南東南）、遂（今山東寧陽西北），推進至谷（今山東東阿），但是遭到了魯國的激烈抵抗，後來齊與魯、衛修好，因此終桓公之世，齊國多次出兵中原（四伐鄭，一伐宋，一伐蔡、楚），皆假道於魯、衛，但桓公去世之後，齊與魯、衛關係惡化，兩國利用列強之間的均勢和矛盾，先後借助楚、晉來抵制齊國，齊雖然侵佔了魯、衛的一些城邑，但是其勢力始終被封閉於兩國境外，不能任意對中原核心區域的鄭、宋有所影響，直至春秋末年再也未能重登霸主的寶座。

---

① 童書業：《春秋史》，開明書店1946年版，第208頁。

春秋初年，楚國依然希望周王室能夠命以方伯之號。如上節所言，當時楚國已經得到了周邊蠻夷的擁戴，開始直面漢陽諸姬，這些諸侯小國，本是藩屏周室的南土，但隨著楚國的日益強大，它們就淪為了楚國的俎上肉。漢東之國，隨國為大；漢陽諸姬，隨國為首。於是楚國選擇隨國作為第一個進攻的目標，這既可以威懾漢水之陽的其他小國，又可以占有隨地的有色金屬資源，還可以通過隨向周王室請求晉封爵號。楚王熊通三十五年伐隨，雖然隨國聲稱「我無罪」，但楚國依然提出了「求成」的條件：「今諸侯皆為叛相侵，或相殺。我有敝甲，欲以觀中國之政，請王室尊吾號。」隨人為之請於周，周王室沒有同意這一請求，熊通聞訊大怒：「王不加位，我自尊耳。」[1]當即自立為楚武王，與隨人盟而還，不久又佔領了濮地，攻滅了羅、盧、鄢、蓼、州等國，史稱「克州、蓼，服隨、唐，大啟群蠻[2]」，確立了楚國在江漢地區的霸主地位，而有了逐鹿中原的雄心。楚國的壯大引起了中原諸國的恐懼，魯桓公二年（前710），即楚武王三十一年，「蔡侯、鄭伯會於鄧，始懼楚也」，蔡、鄭兩國本為對手，經常互相征伐，這時卻走到了一起，大概是他們看到了一個更為強大的對手在自己的南邊崛起，由此而不得不聯手合謀對策。

　　楚文王繼位後，繼續開拓進入中原的通路，伐申滅鄧，實縣申、息，將漢陽諸姬相繼納入自己的勢力範圍之內，並越過了南陽盆地，達到汝水流域，這為楚國後來向北方和東方的擴張奠定了基礎。顧棟高在《春秋大事表　楚疆域論》中對此有精闢議論，其文曰：

　　余讀春秋至莊元年楚文王滅申，未嘗不廢書而歎也。曰：「天下大勢盡在楚矣！」申為南陽，天下之脊，光武所發跡處。是時齊桓

---

① 《史記　楚世家》。
② 《左傳　哀公十七年》。

未興，楚橫行南服，由丹陽遷郢，取荊州以立根基。武王旋取羅、鄖，為鄢郢之地，定襄陽以為門戶。至滅申，遂北向以抗衡中夏。然其始要，非一朝一夕之故也。平王東遷，即切切焉。戍申與甫、許，豈獨內德申侯為之遣戍，亦防維固圍之計，有不獲已。逮桓王、莊王六七十年之久，楚之侵擾日甚，卒為所滅。自後滅呂、滅息、滅鄧，南陽、汝寧之地悉為楚有。如河決魚爛，不可底止，遂平步以窺周疆矣。故楚出師則申、息為之先驅，守禦則申、呂為之藩蔽。[1]

申、息處於淮漢之間，這裡「是當時東西南北文化交會的一個十字路口，誰佔領了這個十字路口，誰就能得到來自四面八方的文化資訊，誰就能掌握東來西往和南來北往的鎖鑰。申在這個地方的西部，息在這個地方的中部偏北。文王滅申、息，佔領了這個十字路口，對楚國的前途和中原的前途都是至關緊要的[2]」。楚國得到申、息之後，向東可取淮夷之地，向北可直逼鄭、許、雒邑，進可攻，退可守，從此將過去「欲以觀中國之政」的願景化成了實際的行動，並由此與其他諸侯各國形成不同的地緣政治關係，大致來說，楚、秦結盟，聯合南方陳、蔡、許等國建立南方集團；晉、齊結盟，聯合魯、衛、曹等國，建立北方集團。鄭、宋處於中間地帶，唯強是從，唯力是依，形成晉、楚南北分霸、此伏彼起的局面。至春秋末期，晉、楚及中原各國霸業銷歇，南方的楚、吳、越之間卻戰火紛起，吳、越亦爭霸於中原，此則是晉扶持吳、楚扶持越之後果。

（一）楚與齊

齊國初封於營丘（今山東臨淄北），不過區區百里之地，但經過太公姜尚初期的開發，「因其俗，簡其禮，通商工之業，便魚鹽之

---

① 〔清〕顧棟高輯，吳樹平、李解民點校：《春秋大事表》，中華書局1993年版，第525頁。
② 張正明：《楚史》，湖北教育出版社1996年版，第84頁。

利，而人民多歸齊」，從此奠定了後來成為大國的基礎。周成王時，管、蔡作亂，淮夷叛周，周王朝就命令太公姜尚「東至海，西至河，南至穆陵，北至無棣，五侯九伯，實得征之」，「齊由此得征伐，為大國」[①]。桓公建立霸業時吞併弱小，領土劇增，《管子　小匡篇》載當時齊國正其封疆，「南至於岱陰，西至於濟，北至於海，東至於紀隨」，國土方五百里。當時周王室內亂不斷，周天子威權掃地；而北方山戎侵擾燕國，狄人進攻邢國（今河北邢臺附近）、衛國。於是齊桓公打著「尊王攘夷」的旗幟，驅逐了狄人，救邢、存衛，大大提高了他在諸夏各國中的威信，齊又征伐東南地區的萊夷、徐夷、吳、越，一戰而服三十一國，一躍而為中原諸夏的保護者，成就了其霸主的高名。

這時南方的楚國則在成王即位後，「布德施惠，結舊好於諸侯。使人獻天子，天子賜胙，曰：『鎮爾南方夷越之亂，無侵中國。』於是楚地千里[②]」。當時在位的周惠王地小勢弱，雖有「共主」之名，但在諸侯中地位不尊，楚國派人貢獻，周惠王當然大喜，封賜楚國為方伯，可謂情理之中事，這終於成全了楚國幾世國君的夢想。但是此時的楚國早已不再滿足於偏處一隅的方伯之位了，其立國方略轉向了爭霸中原，因此周王的封賜不僅使其理直氣壯地將南方諸蠻收歸麾下，而且使其意氣風發，北出方城，連年進攻依附於齊的鄭國，這就引起了北方諸夏的恐慌，視其為最大威脅。形勢的發展，已經使齊、楚兩強相遇，齊國如果不阻擋楚國的北侵，則其霸業可能被打斷，中原諸侯也會分崩離析，盡數歸依於楚。因此，魯僖公四年（前656），即齊桓公三十年、楚成王十六年時，齊桓公率齊、魯、宋、曹、衛、鄭、許、陳八國之師南下進攻臣服於楚的蔡，蔡國很快便被

---

① 《史記　齊太公世家》。
② 《史記　楚世家》。

攻陷了，於是諸侯之師遂伐楚，駐軍於陘（今河南偃城縣東南），楚成王沒有與八國之軍正面交戰，而是派屈完與八國諸侯會盟，聯軍為表示誠意，退到了召陵（今河南郾城縣東），於是雙方達成了召陵之盟。這次盟會，齊國在一定程度上阻止了楚國北攻的步伐，但是楚國的實力並沒有受到損失，此後楚成王、楚穆王，直至楚莊王時期，楚國進攻的矛頭轉向了東北方的江淮平原。

自齊桓公之後，晉國代替齊國成為北方諸夏的霸主，齊國後繼國君對此表現出極大的不滿，皆欲向晉國抗衡。齊頃公在位時，楚莊王、共王主動通齊結好，多次派人出使齊國，以期與晉爭雄，齊國亦希望借此一搏，但是齊國的挑戰是晉國不能忍受的，兩國終於在魯成公二年（前589）爆發鞌（今山東濟南北）之戰，齊國大敗，只得求和。後來齊國雖然還有挑戰晉國的舉動，如魯襄公十八年（前555）的魯濟之戰、魯襄公二十三年（前550）齊莊公偷襲晉國之戰，皆以失敗告終，又由於齊密邇於晉而遐遠於楚，在晉的打壓下齊難以與楚結盟，最後只能屈從於晉，與其結盟。故此春秋中期以後，齊與晉盟，而與楚為敵國，但因兩國並不接壤，雙方的直接衝突較少。

（二）楚與秦

秦國在西周時期被孝王封為附庸，居於今甘肅省清水縣的秦亭附近，周室東遷雒邑，秦襄公派軍隊護送，故周平王「賜之岐以西之地」，經過上百年與戎人的奮戰，秦人終於控制了自甘肅中部東至華山、黃河的廣闊領土，至穆公時勢力大盛，「東平晉亂，以河為界，西霸戎翟，廣地千里[①]」，後又佔據商南、秦嶺北麓，與楚國相鄰，但其東進的要道——豫西走廊被晉國佔領，在參與中原爭霸的鬥爭中一直難有作為。春秋早期，秦國寄希望於扶持晉國，以之為跳板東進中原，曾三置晉君（晉惠公、懷公、文公），並結為婚姻之國，所謂

---

① 《史記　秦本紀》。

「秦晉之好」，即典出於此。是時兩國多有合作，如魯僖公二十五年（前635）、即楚成王三十七年時，秦晉聯軍，進攻楚國之都邑，俘虜楚申公子儀和息公子邊；僖公二十八年（前632），晉、楚城濮之戰，秦亦為晉之聯軍；再如城濮之戰的第二年，晉、秦等國聯合伐鄭等等。但是這些戰爭中秦、晉雙方都只是有限度的合作，秦攻楚都邑，晉人並未直接出手；晉、楚城濮之戰，秦軍亦只是聲援；而晉聯秦伐鄭，則被鄭大夫燭之武潛入秦軍，以「亡鄭厚晉，於晉而得矣，而秦未有利。晉之強，秦之憂也[1]」之語遊說秦穆公，結果秦徑與鄭盟而退兵。可見秦、晉兩國雖有共同利益，但更有不可調和的矛盾，故此在合作中亦有摩擦，大較而言，先有韓（今山西河津、萬榮之間）之戰（前645），晉國先勝後敗，晉惠公被秦所俘，只得割地委質以求和；後有殽（今河南洛寧西北）之戰（前628），秦軍大敗，三個統帥悉數被擒。本來秦國欲控制晉國以稱霸中原，但三置晉君而不見其成功，反倒成全了晉文公的霸業。魯僖公三十二年（前628）冬晉文公去世，秦人認為這是東進中原的大好時機，於是趁晉處在國喪之中時，決計以鄭國為目標，打開中原的大門，但晉人調集卒乘伏擊於殽山，將秦軍擊潰，也宣告了秦東進希望的破滅。此役之後，秦與晉由友邦變成了敵國，從此東西對峙達數世之久。為了打擊晉國，秦穆公把伐都之役所得的楚俘申公子儀（鬬克）送回楚國以求和解，從此楚與秦結成同盟，不僅在戰爭中互相支援，而且互為婚姻，終春秋之世不再有邊界衝突，楚國幾次遇到危難，都得到秦國的有力支持，如魯文公十六年（前611），楚國大饑，戎人、庸人侵楚，麇人也率百濮準備伐楚，秦國出師會合楚人滅庸，消除了重患；魯定公四年（前506），吳、楚柏舉之役，楚軍慘敗，吳師長驅入郢，楚國危在旦夕，秦亦派兵車五百乘救楚，擊退吳師，挽救了楚國。秦國還曾

---

① 《史記　秦本紀》。

第二章　楚國政治地理

直接派兵協同楚國進攻中原，如魯襄公二十六年（前547）秦、楚合
兵侵鄭；在晉、楚爭霸過程中，秦軍長期襲擾晉國國境，牽制和削弱
了晉的兵力，使晉國處於秦、楚交攻之中，被迫兩面作戰，有力地支
援了楚國。

（三）楚與晉

晉國初封於唐，領土亦為偏狹，《國語　晉語一》曰：「今晉國
之方，偏侯也，其土又小，大國在側。」但自獻公時起，晉屢屢兼併
鄰近小國，又驅逐戎狄，疆域顯著擴大。其基本統治區域在太行山脈
兩側，西、南、東三面受黃河環繞，與秦、周、鄭、衛、齊等國夾河
相鄰。繼獻公滅虢，搶佔豫西走廊後，悼公時又「城虎牢而戍之」，
從而控制了豫西走廊的東端，並在伊洛之上的山間谷地保有一線領
地，即所謂「陰地」。晉國雖然內亂不斷，但其發展的步伐並未停
止，尤其是公子重耳即位後，政權趨於穩定，國力更加強大，正值齊
國因桓公去世，霸業衰落，晉文公遂起踵武之心；當此之時楚國成王
在位，亦有志於北方，因此兩國雖然並不接壤，但實力相當，為了爭
奪中原諸國與盟，彼此的鬥爭無可避免，並且持續近百年。

楚成王時，楚、晉之間發生城濮之戰，晉勝楚敗，在踐土會盟
中，晉文公被正式命為「伯」，初步實現了霸業，直至晉襄公時，晉
國的勢力都很強盛；楚莊王繼位後，果斷地對內進行政治改革，對外
則積極圖霸。魯宣公三年（前606），楚攻打陸渾之戎，到達雒水，
觀兵於周郊，而問九鼎之輕重。宣公十二年（前597），又在邲（今
河南鄭州西北）之戰中大敗晉，隨後出兵伐宋，圍宋五月，宋人易
子而食，析骨而炊，乃與楚盟；又與鄭師侵衛伐魯，晉見楚師強大，
不敢發兵救魯，衛、魯乃向楚乞和。魯成公二年（前589），即楚共
王二年，楚與秦、宋、陳、衛、鄭、齊、曹、邾、薛、鄫等國盟於
蜀（今山東泰安西），楚國的霸業遂達到巔峰。但不久之後，晉即開
始反擊，魯成公五年（前586），晉邀集齊、魯、宋、衛、鄭、曹、

邾、杞等國在鄭邑蟲牢（今河南封丘北）會盟。這兩次會盟，前後相繼，而分別由楚、晉主導，說明楚、晉實力相差無幾，處於相持之勢。

當此之時，國際環境亦發生了一些變化，晉國除了南有楚患之外，西面和北面還遭到秦與白狄的攻擊，一時頗為窘迫；而楚在北方要與晉角逐，在東方則頻頻遭到吳國的襲擾，亦疲於奔命。因此楚、晉雙方皆有息戰交好之意，宋國的右師華元與楚令尹子重和晉上卿欒書（欒武子）的私交都不錯，在他的幹旋下，於西元前579年，即晉厲公二年、楚共王十二年，兩國在宋都西門外會盟，達成第一次弭兵之會。但晉、楚兩國在中原的影響，此長則彼消，此消則彼長，沒有均分勢力範圍的可能，彼此的矛盾是很難調和的，因而信任無法壓倒猜忌。不過四年，楚與晉之間即爆發了一場關係兩國霸業興衰的大戰，即鄢陵（今河南鄢陵）之戰，此戰楚國因司馬子反醉酒，共王見此棄軍逃跑而潰敗，於是晉國在悼公時實現了復霸的氣象。

但是，秦楚與晉吳兩大集團的對峙，雙方在多年的戰爭後已經筋疲力盡，夾在中間的諸侯小國更是苦不堪言，都希望有一個和平的環境，這使得第二次弭兵之會提上日程。此次充當調解人的依然是宋國，宋國左師向戌與晉上卿趙武（趙文子）、楚令尹屈建都有交情，他的弭兵倡議，得到晉、楚的贊成，齊、秦也表示贊同。然後向戌遍告諸小國，諸小國俱無異議。魯襄公二十七年（前546），即晉平公十二年、楚康王十四年，晉趙武、楚屈建，以及鄭、齊、魯、陳、蔡、衛、許、曹諸國的執政大夫，齊集宋國，達成了第二次弭兵之盟。這次會盟，雖然晉、楚雙方仍然互相猜疑、互相戒備，為了爭先歃盟，幾乎不歡而散，但是最終給晉、楚兩國帶來了蔭及幾代人的和平，此後兩國都專注於征服自己周圍的中小國家。再加上齊、晉、秦、楚國內社會矛盾激化，勢力略衰，而東南崛起的吳則成為楚之大患，吳楚、吳越之間的戰爭，遂成為春秋後期的

主要焦點。

（四）楚與吳

吳國，周太王之子吳太伯所立。原來周太王有子三人：太伯、仲雍和季歷，季歷賢而有聖子昌，太王有意於將王位傳給季歷，再由季歷傳給昌（即後來的周文王）。太伯和仲雍察知其意，乃自竄於荊蠻，斷髮文身，以此表示自己不繼承王位，荊蠻為其義氣所感動，「從而歸之千餘家」，吳太伯遂在荊蠻之地建立了自己的國家，吳國以此肇基。按照吳語的發音習慣，他們自稱為「攻敔」。吳國早期的歷史沒有詳細的記載，直至吳王壽夢時始有紀年。「壽夢立而吳始益大，稱王。[①]」壽夢元年（前585）正值周簡王姬夷元年、魯成公六年時，諸侯國家比較有影響的魯、齊、晉、楚、秦、宋、衛、陳、蔡、鄭、曹、燕等，彼此征戰和往來十分頻繁。壽夢仰慕中原文化，即位之初就分別派遣使者到鄰近的楚國與中原的周朝，以觀諸侯之禮樂。而就在幾年前，楚國的申公巫臣（屈巫）為了一位美人夏姬，趁出使齊國的機會叛楚歸晉，晉景公以其為邢邑大夫，為了報復楚令尹子重和司馬子反殺死自己的族人，分割自己的田產，屈巫向晉景公建議扶持楚東面的吳國以聯合抗楚，景公遂讓屈巫帶著戰車30乘出使吳國，並教吳人駕車、射箭、列陣，甚得壽夢歡心，屈巫遂煽動壽夢進攻楚國，在返回晉國時，又送給吳國15乘戰車，還讓其子屈狐庸留在吳國做行人。壽夢對屈巫所獻之計深為讚賞，當年就派兵襲擊楚、徐、巢諸國，一度攻入楚之州來（今安徽鳳臺），一年之內，子重和子反7次出兵迎擊吳師，果然疲於奔命。附屬於楚的蠻夷之邦，也被吳國盡取為己有，於是吳國的力量空前壯大，具備了與中原大國爭雄的實力。此後的吳、楚之間征戰不斷，最終導致了吳師入郢，楚幾乎亡國的大亂。

---

① 《史記　吳太伯世家》。

原來，楚平王在位時以太子建之故殺伍奢，伍奢之子伍員（伍子胥）奔吳。為了報父兄之仇，伍員協助吳公子光刺殺了吳王僚，使其如願登上吳王的寶座，是為吳王闔閭。不久伍員受命執政，位同上卿，主管吳國的內政外交，他又推薦著名的軍事家孫武，專門負責吳國的軍事訓練。就在吳國發生政變後不久，楚國也發生了左尹卻宛受讒被害之事，與其相善的伯州犁的後人因此也逃到了吳國，伯州犁之孫伯嚭不久即仕於吳為大夫，這些人為了報仇，齊心協力輔佐吳王，很快使吳國成為東南地區的強國，楚國因此不斷受到吳的侵擾。魯定公四年（前506），即楚昭王十年，吳王闔閭九年時，吳與蔡、唐聯兵，與楚大戰於柏舉，楚師敗績，吳遂揮師入郢，楚昭王只好倉皇出奔。楚大夫申包胥求助於秦，秦出兵解救楚難，而此時楚的盟國越國趁吳國後方空虛之際襲擊吳國，攻入吳都，加上吳王闔閭的弟弟夫概也乘闔閭君臣在楚國之時，回到吳國自立為王，一時之間吳國的內憂外患齊至，吳王闔閭只好班師回國。經過這次致命的打擊，楚國元氣大傷，僅得自保而再無餘力北伐中原，恢復舊日的霸業。於是吳國劍指東南，開始了與越國的戰爭。

（五）楚與越

越國與吳國一樣，其先世史籍乏載，據稱其先祖為禹之苗裔，夏后帝少康之庶子，被封於會稽，以奉守禹之祀，然其人文身斷髮，實為古越人之後裔。越國至允常時稱王，並且開拓疆土，逐漸強大起來。但是，同處南方長江中下游的楚、吳、越三國，越的實力最弱，故此越國在很長時間裡附屬於吳、楚。而與吳、越又同處三江五湖之中，「三江環之，民無所移」，故「有吳則無越，有越則無吳」，歷來又是「仇讎敵戰之國」[1]。春秋時期，諸侯之間的兼併戰爭如火如荼，此起彼伏，一直安於現狀的越國也不可避免地被捲入其中。由於

① 《國語　越語上》，上海古籍出版社1978年版，第633頁。

各國勢力消長不同，各國之間的關係也不斷發生著微妙的變化。北方的晉國為了抑制楚國，派遣從楚國逃亡到晉國的屈巫去扶持吳國，使其力量發展，足以與楚國為敵。而楚國為了打擊吳國的勢力，也積極拉攏和扶持吳國東南的越國，使之成為牽制吳國的重要力量，因此春秋時期的越、楚關係基本上是越從楚而和平共處，如早在楚莊王時即有越女被貢獻入楚，因此史載莊王初即位時三年不理國事，「左抱鄭姬，右抱越女」，整日沉溺於享樂之中；楚昭王亦曾以越女為妃，其所生子熊章後來被擁立為王，是為楚惠王，楚國大臣擁立惠王的目的，是為了進一步拉攏越國；同時，楚國的文臣武將也源源不斷地進入越國，其重要謀臣如文種原為楚大夫，任宛令，他來到越國後又向越王句踐推薦了楚人范蠡。此外，申包胥、陳音等人也曾出使於越，為越出謀劃策。

而且，對越國來說，楚國距離較遠，相對威脅較小；吳國則處於臥榻之側，時時威脅著自己的安全，因此在吳、楚關係緊張，戰爭不斷升級的情況下，越國基本上站在楚國一邊，與吳國則保持著若即若離的關係。如魯昭公五年（前537）十月，楚國與東夷各國共同征伐吳國，越國即隨同楚國一起作戰；魯昭公二十四年（前518）冬天，楚平王以舟師侵略吳國疆界，越國大夫胥犴亦曾在豫章一帶的水邊犒勞楚國的軍隊，越公子倉還贈送大船給楚王乘坐，並和另一位越國大夫壽夢一起帶著軍隊跟隨楚王出征；吳楚柏舉之戰，越國則採取釜底抽薪的辦法，趁機襲擊吳國，使其後院起火，不得不從楚國撤兵，從側面減輕了楚國的壓力。所以在長期的楚、吳、越並存的過程中，越國一直奉行親楚抗吳的策略，楚、越關係比較和諧親密。

吳、越鬥爭的結果，先是越打敗吳，吳王闔閭為此喪命；再是吳打敗越，越王句踐3年為臣妾於吳，歸國後臥薪嚐膽，十年生聚，終於在西元前473年消滅了吳國。越滅吳後，揮師北渡淮水，「與齊、

晉諸侯會於徐州，致貢於周。周元王使人賜句踐胙，命為伯 ^①」。一時之間，越兵橫行於江淮，號稱霸王。但是越國與吳國一樣，原先的文化積累並不豐厚，在楚、晉的扶持下得以倏忽而興，但都是驟戰而驟勝，「驟戰則民罷（疲），驟勝則主驕。以驕主使罷民，然而國不亡者，天下少矣 ^②」。面對全新的國際形勢，越國尚不能有效地把握，再加上肱股之臣范蠡不辭而別，文種被逼自殺，越國的國勢迅速敗落，難以控制淮北之地，於是楚趁此東侵，將疆域拓展到了泗水流域。

三、戰國時楚國的政治地理格局

戰國始於何時，史學界至今沒有定論。《春秋》記事止於西元前479年，《左傳》則止於西元前468年。《史記 六國年表》記戰國事始於西元前475年，《資治通鑒》記戰國事則始於西元前403年。這些年份對於楚國來說，都沒有劃時代的意義，不成其為分期的界標。如果著眼於史料的狀況，則「不妨把春秋、戰國的分界定在西元前468和467年之間 ^③」，戰國早期，在當時人的眼中僅餘4個大國，《墨子 節葬篇》云：「昔者聖王既沒，天下失義，諸侯力征，南有楚、越之王，而北有齊、晉之君，此皆砥礪其卒伍，以攻伐並兼為政於天下。」同書《非攻下》亦云：「今天下好戰之國，齊、晉、楚、越。」^④ 蓋此時秦國鋒芒尚未大露，故墨子不把它算作好戰之國中去。但是歷史的軌跡並不因墨子的非議而改變，他所處的時代，更是一個「諸侯恣行，強淩弱，眾暴寡」的時代，此時「彊國務攻，弱國備守，合從（縱）連橫，馳車擊轂」，而「並為戰國」^⑤。

---

① 《史記 越王句踐世家》。
② 陳奇猷校釋：《呂氏春秋新校釋》，上海古籍出版社2002年版，第1290頁。
③ 張正明：《楚史》，湖北教育出版社1996年版，第264頁。
④ 〔清〕孫治讓撰，孫啟治點校：《墨子間詁》，中華書局2001年版，第179、145頁。
⑤ 《史記 平津侯主父列傳》。

春秋晚期以後，北方的齊國、晉國相繼江山改易。齊國陳氏（其自稱為田氏）專政，盡誅齊國大族，西元前481年，田常弒齊簡公而立齊平公，從此玩弄齊國國君於股掌之間，西元前386年，田和請求周天子承認田氏為諸侯，完成了田氏代姜的大業，而仍以齊為國號。晉國與齊國相類，私家強而公室弱，形成六卿擅權的局面，六卿為爭權而相攻，西元前458年，知氏、趙氏、韓氏、魏氏滅范氏、中行氏而分其地，此時知氏最強，但知氏的貪婪與驕縱致其敗亡，西元前453年，趙氏、韓氏、魏氏滅知伯而分其地，於是六卿只剩下三卿，三卿成為三國，西元前403年，周威烈王正式承認趙、韓、魏皆為諸侯。當此之時，南方的楚國、越國由昔日的盟友轉變為仇敵，為了爭奪泗上淮北之地，楚、越、齊三強角逐。越王無強北伐齊，齊人挑動越國進攻楚國，越王無強遂調轉槍頭，「釋齊而伐楚」，結果被楚打得大敗，「越以此散，諸族子爭立，或為王，或為君，濱於江南海上，服朝於楚」，楚國則「盡取故吳地至浙江，北破齊於徐州」[①]。因此，戰國早期和中期，南方的強國由多變少，北方的強國則由少變多。所謂六國，即趙、韓、魏、齊、燕、楚，加上秦國，便是所謂七雄。

　　戰國前期的政治地理格局與春秋時期的分布態勢基本相同，處於中間的是立國於中原地帶（黃河、泰山以南，嵩高、外方以東，桐柏、大別山及淮河以北）的鄭、宋、魯、衛等華夏舊邦以及淮北、泗上的眾多小國——莒、鄒、杞、蔡、薛、郯、任、滕、倪等，國力較弱，自春秋以來就是強國吞噬、奴役的主要對象；處於邊緣地帶的則是蠻夷戎狄，如北方的遊牧民族東胡、樓煩、林胡、義渠、烏氏、西羌等，南方農耕兼漁獵的百越、群蠻和文明程度略高的巴、蜀等等，它們也是大國兼併、驅逐的目標。處於這二者之間的是齊、三晉、

---

① 《史記　越王句踐世家》。

秦、楚等大國。戰國前期，列強依然還是力圖兼併和支配中原地帶及東夷的中小諸侯國，國際間的主要矛盾還是三晉為了霸權與鄰國的衝突。其中魏國雖處於四戰之地，但在魏文侯、武侯時力量很強大，魏團結趙、韓，東摒齊，在廩丘（今江蘇徐州一帶）大敗齊國；西攘秦，攻取其河西地；南抑楚，不容其侵入中原，在大梁（今河南開封市西北）、榆關（今河南中牟縣一帶）打敗楚軍，後來又攻占楚之魯陽（今河南魯山），魏國由此據有了今河南中部的大片土地，成為戰國初年事實上的霸主。但魏惠王以後，三晉聯盟破裂，而秦、齊交相進攻魏國，在兩面受敵的情況下，魏國不斷喪師失土，尤其是齊魏桂陵、馬陵之戰以後江河日下，退出了一流強國的行列，被迫淪為秦、齊的附庸；韓國也向東、南發展，與楚爭奪鄭、宋之地，將其領土伸展到楚、鄭之間，後來又滅鄭而都其故都；齊國在田常殺死齊簡公之後，擔心諸侯前來干涉，故此後幾十年裡採取睦鄰政策，不敢貿然對外略地用兵，直至齊威王時才重新爭霸中原，打敗魏國，再次成為東方大國；秦國則自厲公至出子，國君廢立頻繁，政局不穩，在外交上處於孤立狀態，國力衰弱，故尚未對東方諸國構成威脅。這一時期的楚國在三家分晉無暇旁顧之際，北上中原，奪取鄭、宋土地，直至黃河之濱，但三晉迅速崛起，韓魏兵進河南後，楚又丟失了大梁、榆關以及豫東、豫南等許多土地，從此不再把北方作為主要的擴張方向，而是銳意東進，先後滅蔡、滅杞、滅莒等國，又用吳起變法，南平百越，使楚國的領土大為擴展，至楚威王時，滅越破齊，疆土之廣大，成為列強之首。

大致在齊魏馬陵之戰以後，中國的政治格局發生了重要變化，春秋時作為諸大國間緩衝地帶的小國逐漸被大國吞併，剩下的齊、楚、秦、韓、趙、魏、燕為所謂「萬乘之國」，而中等的宋、衛、魯、中山等則是所謂「千乘之國」，它們的領土直接接界，爭霸的鬥爭更加激烈。因為原來的爭霸，主要是處於弧形中間地帶的大國爭奪對中原

小諸侯國的領導權，隨著小國的逐漸消失，這種鬥爭也減弱了其重要意義，但是小國的消失使大國之間直接面對，相互間的鬥爭關係國家的生存，可謂你死我活，因此這種以攻城奪地為目標的鬥爭更加慘烈。強國為了吞併弱國，弱國又互相聯合抵抗強國的侵略，一旦抵抗失敗，則紛紛討好強國，以圖自保，「合眾弱以攻一強」與「事一強以攻眾弱」[①]的合縱連橫謀略遂取代了大國間的爭霸。

「合縱連橫」的思想本來發源於三晉。三晉與燕、中山、宋等國在實力上略遜於齊、秦、楚，它們又正好處於這三個大國的包圍之中，齊、秦又都以向中原地區擴張為自己的主要發展方向，三晉為了減輕自己的壓力，解除本國的危機，就需要在彼此間或與強國結盟來保護自己，「所謂合縱連橫，原是以三晉為主，北聯燕，南連楚，為縱，東連齊或西連秦為橫；合縱既可以對秦，也可以對齊；連橫既可以連秦，也可以連齊[②]」。這是一種求生存、圖發展的「擇交」策略，即在審時度勢的情況下選擇和結交盟友，以求聯合制敵，形成力量對比上的優勢，從而保護自己、削弱敵人。由於諸侯之間的爭鬥並不僅是兩國的彼此交鋒，常常要波及和牽動鄰邦，所以列國的統治者必須根據時局的變化來及時調整外交政策，確定盟友和敵人，組成各種軍事集團，並相互策應，協調兵力，以此牽制和打擊對手。而政治舞臺風雲變幻，各國間的聯盟關係也在不斷改變，邦無定交，士無定主，朝秦暮楚、反復無常的現象亦屢見不鮮。直到秦國數次破楚，在西元前284年又操縱五國聯軍伐齊獲勝，使齊、楚皆衰，秦獨強於海內，開始了統一戰爭的步伐，才揭開戰國歷史新的一頁，「合縱」、「連橫」也被賦予了「擯秦」、「事秦」的特定內容[③]。

---

① 〔清〕王先慎撰，鐘哲點校：《韓非子集解》，中華書局2003年版，第452頁。

② 徐中舒：〈論《戰國策》的編寫及有關蘇秦諸問題〉，原載《歷史研究》，1964年第1期；後收入《川大史學　徐中舒卷》，四川大學出版社2006年版，第451—479頁。

③ 宋傑：《先秦戰略地理研究》，首都師範大學出版社1999年版，第165—166頁。

環繞三晉與淮泗間小國的齊、秦、楚三國，在戰國中期基本上勢均力敵，各有長短。楚國在七雄中疆域最廣，楚威王至懷王初年為其全盛，東至於海，東北抵淮泗之間，北達今河南太康、襄城、魯山，西到秦嶺以南的漢中，南至五嶺。楚悼王時任用吳起執政，革除舊弊，富國強兵，「於是南平百越，北並陳蔡，卻三晉，西伐秦。諸侯患楚之強[1]」；楚威王曾南征破越，北敗強齊於徐州；楚懷王曾被諸侯推舉為抗秦合縱聯盟的「縱約長」，其實力與秦、齊一樣，都具有稱霸或稱帝的可能性。但楚疆域雖大，其人口密度較低，經濟開發與貿易相對落後，富裕程度不高，故蘇秦感歎道：「楚國之食貴於玉，薪貴於桂，謁者難得見如鬼，王難得見如天帝。」[2]張儀也認為：「楚雖有富大之名，其實空虛；其卒雖眾，多言而輕走，易北，不敢堅戰。」[3]楚人戰時勇於攻取而拙於守禦，以至於國未亡而前有吳師入郢，後有白起拔郢，國都為此再遷。

　　齊國本土在山東半島與泰山以北的魯西北平原，東臨大海，南越泰山、泗水，到達今豫東和蘇北平原，與魏、楚相拒；西部在今冀南、豫北，與趙、魏黃河為鄰；北有徐州、狸、桑丘，與燕國接壤，其形勢完備，《戰國策　秦策四》稱：「齊南以泗為境，東負海，北倚河，而無後患。天下之國，莫強於齊。」齊有魚鹽之利，桑麻之饒，手工業與商業十分發達，號稱「冠帶衣履天下」，國力強盛，又與三晉等中原諸侯同受華夏文化薰陶，與周王室有甥舅關係，因此在政治影響和號召力上比秦、楚略勝一等。但其地濱海，腹地不深，迴旋餘地較小，而其民奢侈浮華、好財惜命，缺乏拼搏作戰的勇氣。

　　秦國先後被晉國和三家分晉後的魏國擋住東進的道路，長期處於戎狄之間，不能與中原文化交流，大大地限制了其發展，但其地處

---

① 《史記　孫子吳起列傳》。
② 《戰國策　楚策三》，上海古籍出版社1985年版，第538頁。
③ 《戰國策　魏策一》，上海古籍出版社1985年版，第794頁。

關中平原，自然條件非常豐饒，又有黃河與秦嶺為天然屏障，有利於國防。自秦孝公任用商鞅變法以後，秦之國勢蒸蒸日上，利用魏國在東方與齊國爭奪霸權的機會，秦國展開了對魏國的攻擊，促使魏國的霸業迅速瓦解，並奪回了河西故地，迫使魏國獻上郡十五縣，從此打開了東進的門戶；又南伐蜀而據有其地，再在丹陽打敗楚國，奪取其漢中郡，從此楚國失去西部屏障。秦國民風質樸剛勁，遵從政令，作戰勇猛，但其風俗之弊則在文化、教育的落後，缺乏有遠見卓識的政治、外交人才，幸而秦國歷代國君比較注意從外邦引入客卿，故能彌補這方面的不足。

由於齊、秦、楚三強之間實力相對均衡，並無絕對把握戰勝對手，因此任何一國要想吞併鄰國，都會遭到其他數國的聯合抵制與阻擊，難以一舉成功。於是三國都奉行徐圖進展、謀求霸權的策略，一方面脅迫或拉攏其他中小國家加入自己以壯大力量，形成對敵優勢；另一方面，通過蠶食鄰土以增強國力，打擊並削弱爭霸對手。位於東西兩面的齊、秦，沒有共同的疆界，但有共同的爭奪對象，即三晉。不過秦是為了侵佔其領土，而齊則是為了爭奪其霸主。這樣，南方楚國的向背對齊、秦戰略意圖的實現具有決定性意義。

楚國自春秋中期以後，面對以晉、齊為首的北方聯盟，楚國的北進接連受阻，而其西面緊鄰巴蜀，巴蜀的北面是秦國，楚國如果攻打秦國就必須逆流而上，但蜀道艱難，於楚而言並無戰略優勢，由是楚國轉而向沃野千里、小國林立而抵抗較弱的東方開拓。兵出陳、蔡，征服江淮流域，進而稱霸中原，就成為楚國的一項基本戰略。在這一戰略指導下，楚國一直以防禦的姿態面對西方的秦國，而與齊國自春秋以來就不斷地爭奪兩國交界的徐、陳、黃、鄭等地，淮水與泗水流域的領土遂成為楚國的重要組成部分和新的經濟重心，被名之以「東國」。戰國中葉以後，由於當時西鄰秦國的強盛、北部戰線過於寬闊，難以擴張的局勢，楚國依然選擇東方作為主要的戰略方向，與齊

國在淮、泗之間展開了激烈爭奪。這一地區的小國包括宋、魯、衛、鄒、薛、邾、莒、滕、杞、任、郯等等，亦稱為「泗上十二諸侯」，齊、楚、魏都以臣服十二諸侯為戰略目標，齊國更是以稱霸泗上、奪取淮北，進而攻取楚之東國為擴張策略，而東國是楚國在江東的立足之地，為了保持對這一區域的統治，楚國集結了大量的兵力，這樣就可以保持與齊國在東方稱霸的格局，因此楚、齊矛盾實難調和。再加上楚滅越後，越之殘餘勢力或稱君，或稱王，並非完全臣服於楚，為此楚懷王十年（前319），曾在楚越邊境的廣陵一帶築城，即為防止越人攻襲[①]。這在一定程度上也拖累了楚國，使得楚國在屢挫於秦後，仍然與其結盟。

楚國在西面最大的對手，無疑是秦國。春秋時期楚與秦結成同盟，聯姻修好，共同對付晉國，但是到了戰國中期以後，這種睦鄰關係發生了根本性轉變。一方面，魏國的勢力變弱，對秦、楚的壓力明顯減輕；另一方面，秦在商鞅變法後國勢日盛，已經具備了足夠的對外兼併能力，楚國為其近鄰，自然成為它進攻的對象；加上兩國又都有爭霸的野心，因此二者的關係恰如張儀所言：「凡天下強國，非秦而楚，非楚而秦。兩國敵俟交爭，其勢不兩立。」[②]為了滅亡楚國，秦國精心設置了對楚國的戰略包圍，即攻占巴蜀、奪取武關（今陝西省丹鳳縣東南的武關鎮[③]）和宜陽（今河南宜陽縣西）。巴蜀居於楚國上游，控制巴蜀即可沿江順流而下進攻楚國，而武關位於楚秦交界的少習山下，方圓數百里都是丘陵山地，形勢險要，秦、楚藍田之役後被秦佔領，成為其師東出攻楚的主要路線之一；宜陽則屬韓國重鎮，秦國不惜巨大犧牲將其攻占，既打通了

① 《史記　六國年表》。
② 《戰國策　楚策一》，上海古籍出版社1985年版，第505頁。
③ 侯甬堅：〈論唐以前武關的地理位置〉，載《陝西師大學報》（哲學社會科學版），1986年第3期。

第二章　楚國政治地理

崤函南道，可以下兵三川，以窺周室，繼而東出中原，又能威脅楚國北境的新城，進軍南陽盆地，可謂一箭雙雕。而楚國並沒有著意經營其西境，只是設漢中郡、巫郡、黔中郡等以阻止秦的進攻，而且在打敗四川盆地的蜀國後，並沒有進一步吞併它，僅僅設扞關以拒之，這就使得秦人捷足先登，佔領了蜀地，從而成為楚國的大患，此正如先師張正明先生所言：「楚與秦的角逐，最大的失策就是聽任秦取巴蜀而有之。秦取巴蜀，其勢如拊楚人之背。從此，楚就不得不瞻前顧後了。」[1]秦並巴蜀、據武關、取宜陽，使楚國看到了秦對自己已經形成高屋建瓴的絕對攻勢，於是改變戰略思路，與齊國聯盟，共同對付秦國。但是這時秦國出於三個方面的考慮，暫時停止了對楚國的大舉進攻，轉而全力與東方的齊國角逐。這三個方面，一是楚國實力業已大衰，不足構成對秦國的嚴重威脅，而齊國挾持韓、魏，則是秦國最危險的敵人，需要認真對待；二是秦國對楚國的戰略包圍已經完成，隨時可以進行總攻，只是時機尚未成熟；三是楚雖衰弱，但在齊、秦二強的對立中，其向背依然舉足輕重，勢關成敗，故此秦欲聯楚制齊。故而這一時期秦國奉行的連橫策略之一，就是「和楚」，用秦、楚聯盟抗衡齊、韓、魏集團。楚國在懷王時因秦占巴蜀而看到了自己的危境，故轉而與齊結盟，這與秦的戰略不符，故此秦派張儀等人出使楚國，以「商於之地六百里」為誘餌力圖拆散齊、楚聯盟，商於之地位於武關以東，為秦、楚之間的戰略要地，關係楚之西境乃至全楚的安全，楚懷王大概是考慮到這一點，答應了秦的要約，但此舉的後果是楚寸土未得，反而破軍失地，並招致齊的攻伐。後來的情勢亦如此，楚在齊、秦之間搖擺，只專注眼前利益而缺乏一個明確的戰略選擇，導致腹背受敵，敗藍田，失漢中，最終郢都不保，東走陳城，從此國

---

① 張正明：《楚史》，湖北教育出版社1996年版，第304頁。

力衰敗，不再為秦所患。

　　楚國的敗亡，雖然有各種政治、經濟與社會的原因，但楚國戰略目標選擇的滯後於時，亦是其重要方面。與秦國志在吞併六國，一統天下的戰略目標不同，齊、楚的最高理想仍然是做傳統的霸主[①]，如《戰國策　趙策三》載：「昔齊威王嘗為仁義矣，率天下諸侯而朝周。周貧且微，諸侯莫朝，而齊獨朝之。」齊宣王亦「欲辟土地，朝秦楚，莅中國而撫四夷也」。楚懷王亦如是，「楚懷王心矜好高人，無道而欲有伯王之號，鑄金以象諸侯人君[②]」。齊、楚吞併諸侯小國不遺餘力，但是仍承認七雄中其他六國的獨立地位，維持列強割據的基本政治局面，僅僅滿足於充當諸侯聯盟的領袖，沒有完成統一大業的雄心和氣魄，對於三強中的另外兩個對手，只是企圖削弱而不是消滅它們；韓、魏、燕、趙等國一旦表示服從、跟隨，也就不再堅持對其用兵略地，這在齊湣王表現得最為明顯，齊湣王五年（前296），齊、韓、魏聯軍攻秦，破函谷而窺咸陽，秦國大恐，答應割河東之地與三國求和，三國在有利破秦的條件下竟然答應了秦國的請求，喪失了從根本上摧毀秦國的良機。齊、楚兩國以稱霸為目的的戰略取向，在當時已經不再符合中國社會發展需要統一的歷史趨勢，所以它們之間在淮、泗間的爭奪，雖然擴大了其領土，但雙方長期的對峙，卻嚴重消耗了其兵力、財力，而且最終也並不能挽救其敗亡的命運，因為這些地方偏處中原之外，在爭奪天下的戰略中不具有決定性作用。等到齊國滅宋，引起了諸侯的恐懼和怨恨，在以燕國為首的五國聯軍的打擊下，齊國遭到重創，從此一蹶不振，謹身事秦。而秦國則在不斷的合縱連橫戰略中越戰越強，以遠交近攻之策略，伐韓攻魏，使二國更弱，又

───────────────

① 　宋傑：《先秦戰略地理研究》，首都師範大學出版社1999年版，第180—195頁。
② 　〔漢〕賈誼撰，閻振益、鍾夏校注：《新書校注》，中華書局2000年版，第249頁。

通過長平之戰，削弱了在戰國後期唯一能夠抵制秦的趙國。此時秦國羽翼豐滿，虎視眈眈，而崤山以東六國則如羊在虎口，任其宰割。僅前後10年的時間，秦國就結束了諸侯割據的局面，完成了統一大業。

第三章　楚國軍事地理

　　任何戰爭都是在一定的地理環境中進行的，地理環境對戰爭的進程有著重要影響，佔據了天時、地利，就有更多的把握取得戰爭的勝利。春秋戰國時期的戰爭，多發生於我國東部地區的腹地，如黃河中下游、長江中下游以及淮河、漢水流域等地。這些戰爭的分布與各諸侯國的戰略目標和政治形勢有直接的關係。楚國從春秋初期以後，經過一系列的戰爭而迅速擴張，其疆域由原來的地方「五十里」，一躍而至「千里」，到戰國中期更擴展成「地方五千里」，是當時各諸侯國中疆域最為廣大者，南中國幾乎都籠罩在楚國的兵鋒之下。通過戰爭，楚國贏得了廣袤的疆土，也迎來了楚文化的繁盛。本章主要從三個方面探討楚國的軍事地理，即戰爭分布、戰略要地和軍事建設。

第一節　楚國的戰爭分布

　　春秋、戰國兩大歷史時期，楚國的戰略目標有所不同。春秋時期，自楚熊通自立為武王開始，便確立了爭霸中原的戰略目標。這一時期楚國的戰略方向和目標，清代著名學者高士奇在《左傳紀事本末　楚伐滅小國》中，論述到春秋時期楚滅諸侯國的進程時總結道：

143

「春秋時期滅國之最多者，莫楚若矣……夫先世帶礪之國，棋布星羅，南桿荊蠻，而北為中原之蔽者，最大陳、蔡，其次申、息，其次江、黃，其次唐、鄧，而唐、鄧尤逼處方城之外，為楚門戶。自鄧亡，而楚之兵申、息受之；申、息亡，而楚之兵江、黃受之；江、黃亡，而楚之兵陳、蔡受之；陳、蔡不支，而楚兵且交於上國矣。」[1]這一時期的戰爭大體分布於黃河中下游、豫西走廊等地區，對峙的樞紐區域則在鄭州及其周邊地區，如鄢陵、泌陽、城濮等地。戰國時期，戰爭的基本格局發生了很大的變化：春秋時期以南北對抗為主，戰國時期是以東西對抗為主；戰爭目標也發生了變化：不再是為爭霸而進行的分裂戰爭，而是你壓倒我，還是我壓倒你的統一戰爭；諸侯國的政治、軍事力量也發生了變化，即從「春秋五霸」演變成了「戰國七雄」。因此，楚國的軍事重心在這一時期也發生了變化，其戰爭的對象主要分布在黃河、長江之間的淮河、漢水流域，爭奪、對峙的樞紐地區主要有淮南和荊襄兩地。當然這種分布也不是絕對的，它們之間也會出現各種交叉混戰，下面對其主要趨勢及戰爭分布區域稍作介紹[2]。

一、春秋初期及中期

楚國的滅國策略明顯地體現出自南而北，先弱後強，各個擊破的特點。即先伐滅周邊的權、盧、羅、鄀等小國，鞏固並經營漢西根據地；再東征隨、唐、應、厲、貳諸國，稱雄並威服漢東；繼而北進滅申、息、蓼、絞等國，控制進出中原的門戶；再征服陳、蔡，進圖中原，並伺機向南方的沅湘流域和東北方的淮水、汝水、潁水、泗水諸流域擴張。

---

[1] 〔清〕高士奇：《左傳紀事本末》，卷四五，中華書局1979年版，第660頁。
[2] 主要參考《左傳》、《左傳紀事本末》及張正明師所著《楚史》、石泉主編之《楚國歷史文化辭典》（武漢大學出版社1996年版）。

（一）用兵江漢

春秋初期，真正的諸侯強國是四個，三個在北方（秦、晉、齊），一個在南方（楚），司馬遷在《史記 十二諸侯年表》序中描繪了一幅春秋初期的戰略形勢圖：「晉阻三河，齊負東海，楚介江淮，秦因雍州之固，四海迭興，更為伯主。」故春秋時期的政局，基本上是由這幾個大國更迭主宰的。楚國想爭霸中原，首先必須威震住周邊位於長江流域、漢水流域至湖北西部、河南南部的眾多小諸侯國，戰爭由此開始。

由於隨國在這些小國中相對強大，並且是周王朝的同姓之國，武王熊通選擇隨國作為第一個進攻目標，自西元前706年至西元前690年隨國臣服，楚武王不但三次討伐隨國，還開拓了「江漢之南」與分散於各地的百濮部落的大片土地，漢東諸國亦被楚國控制。楚武王三十五年（前706），武王熊通侵隨，進駐隨國瑕地，使大夫薳章求和，隨人亦使少師主持和談。武王言和撤兵。楚武王三十七年（前704）夏，武王以隨不參與諸侯沈鹿之會，興兵進伐，駐軍漢、淮之間。隨師與楚師戰於速杞。隨師大敗，隨侯逃，楚大夫鬭丹獲其兵車及其車右少師。同年秋，武王與隨談和而後退兵。楚武王五十一年（前690），武王第三次伐隨，卒於征途中。令尹鬭祁、莫敖屈重秘不發喪，率師開道築橋，建築營壘，兵臨隨國都下。隨人懼而求和，屈重假武王之名與隨侯盟，且請為會於漢汭而還。此後隨人在較長時間內依附於楚。

這一時期，楚又聯合巴國打敗了鄧國，一度打敗鄖國與絞國，吞併了權國、羅國與盧戎，使楚國得以雄視漢東。其中大的戰役有：

鄾之役，楚師圍攻鄧國鄾地的一場戰鬥。楚武王三十八年（前703）春。楚、巴兩國使臣前往鄧國通好，途經鄧國南境鄾地時，遭到鄾人的攻擊，使者被殺，聘禮被奪。楚武王聞訊，派薳章譴責鄧國，鄧人強詞拒絕。是年夏，武王使鬭廉率師與巴師聯兵討伐鄾人，

第三章 楚國軍事地理

進攻鄾邑。鬭廉在巴師中間列為橫陣，與鄧軍相戰，隨後偽裝敗逃，以引誘鄧軍追擊。鄧人中計，追逐楚師，楚師回轉反擊鄧師前鋒，巴人則攻擊鄧師後背。鄧師大敗，鄾人乘夜幕潰逃。

蒲騷之役，楚、鄖之間的一場戰事。楚武王四十年（前701），楚國為了分化漢東諸國，採用遠交近攻的策略，使莫敖屈瑕至漢東，擬與貳、軫二國結盟。鄖國為阻遏楚勢東漸，駐軍於鄖地蒲騷，欲聯合隨、絞、州、蓼四國之兵共謀伐楚，企圖阻撓楚與貳、軫會盟。屈瑕、鬭廉聞訊，經商議，鬭廉乘隨、絞、州、蓼之兵未到之際，以精銳之師夜襲蒲騷，一舉擊敗鄖師。屈瑕終與貳、軫結盟而還。

絞之役，楚師征服絞國的戰爭。楚人擊敗鄖師後，為了擊敗與漢東諸國共謀伐楚的絞國，楚武王於四十一年（前700）冬出兵，渡過彭水，討伐絞國，進駐絞城南門。因絞人堅守不出，莫敖屈瑕建議：「絞小而輕，輕則寡謀，請無扞采樵者以誘之。」[1]武王聽從其計，對砍柴者不設保衛，先一日，絞人俘獲楚砍柴者30人。次日，絞人爭出，驅楚之役徒於山中。楚師坐等於絞之北門，並在山下佈置伏兵，大敗絞人，迫使絞人訂立了城下之盟。

楚文王繼位，以郢為都城，此地處於南來北往、東來西往的樞紐，南瞰江漢平原，北望南襄夾道，東臨隨棗走廊，西控荊睢山地，無論制馭蠻、越、巴、濮，撫綏漢陽諸國，乃至窺伺中原諸夏，都便於策應。文王借著武王威服於江漢之間的大好形勢，以及武王所建設起來的宏偉基業——富國能士強兵，選擇了兵鋒北指的戰略方針，渡漢水伐申征呂。申、呂入楚，使周王室失去了南土的重要屏障。隨後楚國又伐蔡國、息國，並將所滅之國設為縣，直接由中央控制，派兵駐守，使其成為楚國邊境的軍事重鎮。當時楚國與中原的交通路線主要有兩條，其一是通過南襄夾道和桐柏山與伏牛山之間的方城隘口進

---

[1] 《春秋左傳集解》，卷二，上海人民出版社1977年版，第110頁。

出中原，其二是從江漢平原東北的桐柏山與大別山之間的三關（冥阨、大隧、直轅）進出中原[①]。而這兩條交通線又分別為申國和息國所控制，所以楚文王北進時首先對這兩處用兵，滅申、息設縣[②]，從而保障了楚國軍隊進出中原的自由，又佔據有利地勢設防，阻止北方敵人侵入漢水流域。接著，文王伐鄧，九年後滅鄧，整個南陽盆地從此成為楚人進兵中原、東略淮域的前哨基地，並將楚國的疆域進一步擴展到中原地區。文王採取由外而內的政策，佔領了通向中原地區的眾多諸侯國，打通了前往中原地區的關口。其重要的戰役有：

文王伐申，此為楚文王北略中原的首次軍事行動。楚文王二年（前688）冬，文王率楚、巴之師北渡漢水，取道鄧國進入南陽盆地，征伐申國。不久，文王滅申為縣。

文王伐息。西元前684年楚、蔡莘之役，俘獲了蔡哀侯獻舞。蔡哀侯為了報復息國，在楚文王面前誇耀息侯夫人的美貌，誘使文王滅息。文王至息，設饗禮招待息侯，趁機襲殺息侯，奪取息夫人，並滅息為楚縣，楚疆拓展至淮、汝之間。

文王入蔡。楚文王滅息，攜息媯歸，以為夫人。息媯雖為文王生下二子，但從不主動說話。楚文王十年（前680），文王鑒於因蔡哀侯之誘才滅息，出兵伐蔡。是年七月，楚師攻入蔡都。

文王伐鄭，春秋早期楚師伐鄭之開端。楚文王十二年（前678）秋，楚藉口鄭厲公自櫟返回鄭都復位兩年後，才向楚通告，而出兵伐鄭，藉以北向中原擴展。攻至鄭厲公蟄居多年的櫟邑。

堵敖伐黃。楚堵敖二年（前675），因巴人叛楚，攻於楚都之外，堵敖率師抵禦，在津大敗於巴師，被守門人鬻拳拒絕入城。堵敖

① 羅運環：《楚國八百年》（武漢大學出版社1992年版）第138頁表述為「一是溯唐白河北上，出方城隘口；二是通過漢東，出大別山隘口」。
② 《史記 楚世家》：「文王二年，伐申過鄧。」《呂氏春秋 長攻》：「楚王欲取息與蔡……於是與蔡侯以饗禮入於息，因與俱，遂取息。旋舍於蔡，又取蔡」。

第三章 楚國軍事地理

不得已，遂移兵討伐黃國，敗黃師於踖陵。回師途中，堵敖生病，不久去世。

（二）東進淮域

楚成王初年，為了解除北進中原的後顧之憂、鞏固後方，楚國暫時停止了對北方的進攻，而專注於開拓江漢以南的夷越之地。考古材料證明，湖南東北部及湘中、湘南，皆為古越族的居住之地。成王鎮撫夷越，正是用兵於湘江下游的越族地區[①]。楚國向南擴張，勢力一直達到洞庭地區，影響及於湘水、資水中下游一帶。自楚成王親理國政以後，楚與齊桓公訂立了召陵之盟，從此對北方採取守勢，轉而東進江淮地區，故這一階段的戰爭分布於淮水中上游流域及淮水與汝水、潁水、泗水交界處，並力圖開拓淮河中下游地區。

楚成王十三年（前659）以後，楚國連續三年伐鄭，直搗中原腹地，使中原諸侯無不為之側目。楚成王十六年（前656）春，齊桓公率齊、魯、宋、陳、衛、許、鄭、曹八國之師侵伐蔡國。蔡人潰敗，桓公揮師直逼楚國，進駐陘地。楚成王不擬與八國之師正面交鋒，乃於是年夏，派屈完前往齊師議和，齊及諸侯之師隨即退駐召陵。齊桓公列布諸侯之師，與屈完共載而觀兵。桓公威脅屈完說：「以此眾戰，誰能禦之？以此攻城，何城不克？」屈完答道：「君若以德綏諸侯，誰敢不服？君若以力，楚國方城以為城，漢水以為池，雖眾，無所用之。」屈完義正辭嚴，齊桓公也無可奈何，於是率諸侯與楚盟於召陵而還。齊、楚召陵之盟後，楚因北進受阻，遂轉攻淮水中游諸侯小國，齊、楚兩國爭奪的焦點也隨之移向淮水流域。

齊桓公去世之後，楚國又與宋襄公開始了爭奪鄭國的戰爭。楚成王十七年（前655），「楚鬪穀於菟滅弦，弦子奔黃」。楚成王

---

① 宋公文、江淩：〈試論楚成王楚霸中原〉，載《湖北大學學報》（社會科學版），1998年第4期。

二十三年（前649），「黃人不歸楚貢。冬，楚人伐黃。」次年，「黃人恃諸侯之睦於齊也，不共楚職，曰：『自郢及我九百里，焉能害我？』夏，楚滅黃①」。楚成王二十七年（前645）春，楚成王以徐國靠攏「諸夏」（中原各國）為由而出兵東侵徐國。是年三月，齊及宋、魯、陳、衛、鄭、許、曹諸侯盟於牡丘，謀劃如何支援徐國。宋、魯、陳、衛、鄭、許六國各遣大夫率師救徐。七月，齊與曹出兵進攻依附於楚國的屬國，藉以牽制楚國的攻勢。是年冬，楚師利用徐國過分依賴齊國的救援，本身卻未作充分的軍事準備的時機，在婁林擊敗徐師。這些事情表明，召陵之盟後，楚成王滅弦、黃、英等國，控制了淮水上游，又敗徐於婁林，達到了制約齊國的目的，勢力一度開拓到淮水中下游地區。楚成王三十五年，楚伐陳，討貳於宋，取焦（今安徽亳縣）、夷（今亳縣東南70里）、頓（今河南項城）而還。隨著齊國勢力的衰退，以齊為首的諸侯聯盟的瓦解，之前依附於齊國的諸侯國開始轉向楚國，楚成王抓住有利時機，立即停止了向東、向南用兵，揮師北上，問鼎中原，與宋國展開了爭霸戰爭，最著名的一場戰爭便是泓水之役（今河南柘城縣北30里）。楚以優勢的兵力、旺盛的士氣、有利的地理條件，大敗宋國，獲得全勝。自泓水之戰之後，至晉文公稱霸之前，中原再無諸侯國與楚抗衡，楚邁向中原的腳步更加堅定有力。

　　楚穆王時期，戰爭主要分布於江淮流域的弱小諸侯國。楚人伐江，攻滅江國。滅江的第二年春，楚師滅六（今安徽六安縣北）。同年冬天，楚公子燮滅蓼。楚穆王十一年（前615），趁群舒叛楚之機，「子孔執舒子平及宗子②」，降服了群舒。至此，楚消滅了江淮諸國，佔據了江淮流域，疆域大大擴展。楚國從一個「土不過同」的

① 《春秋左傳集解》，卷五，上海人民出版社1977年版，第281頁。
② 《左傳　文公十二年》。

偏僻小國，迅速發展成為一個橫跨江淮、地方千里的泱泱大國。江淮流域山川險要，田野平舒，戰有守資，耕屯足恃，介於楚與華夏之間，江淮平原與南陽盆地一樣成為楚國北向中原爭霸的堅實基礎和糧倉①。

（三）北上爭霸

第一階段是齊、楚爭霸中原，對抗了近40年；第二階段是晉、楚爭霸中原，對抗80餘年，前後綿延長達120餘年。這一時期進行的數次戰爭，皆是為爭奪鄭國而戰②。因此，許多重要的戰役大多分布於鄭國周邊地區，這是由鄭國的戰略地理位置所決定的。

鄭國處於中原腹心之區，是東西、南北陸路幹線匯合的十字路口。春秋時期中國東、西兩大經濟區域——華北平原和關中平原之間的交通往來，主要依靠橫貫豫西山區的狹窄通道。自秦國所在的渭水流域東行，沿著黃河南岸，穿越桃林、崤函的險要峽谷，到達周朝王室所居的伊洛平原；由洛邑東過偃師，出虎牢天險，至鄭國境內，便開始進入平坦遼闊的黃淮海平原。沿著濟水、濮水、睢水，向東有數條大道直通曹、衛、宋、魯，遠抵齊國和淮北、泗上，東方諸侯和周王室的朝聘往來都要經過鄭國。秦國要想向中原進兵，最直接的路線也是這條途徑，如能佔領鄭國，即控制了豫西走廊的東邊門戶，不僅能夠自由出入，還將王室置於肘腋之下，可挾天子以令諸侯。秦穆公就是出此目的，才冒險派兵馬遠涉千里襲鄭。清顧棟高在《春秋大事表》中評論此舉：「蓋乘文公之沒蘄，滅鄭而有之，其地反出周、晉之東，使衰絰之師不出，秦將包陝、洛，互崤、函，其為患且十倍於楚……秦得鄭則周室如累卵，三川之亡，且不待赧王之世。」③

楚國與北方交通的陸路幹線，也和鄭國有密切關係。楚國北進

---

① 李玉潔：《楚國史》，河南人民出版社2002年版，第117—118頁。
② 參考宋傑：《先秦戰略地理研究》，首都師範大學出版社1999年版，第115—123頁。
③ 〔清〕顧棟高輯：《春秋大事表》，卷三一，中華書局1993年版，第2039—2040頁。

的主要道路是自郢（今湖北江陵）出發，逆漢水而行，經襄陽進入南陽盆地；盆地的西北為伏牛山，東南為桐柏山，兩條山脈相對的丘陵地段有著名的方城隘口，在今河南省方城、葉縣之間。楚國軍隊、商旅的北行，以經過這條通道最為方便，歷史上稱其為「夏路」，《史記　越王句踐世家》之《索引》解釋道：「楚適諸夏，路出方城，人向北行。」方城隘口以北是鄭國疆界，人眾車馬直登坦途，沿著豫東平原的西緣前進，穿越鄭國境內，北渡黃河，便進入晉國的（修武）南陽、河內。楚國北進中原的另一條路線，是出方城隘口往東，橫穿汝、潁流域，經過陳都寵丘（今河南淮陽東），向宋都商丘，再到魯都曲阜，最後抵達泰山以北的齊國。

　　鄭、宋兩國的地理位置均處於交通要衝，不過鄭國更具有戰略價值。首先，春秋時楚國爭霸的對手是黃河以北的晉國，鄭國隔在兩大強國之間，正在其中間點上。晉軍伐楚，或由河東渡過孟津東行，出虎牢後南下；或由南陽（今河南濟源至安陽一帶）由延津渡河，抵鄭國北郊後南下，兩條道路都要經過鄭境。楚國若能控制鄭國，可以利用它做緩衝區域，憑藉自己的北部邊境，阻礙晉軍進入中原。其次，鄭國南郊諸邑緊迫方城隘口，威脅著楚國北進中原的門戶。楚若不能服鄭，非但無法飲馬黃河，兵臨晉境，亦不敢輕易出方城，越陳、蔡而攻宋，向東北方向發展。楚國一旦控制鄭國，便可將防線推至黃河南岸，將晉國阻於黃河以北。「鄭之要害，尤在所先，中國得鄭則可以拒楚，楚得鄭則可以窺中國[①]」，鄭國傍靠王畿，其西境要塞虎牢扼守京師洛邑通往東方的孔道，距伊洛平原近在咫尺；列強如果控制了鄭國，就能有效地對王室造成威脅，迫使它承認自己的霸權，並利用其政治影響來拉攏中小諸侯，加強己方的勢力。

　　總之，鄭國以其重要的軍事地理價值而成為列強圖霸的必爭之

---

① 〔清〕顧棟高輯：《春秋大事表》，卷二六，中華書局1993年版，第1954頁。

第三章　楚國軍事地理

地。「（春秋諸侯）欲稱霸中原，必先得鄭。當晉、秦稱霸時，鄭為晉、秦所爭。今晉、楚爭霸，又為晉、楚所爭，國境屢為戰場，自襄公以來，幾至年年有戰事[1]」。據初步統計，鄭在春秋時即遭受戰爭之災約80次[2]，從歷史順序上看，大的戰役有齊楚召陵之盟（前656）、宋楚泓水之戰（前643）、秦晉殽之戰（前628）、晉楚邲之戰（前597）（之前楚莊王先後6次伐鄭）、晉楚鄢陵之戰（前575）等，都與諸侯對鄭國的爭奪有直接關係。楚國更是年年陳兵於鄭境，迫使鄭國在諸侯交爭之中站在楚國的陣營裡，在這一過程中，楚國先後與齊國和晉國發生了多次戰爭。

1. 齊、宋與楚爭鄭

子元伐鄭。楚成王六年（前666）秋，楚令尹子元率兵車六百乘伐鄭。楚師突起，鄭國無備，楚師直入鄭城桔柣之門。子元、鬭御強、鬭梧、耿之不比為前軍，鬭班、王孫游、王孫喜殿後，自鄭城外郭之純門而入，抵及逵市。楚子元等既入城，見鄭城懸門不發，疑其有埋伏，立即退出。正逢齊、宋、魯諸侯救鄭，楚師夜遁。

成王伐鄭。楚為爭奪中原諸侯，繼子元伐鄭後，又連續三次伐鄭。楚成王十三年（前659）秋，楚人以鄭親齊，出兵伐鄭。齊及諸侯盟於犖，圖謀救鄭。次年冬，楚複伐鄭，大夫鬭章囚鄭臣聃伯。楚成王十五年（前657）冬，楚師再次伐鄭。鄭伯欲與楚媾和，鄭子叔勸其服齊而不親楚。楚師連年伐鄭，使齊桓公極為不安，因為此時楚國正步步向中原推進，伐陳、鄭、宋、許，滅黃，陳、蔡、許、鄧等中原諸國迫於楚國的威懾，歸附於楚。為了遏止楚人北進爭霸，齊桓公率諸侯之師侵蔡伐楚，陳兵於召陵，雙方遂訂立召陵之盟，楚國染指中原的企圖受挫，但元氣未傷，於次年即滅弦。楚滅弦的同年，齊

---

① 楊伯峻：《春秋左傳注》，中華書局1990年版，第988頁。

② 據《中國軍事史 附卷 歷代戰爭年表（上）》統計，解放軍出版社1985年版。

桓公邀諸侯在首止會盟，周惠王因嫉恨齊國權勢過盛，唆使鄭國逃盟叛齊。第二年，齊以六國聯軍伐鄭，楚師出方城圍許救鄭，許君以國降，楚遂釋之，而解鄭之圍。

楚成王二十九年（前643），齊桓公死，霸業衰落，楚又趁機北進爭霸。楚成王三十三年（前639），宋襄公想繼齊桓公之後稱霸，為鹿上之盟。同年秋，又作盂之會，楚人趁機拘執宋襄公，揮師伐宋。同年冬，諸侯在薄地會商，楚人才釋放宋襄公。次年（前638）春，鄭文公再次朝見楚成王，宋襄公不自量力，以宋、衛、許、滕四國聯軍伐鄭。是年秋，楚師伐宋救鄭。宋師解鄭圍，撤到泓水附近（今河南柘城縣北）。時已入冬，楚宋戰於泓水，史稱「泓之戰」。楚師在泓水南，宋師列陣於泓水北，楚師正渡水而進時，宋大司馬公孫固以楚眾宋寡，建議宋趁楚師半渡而擊，襄公自命「仁義」之師，不願趁敵之危。楚師既渡，尚未列陣，宋大司馬又建議趁機突擊，襄公仍不從。及楚師佈陣已成，宋襄公乃擊鼓令全軍向楚師進攻，結果宋師大敗，襄公自己的大腿也中箭受傷，士卒死傷甚眾。

泓之戰後，宋國一蹶不振，楚迅速向北發展。戰後，鄭、魯、陳、蔡、許、曹、衛、宋等國紛紛從楚，楚之霸業煊赫一時。

2. 晉、楚爭鄭

晉、楚兩國爭奪霸權的戰爭，從西元前633年楚軍圍宋，晉師伐曹、衛以相救開始，到西元前546年「弭兵之會」結束，延續了80餘年。在春秋的歷史上，雙方的爭戰歷時最久，涉及的地域最廣，規模、影響最大，兩國的對抗和交戰，往往也是圍繞著爭鄭而進行的，先後可以分為幾個階段：

城濮之役，晉、楚爭霸中原之戰，也是春秋時以弱勝強的著名戰例。西元前633年，楚成王率陳、蔡等國軍隊圍攻宋國。次年春，晉文公率師進攻楚之盟國曹、衛。成王令子玉退兵回楚，子玉不從，率陳、蔡之師及西廣、東宮與若敖之六卒北進，追逐晉師。四月戊辰，

晉師退駐城濮，楚師亦緊追而至。己巳，晉、楚兩軍對陣於城濮。是役，晉選擇楚師薄弱環節，胥臣率晉下軍之佐以虎皮蒙馬，先擊楚右師陳、蔡之軍，陳、蔡之師驚駭而奔，楚右師敗潰。同時晉欒枝使兵車曳柴偽裝退卻，誘使楚左師追擊，晉狐毛、狐偃率上軍夾攻楚左師，擊潰楚左師。楚師大敗，子玉率殘部撤退，晉師追至楚營，休兵3日，城濮之戰使楚國北上爭霸嚴重受挫。晉文公成為中原霸主，楚國於是轉向南方發展。

城濮之戰以後，晉文公、晉襄公先後為諸侯盟主，自西元前630年鄭國叛楚服晉，到西元前618年楚軍伐鄭獲勝、與鄭結盟為止。這段時間內鄭國在晉的勢力控制下，楚軍曾於西元前627年伐鄭，晉國及時相救，迫楚退兵。

晉襄公死後，國內屢生變亂，勢力漸衰，又與秦國頻頻衝突。楚國趁機北伐，從西元前618年到西元前591年，楚穆王、楚莊王出兵鄭國8次；晉軍救鄭或伐鄭7次，在對抗中處於下風。在此期間，楚軍於西元前597年攻陷鄭都，又在邲之戰中大敗晉軍，楚莊王由此取得了霸主的地位。

邲之役，是楚、晉爭霸的一場大戰。楚莊王十七年（前597）春，莊王圍鄭。六月，晉師救鄭，至黃河北岸，聞鄭已與楚平，晉三軍將領或主進或主退，意見不一。晉先縠自率中軍之佐率先渡河南進，晉主帥荀林父被迫令全軍南渡，進駐敖、鄗二山之間。莊王克鄭後，移師駐於鄭之郔地，欲飲馬黃河而歸。聞晉師濟河而來，擬撤返，後從伍參之言，令楚師改轅北向，迎擊晉師。楚許伯、樂伯、攝叔駕車馳入晉營，先行挑戰。繼而晉魏錡、趙旃亦相繼襲攻楚師。莊王乘左廣以逐趙旃，楚令尹孫叔敖立即鼓動楚師發起進攻。車馳、卒奔，掩襲晉師。晉荀林父見楚師猝然攻至，佈陣不及，急令晉師濟河而退。晉中、下軍聞令，搶舟而渡，潰不成軍。楚工尹齊率右拒之卒追逐晉下軍，楚子使潘党率游闕從唐侯為左拒，攻晉上軍。晉上軍帥

士知楚不可敵，乃親自掩護部隊撤退。楚師進駐於邲，晉之餘師乘夜北渡。這次大勝，奠定了楚莊王在中原的霸主地位。莊王死後，餘烈未消，西元前589年，楚在蜀地（今山東泰安西）約14國諸侯會盟，齊、秦、魯、鄭、宋、衛等國皆從使命前往。這段時期內楚國的霸業達到鼎盛，鄭國基本上被楚國控制。

晉景公末年調整了內外政策，與戎狄講和，穩定了後方；在鞌之戰中打敗齊軍，國勢復盛，又聯合吳國，與楚爭鄭。從西元前588年晉師伐鄭，到西元前547年秦、楚聯軍伐鄭，41年之內，晉、楚各向鄭國出兵14次，多數情況下晉國佔據上風。楚因為屢受吳國襲擾，削弱了力量，在鄢陵之戰、湛阪之戰等大戰中連連告負，晉厲公、晉悼公遂重振霸業，鄭國又倒向了以晉國為主的華夏諸侯聯盟。其中鄢陵之役發生於楚共王十六年（前575）春，鄭叛晉附楚。四月，晉厲公以欒書將中軍，士燮為佐；郤錡將上軍，荀偃為佐；韓厥將下軍；郤至佐新軍，興兵討伐鄭國。鄭人聞有晉師，派人告於楚。楚共王遂以司馬子反將中軍，令尹子重將左軍，右尹子辛將右軍，親率楚軍及蠻軍救鄭。是年六月，晉、楚之師遇於鄢陵。甲午清晨，楚師搶先逼近晉師佈陣，士燮不欲戰，但被由楚奔晉的苗賁皇勸止，他建議以偏師應付楚人的左軍和右軍，以四個軍的主力合擊中軍王族。晉依其計，塞井夷灶，就營內佈陣，以欒書、士燮率己之家卒先進，以誘楚之大軍，荀偃、卻錡、卻至率上軍及新軍攻楚左右之師，之後集中、上、下、新軍攻擊楚之中軍王族，楚共王中箭受傷。當晚，楚、晉各繕甲兵，補卒乘，準備次日再戰，晉故意縱楚囚逃逸，使之返回楚營傳播消息，共王召子反商量對策，但子反大醉不醒，楚共王率師宵遁，晉師遂入楚營，休兵3日而返。湛阪之役發生在楚康王三年（前557）夏，晉荀偃、欒黶率師伐楚，以報復揚梁之役。楚公子格率師禦敵，與晉師戰於湛阪。楚師大敗，晉師南侵至方城之外。

西元前546年，諸侯各國派使者在宋舉行「弭兵之會」，訂盟休

第三章　楚國軍事地理

155

戰，鄭與其他小國共尊晉、楚為霸主。此後中原的局勢大為緩和，多年不受兵災，列強對鄭國的爭奪基本上結束，直到戰國初年。

二、春秋晚期及戰國時期

春秋中後期，吳國崛起，長期與楚國在江淮間展開爭奪戰爭，從側背牽制了楚國，大大消耗了楚國的國力，從而改變了春秋初期南北爭霸戰爭的戰略格局和總體形勢，戰爭的中心從中原腹地轉移到了江淮流域。

（一）吳、楚爭奪江淮地區

吳、楚戰爭前後打了近80年（前584—前506），戰爭主要圍繞淮泗流域、長江的中下游區域以及巢湖一帶，其戰爭過程大致可分三個階段[1]。

第一階段，長江沿線之戰，以水師為主，楚多取勝。這時主要戰役有西元前570年鳩茲（今安徽蕪湖北）之戰，西元前560年庸浦之戰，西元前556年棠（在今江蘇南京）之戰。庸浦，楚地，在今安徽省無為縣西南長江北岸。楚共王三十一年（前560）秋，吳趁楚共王之死，興兵伐楚。楚養由基禦敵於前，司馬子庚伏於後，誘吳師於庸浦，大敗吳師，俘獲吳公子黨。楚三戰兩勝，是發揮水戰優勢的結果。

第二階段，吳取道淮右，進攻楚國腹地，以陸戰為主，取勝甚多，並一度攻占郢都。楚靈王三年（前538）冬，吳為報朱方之役，興兵伐楚，攻入楚邑棘（今河南永城西北）、櫟（今河南新蔡西北）、麻（今安徽碭山東北）等地。又有奪徐之戰、長岸（今安徽當塗西南）之戰。長岸之戰是一次大規模的水上作戰，此處長江中有東梁山、西梁山，對峙如門，稱天門山，也稱博望山。楚平王四年（前

---

① 夏子賢：〈論楚在春秋大國爭霸中的地位〉，載《安徽大學學報》（哲學社會科學版），1985年第2期。

525）冬，吳公子光以舟師伐楚。楚司馬子魚率私卒先與吳師戰於長岸，戰死。令尹統帥楚師繼續作戰，大敗吳師，獲吳先王乘舟「餘皇」。為防止吳人奪取「餘皇」，移舟於岸，並列陣防備。吳公子光使人潛伏於「餘皇」之側，夜襲楚營。楚師亂，吳人大敗楚師，取「餘皇」歸。

雞父（今河南固始東南）之戰，楚平王十年（前519）秋，吳王僚興兵討伐楚之州來，使郢都失去東北屏障。楚令尹子瑕、司馬薳越率師及陳、蔡、許、頓、胡、沈諸侯之師東出救援州來，吳師迎擊於鍾離。令尹子瑕卒於軍中，楚士氣大喪。七月，兩軍決戰於雞父。吳王依公子光之計，使三千散亂不整的刑徒先擊胡、沈、陳之師，吳王則率三軍緊隨其後。吳刑徒一戰而潰，三國之師爭獲吳國戰俘，陣形打亂。吳師趁機出擊，敗三國之師，獲胡、沈之君及陳國大夫。隨即又放還所掠胡、沈之戰俘使之奔向許、蔡、頓之陣地，傳揚胡、沈之敗。諸侯之師因而皆潰敗，楚師亦隨之全面潰敗。這一戰役，吳師洞悉敵情，組織進攻，充分利用敵軍弱點，以一國之力大敗楚及諸侯之師，成為春秋時期以少勝多的典型戰例之一。

吳楚柏舉之役，對楚國的打擊尤為嚴重。先是，楚伍員因父兄為平王所殺，乃投敵奔吳，立志報仇，終於率領吳師攻陷郢都，其事在楚昭王十年（前506）。其冬，吳王率師伐楚，溯淮水西上，捨舟淮汭，會蔡、唐二國之師，取道豫章西進，與楚師相峙於漢水兩岸。楚左司馬沈尹戍建議令尹囊瓦先沿漢水設防，待方城外兵毀吳師之舟，還塞大隧、直轅、冥阨，攻吳師之背。囊瓦初允，而臨戰時，卻又受主張速戰者的影響而變計，自小別至於大別，與吳人三戰，囊瓦知吳之不可勝，欲棄軍奔逃，史皇阻止了他，要求與吳師決一死戰。十一月庚午，吳、楚之師決戰於柏舉。吳王之弟夫概王自率私屬五千，先擊囊瓦之卒，囊瓦之卒奔潰，楚師大敗，史皇戰死，囊瓦畏罪奔鄭。楚殘軍退至清發水，吳人追及，趁其半渡而擊，又敗楚師。楚已渡河

157

之卒繼續潰逃，吳人窮追不捨，於雍澨又敗楚師，遂向郢都進攻。楚昭王率臣屬倉皇出奔，經鄖縣逃到隨國，吳師攻入郢都。

第三階段，楚國大反攻，驅逐吳軍，奪取最後的勝利。郢都失陷，使吳、楚戰爭的形勢發生了深刻變化。此時楚申包胥赴秦求救，次年六月，秦出師救楚。秦、楚之師在沂、軍祥、雍澨、麇、公壻之溪等地幾次擊敗吳師，並滅掉唐國。是時吳國內憂紛起，不僅有越師攻入吳境，而且有夫概王擅自率部歸國自立，因此吳師被迫撤軍，楚昭王得以復國。而吳、楚交兵，隨而被吳、越之戰所取代。

在楚、吳爭戰的過程中，兩國軍隊對中間地帶的爭奪非常激烈，其中包括對徐、巢、鍾離、群舒、六、潛等國的爭奪，先後發生的戰爭有：

屈建滅舒鳩。楚康王十二年（前548）秋，舒鳩叛楚歸吳。令尹屈建率師討伐，行及離城，與吳國援兵相遇。屈建急忙率右師先至舒鳩，子強、息桓、子捷、子駢、子盂率左師後退，吳人居楚右師與左師之間七日，子強等率私卒引誘吳人，隨後出動楚師主力與五人之私卒合攻吳師，吳師大敗。楚右師與左師會合，立即進圍舒鳩，舒鳩潰敗。八月，楚滅舒鳩。

薳泄伐徐。楚靈王五年（前536），徐國太子儀楚聘於楚，靈王將其強行留下。儀楚懼而逃歸，靈王擔心徐人叛楚歸吳，遂命薳泄伐徐，吳人派兵救援徐國。楚令尹子蕩率領軍隊攻打吳國，從豫章發兵，而駐紮在乾溪。吳人在房鐘打敗了令尹子蕩的軍隊，還活捉了宮廏尹棄疾。子蕩將罪過推卸在薳泄身上並殺了他。

吳師圍潛。楚昭王元年（前515）春，吳王僚趁楚喪，使公子掩余、公子燭庸率師圍楚之潛邑。楚莠尹然、工尹麇率師救潛，左司馬沈尹戌率都邑親兵及王馬之屬以為後援，與吳師遭遇於窮。楚左尹郤宛、工尹壽率別部至於潛邑，截擊吳師，吳師進退兩難。時吳國內亂，公子掩余及公子燭庸棄圍潛之師而投奔徐和鍾吾。楚師聞

吳亂而還。

吳、楚對州來的爭奪最為突出，吳國為了在江淮間爭奪發展空間，幾十年間與楚國反復爭奪州來這個戰略要點。州來是一個古老的小國，春秋前期依附於楚。吳強大以後，它的地理位置顯得日益重要，即西南是楚，東南是吳，扼守吳、楚交通的咽喉要道。楚控制州來，可以禦吳；吳控制州來，可以窺楚，因此它成為雙方長期爭奪的戰略目標。西元前584年，州來被吳攻占，又很快被楚奪回。西元前538年，楚靈王攻克朱方，派遣然丹帶領軍隊加固州來城，但因這一帶水勢太大而未能實現。西元前530年，楚靈王假東獵為名到州來以威脅吳。兩年後，吳軍攻滅州來，州來又淪為吳邑。但不久又被楚軍奪回，楚平王又下令加固州來城，結果耗費了大量的人力和物力。這件事遭到沈尹戌的批評，他指出：加固州來城不但使老百姓過度疲乏、辛苦，而且會招致吳的不安和進攻[1]。果然四年之後，楚與吳在雞父作戰，楚軍大敗[2]，吳又乘勝攻占州來。從此以後，吳長期控制州來，到西元前493年（楚昭王二十三年）又將蔡國遷到這裡，改州來為下蔡[3]。

（二）戰國時期楚國的作戰區域

戰國初期的軍事與政治格局發生了很大的變化。春秋時期，與楚國長期爭霸的晉國消失，取而代之的是魏、趙、韓三國；齊國雖然存在，但由田齊取代了姜齊；越國在與吳國經過長時間的戰爭之後，疆域也擴大了許多。由於新興地主階級的形成以及生產力的變化，諸侯國為了圖存變強，紛紛開始變法。魏國魏文侯啟用李悝變法，趙國的趙武靈王胡服騎射，韓國申不害變法，楚國吳起變法，齊威王重用鄒忌變法，燕國也步入了戰國七雄之列。戰國時期諸侯戰

---

① 《左傳　昭公二十年》。
② 《左傳　昭公二十三年》。
③ 《左傳　哀公二年》。

爭頻繁發生，其中既有各國的戰爭，也有各國合縱連橫對某一諸侯國的聯合作戰，往往互有勝負。楚國自東向西與齊、魏、韓、秦交界，東南與越國接壤，戰事頻繁。楚在戰國中葉的七雄裡疆域最為遼闊，「荊之地方五千里」。由於邊境線漫長，敵國較多，造成了兵力分散的弱點。另一方面，楚的經濟發展在整體上落後於中原列國，地廣人稀，這使軍隊數量和地域之間的比率較低，也增加了國防上的困難。《戰國策　楚策三》載杜赫說楚之形勢不利：「東有越纍，北無晉（韓、魏），而交未定於齊、秦，是楚孤也。」楚國作戰區域的分布情況如下[①]：

1. 東方

早在春秋中葉以後，面對以齊、晉為首的華夏諸侯強大聯盟，楚國的北進接連受阻，便轉而向小國林立、抵抗較弱的東方開拓。兵出陳、蔡，征服江淮流域，是楚國的一項基本戰略。春秋戰國之際，楚曾奪取了江淮間的大片領土，進至泗水流域。《史記　楚世家》載：「越滅吳而不能正江淮北，楚東侵，廣地至泗上。」楚惠王四十二年（前447），楚師沿淮東進，攻滅蔡國。魏、齊等大國相繼崛起後，東方局勢嚴峻，迫使楚投入更多的兵力來爭奪在這一地區的霸權。楚宣王、威王時，又北滅邾（今山東鄒縣南）、小邾（今山東滕縣東），在徐州戰役中擊敗齊軍。不過，齊國滅薛（今山東滕州東南），將其封給田嬰、田文父子後，在當地築城置守，有效地遏止了楚國對泗水流域的進攻，東方的戰局呈現膠著狀態。《元和郡縣圖志》卷九徐州「滕縣」條載：「故薛城，在縣東南四十三里，薛侯國也。孟嘗君時，薛中六萬家，其中富厚，天下無比，此田文以抗禦楚、魏也。」

春秋時期，楚在東方的統治區域稱為「東國」，大約在淮水南

---

① 參考宋傑：《先秦戰略地理研究》，首都師範大學出版社1997年版，第187—190頁。

北兩岸。而戰國時楚之「東國」的面積更為廣大，《戰國策　西周策》姚本注：「東國，近齊南境者也。」其新兼併的領土又稱「下東國」或「新東國」；金正煒在《戰國策集注匯考》中曰：「蓋楚後得之東地，故或言『下』，或言『新』以別之。」楚之東國多為平原沃野，物產豐饒，已成為新的經濟重心，在楚國全境中有著十分重要的地位。《戰國策　楚策一》載：「昭常入見，（楚）王曰：『齊使來求東地五百里，為之奈何？』昭常曰：『不可與也。萬乘者，以地大為萬乘。今去東地五百里，是去戰國之半也，有萬乘之號而無千乘之用也，不可。臣故曰勿與。』」齊國在控制泗上以後，始終覬覦宋及楚之東國。《戰國策　西周策》與《齊策三》、《楚策四》中即有齊率韓、魏攻楚東國和脅楚強索東國的記載。為了保衛這塊領土，楚國需要在當地部署大量兵力。另外，由於當時西鄰秦國的強盛以及北部戰線過於寬闊，難以擴張的局勢，楚仍然選擇了以東方作為它採取攻勢的主要戰略方向。楚在屢挫於秦後還與秦國結盟，原因就是考慮到在東方與齊的尖銳對立，同意與秦連橫，分兵東進的戰略構想。如《戰國策　楚策一》中張儀所稱：「秦下兵攻衛、陽晉，必開扃天下之匈。大王悉起兵以攻宋，不至數月而宋可舉。舉宋而東指，則泗上十二諸侯，盡王之有已。」楚國東地的軍隊全部數量，約有三十餘萬，此即《戰國策　楚策二》所云：「齊使人以甲受東地，昭常應齊使曰：『我典主東地，且與死生。悉五尺至六十，三十餘萬弊甲鈍兵，願承下塵。』」

2. 北方

戰國之初，楚在北方的強敵晉國正值內亂，三家滅知伯後各自鞏固政權，無暇旁顧，楚國得以北上中原，先後奪取鄭、宋土地，乃至黃河之濱。其間發生多次戰爭，如楚聲王時圍攻宋國，歷十月而不能破，《呂氏春秋　慎勢篇》：「莊王圍宋九月，康王圍宋五月，聲王圍宋十月。楚三圍宋而不能亡。」後來，宋滅於齊。再如楚

師敗鄭，因三晉強大，不斷向南蠶食鄭、楚之地。楚悼王三年（前399），為爭取鄭國共同抵禦三晉，楚歸榆關於鄭，然事未如願。次年，楚伐鄭，擊敗鄭師，進圍鄭都，鄭人殺其相子陽。但楚與三晉之間的戰爭，則多次戰敗。如三晉伐楚，見於記載的有兩次，一次是楚悼王二年（前400），三晉伐楚，至乘丘；另一次是楚悼王十一年（前391），三晉伐楚，在大梁、榆關擊敗楚師，楚丟失了大梁、榆關以及豫東、豫南等許多領土，形勢不利。楚悼王時任吳起為令尹，改革政治、振興軍旅，《史記　孫子吳起列傳》有記載曰：「南平百越，北併陳、蔡，卻三晉，西伐秦」，局面有所改觀，但旋因吳起被殺而恢復舊狀。馬陵之戰後，魏國勢力衰弱，楚趁機北伐獲勝。《戰國策　齊策二》載楚懷王初年，「昭陽為楚伐魏，覆軍殺將，得八城」。魏隨即附從齊國，楚仍未能取得很大進展。由於楚在方城之外的北部防線橫貫千里，作戰正面過於寬大，兵力部署比較分散，如果在一處集中軍隊，勢必會削弱其他區域的守備，容易被敵人趁虛而入，所以楚在北方戰線基本上處於防禦態勢，和韓、魏相持，並未把這一地帶作為擴張的主要方向。

3. 西方

楚在西方的敵對勢力首先是強鄰秦國，春秋時期因為晉國的強大，楚與秦都深受其威脅，故而結成同盟，聯姻修好，並協調對晉作戰，兩國的睦鄰關係延續到戰國初年，此後發生了重大變化，一方面由於魏國勢力的削弱，對秦、楚的軍事壓力明顯減輕；另一方面，秦在商鞅變法後國勢日盛，已經具備了足夠的對外兼併能力，楚國為其近鄰，自然成為它進攻的目標；兩國又都有爭霸的野心，其矛盾無法調和。如《戰國策　楚策一》中張儀所言：「凡天下強國，非秦而楚，非楚而秦。兩國敵侔交爭，其勢不兩立。」從實力來說，楚不如秦；兩國交界的秦嶺和商洛、豫西山區地形複雜，不利於調動軍隊、運輸給養，楚國因此沒有攻秦略地的打算，一直處於守勢。直到懷王

受了張儀的欺騙，盛怒之下喪失理智，不聽陳軫等人的勸阻，兩次出師伐秦，結果楚在秦和韓、魏的聯手夾擊下遭到了慘敗，而楚、秦之間的戰爭，亦多為此結局，其戰爭主要有：

丹陽之役，楚懷王十六年（前313），因秦張儀詐楚，稱如果楚與齊絕交，秦將割商於之地600里於楚。但懷王絕齊之後，秦拖延不予楚地，張儀竟改600里為6里。懷王大怒，遣大將軍屈匄率師西伐秦，秦使客卿庶長章出兵迎擊。次年春，秦與楚師會戰於丹陽，大敗楚師，斬殺楚甲士8萬，俘獲屈匄及裨將軍逢侯丑等70餘人，佔領楚漢中地。

藍田之役，楚師敗於丹陽之次年（前312），懷王悉起楚國之兵複伐秦，與秦師戰於藍田，楚師又大敗。韓、魏出兵助秦，南襲楚，至於鄧。楚師聞訊，撤出藍田。

秦取召陵。楚懷王十八年（前311），秦師伐楚，楚師敗，秦占楚之召陵。

秦取楚之十六城。楚頃襄王元年（前298），秦王發兵出武關攻楚，斬殺楚兵5萬，並攻占楚析邑等16城。至此，楚因受秦國多次攻伐，喪師失地，國力日益衰弱。

秦取宛葉。楚頃襄王七年（前292），秦穰侯魏冉由析邑一帶東向伐楚，攻占宛、葉，楚國喪失南陽盆地。

白起拔鄢、郢。楚頃襄王二十年（前279），秦大良造白起拔鄢。次年（前278），複伐楚，一舉攻占楚郢都，又東取竟陵、安陸。楚師潰敗，頃襄王東奔城陽。

楚與其他五國亦曾合縱攻秦，主要有兩次。第一次在楚懷王十一年（前318），魏相公孫衍約楚、韓、魏、趙、燕五國合縱，以楚懷王為縱長，伐秦至函谷關，秦國出兵迎戰，各國皆撤軍還，合縱失敗。第二次在楚考烈王二十二年（前241），楚、趙、魏、韓、燕五國之師攻秦。楚王為縱長，春申君主持其事。聯軍至函谷關，秦師反

擊，諸國之師皆敗走。是役為戰國時期諸國合縱禦秦的最後一次軍事活動。其後楚在秦接連不斷的打擊下，終至敗亡。

楚在西方的另一個敵人是四川盆地的蜀國。楚肅王四年（前377），吳起被殺，楚國發生內亂，蜀趁機伐楚，取茲方（今湖北松滋西），距郢僅百餘里。《史記　楚世家》云：「於是楚為扞關以拒之。」楚曾吞併了蜀之漢中，但未能進軍滅蜀，可謂一個戰略上的失策，後被秦捷足先登，在西元前316年佔領了蜀地，對楚構成側翼攻擊的威脅。如果楚國搶先滅蜀，將蜀與漢中連成一片，那麼戰略形勢要有利得多。

4. 南方

楚之南界是蠻夷和越人居住的周邊地區，經濟文化比較落後，部族分散，力量弱小，難以抵抗楚軍的攻勢，故為楚國用兵擴張的一個重要方向。楚向南方的發展多有勝利，《後漢書　南蠻傳》載：「吳起相悼王，南並蠻越，遂有洞庭、蒼梧。」威王、懷王時進攻越國也取得成功。《史記　越王句踐世家》載：「越以此散，諸族子爭立，或為王，或為君，濱於江南海上。」不過，越人仍不斷襲擾楚國後方，牽制了它的部分兵力。《戰國策　楚策一》載張儀謂懷王曰：「且大王嘗與吳（即越）人五戰三勝而亡之，陳（陣）卒盡矣。」《史記　六國年表》載楚懷王十年，在廣陵築城，即為防備越人。

第二節　楚國的戰略要地

在軍事技術、交通手段落後的古代，地理環境對作戰的影響相當顯著。大規模的戰爭、某個或某幾個面積有限的區域的戰爭，由於地理位置的重要，成為交戰雙方對峙的熱點，即所謂「兵家必爭之地」，它的得失對戰局常常具有決定性作用。這種戰略要地，軍事地

理學中稱之為「樞紐地區」，或是「鎖鑰地點」。春秋時期，「兵學之祖」孫武把「天下」看成是一個由不同區域組成的整體，認為其中「諸侯之地三屬，先至而得天下之眾者」的「衢地」區位價值較高，在兼併戰爭中如果率先奪取、控制了它，就能使自己處於有利的態勢。這種認識的產生，在時間上遠遠早於西方近代「樞紐地區」的軍事思想。秦漢至明清的軍事家、兵學家們非常重視對「衢地」的控制，認為封建政權不論在平時還是戰時都應該牢牢掌握住它，這樣就可以「扼天下之吭，制群生之命」。

古人慣講「山川都會」，而山脈和河流的戰略意義各有不同。山脈的意義重在阻隔，貴在有孔道可以通行；河流的意義重在流通，貴在有據點可以扼守。有山地險要可以憑恃，則易於在紛亂的局面中建立根據地，形成局部的秩序，積蓄力量；有江河水道可以流通，則便於向外部投遞力量，既有利於向外擴展，也便於介入全域。因此，一般說來，在那些既有山地險要可以憑恃，又有河流水道可以流通的地方，容易形成戰略要地。山地的斷層地帶或者江河水流穿切山嶺所形成的河谷低地便於作為穿越山地的交通孔道，如關中四塞、太行八陘所扼通道，以及穿越秦巴山地的幾條棧道便是如此。江河主要是作為人力、物力運輸的交通線，故此以江河為險阻，還必須在那些重要的渡口或支流與幹流的交匯處建立據點，以確保對這些江河的控制，如長江的瓜州渡，淮河的潁口、渦口、泗口等處，都伴隨著重要軍事據點的形成。另外，戰略樞紐往往設置在幾個基本經濟區交接的邊緣地帶，如豫西、淮南、荊襄等地區，它們都只是幾大基本經濟區交界處的幾個面積有限的地理區域，但是都地當要衝，扼制了東西方或南北方的水陸交通幹道，是能夠阻塞大規模軍隊調動和給養運輸的必經之路。

不管是為了爭霸或擴大疆域而進行的戰爭還是為了戰略防禦，楚國的統治者十分重視對周邊地區的軍事戰略要地的建設和保護，即

所謂的「慎其四境」和「守在四境」，《左傳　昭公二十三年》楚臣沈尹戌云：「古者，天子守在四夷；天子卑，守在諸侯。諸侯守在四鄰；諸侯卑，守在四竟。慎其四竟，結其四援……若敖、蚡冒至於武、文，土不過同，慎其四竟，猶不城郢。」這段話的意思是，古代天子由於施行「守在四夷」的防禦策略，故此王都沒有設防；楚先祖若敖、蚡冒到楚武王、楚文王，也是如此，皆未在都城設防，靠加強四境的防守來戍衛都城。也就是說，楚國把都城週邊的城市、關隘、河流、交通重鎮等作為戰略要地來建設，確保都城的安穩和長遠發展。下面對楚國的軍事戰略要地進行闡述和分析。

一、楚長城

楚國在得到申、息兩國之地後，為了對付北方中原諸侯國，開始在這個通向中原的要塞之道上設立防禦之關。楚在申、息之北，依群山之勢修築長城，又叫方城。《左傳　僖公四年》記載楚屈完答齊桓公曰：「君若以德綏諸侯，誰敢不服。君若以力，楚國方城以為城，漢水以為池，雖眾，無所用之。」杜預注曰：「方城山在南陽葉縣南。」《漢書　地理志》「南陽郡」之「葉縣」條下云：「楚，葉公邑，有長城，號曰方城。」據考古資料顯示和有關學者考證，楚方城的北端在古葉縣之南一帶，方城南端應接於淮水北岸一線，方城的本義應該指山。「冥阨」等被稱為「城口」，實為山間隘道，亦可資證。後來楚人依山築城——大關口城正是如此，這種城體依山得名，也被稱為方城。南陽盆地東側的山地丘陵，南與桐柏山脈銜接，西北隔方城缺口與伏牛山脈相望，將屬於長江流域的南陽盆地與屬於淮河流域的豫東平原分割開來，其起迄應該就是方城之山的實際內涵[①]。方城在楚文王時期開始構築，靈王、平王時期又陸續增建、完善，是楚國北部堅固的堡壘，其軍事防禦功能十分有效可靠，成為楚國重要

---

① 陳偉：《楚「東國」地理研究》，武漢大學出版社1992年版，第20頁。

的戰略要地。其建築方式是利用山間孔道建築關隘，由關隘與險山峻嶺連接而成；其走向大體自今河南魯山縣東南，循伏牛山餘脈東下，經方城、葉縣之間，向東南至泌陽東境的南汝河。從春秋早期楚文王開始築方城至戰國晚期的370餘年期間，中原諸侯多次與楚國發生戰爭，如晉楚的三大戰役城濮之戰、邲之戰、鄢陵之戰，齊楚的徐州之戰、垂沙之戰，秦楚的鉅鹿之戰等，其間諸侯國之間起起伏伏、爭爭合合，兵力曾至方城之下，但一直未能越過方城。如《左傳　文公三年》記載晉陽處父「伐楚」，「門於方城」，「遇息公子朱而還」，即晉師沒有攻入方城。《左傳　襄公六年》又載楚、晉師戰於「湛阪」，「楚師敗績，晉師遂侵方城之外」，但旋即撤軍。方城易守難攻，對於方城的守護就是對於楚國的防守和保護，反之，一旦方城被攻入，則楚國即面臨滅國的危險，因為方城是楚國的最後一道防線，如韓、魏等中原諸侯攻入方城，事在周赧王三年（前312），斯時秦、楚大戰於藍田，楚師為秦兵所困，韓、魏「乃南襲楚，至於鄧」，即撇開方城正面，繞道從今陝西商縣、洛南南下，經武關進入南陽盆地，這使楚師腹背受敵，因此潰敗。

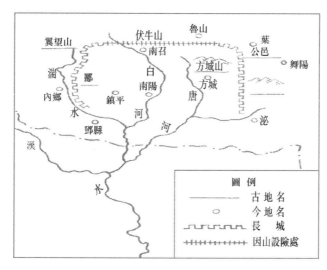

圖3-1　楚方城圖

二、河流湖泊

楚境內河流縱橫，水量充沛。據史載，在東周時期，楚國把長江、漢水、潁水、汝水等河流作為其軍事上的自然屏障加以利用和鞏固，《荀子　議兵》云：「（楚國）汝、潁以為險，江、漢以為池。」《淮南子　兵略訓》中也有相關的記載，都是以江、漢、潁、汝為楚國軍事防禦的重要組成部分。

《左傳　哀公六年》云：「江、漢、雎、漳，楚之望也。」這幾條河流在楚國軍事中的作用不可忽視。長江上通巴蜀，中經荊襄，下連吳越，縱貫東西，綿延數千里，上下游之間相互呼應，使整個南方地區形勢得以完整，而其本身以寬闊的江面，發揮著對抗北方鐵騎衝擊的天塹作用。漢水，源出陝西西南寧強縣，東南流經陝西省南部、湖北省西北部和中部，至武漢市匯入長江。《左傳　僖公四年》：「楚國方城以為城，漢水以為池，雖眾，無所用之。」又《史記　楚世家》記載，楚昭王十年，吳伐楚之役，楚使令尹子常「以兵迎之」，楚軍與吳軍「夾漢水陣」，即吳、楚軍對峙於漢水兩岸，漢水在楚、吳之戰中扮演著重要角色。雎水，《左傳　定公四年》：「楚子涉雎，濟江，入於雲中。」一般認為即今沮水（與今漳水合流後入江，下游稱沮漳河），發源於湖北保康縣西南。漳水，一般認為即今沮漳河上中游支流之漳水，發源於湖北南漳縣西南，南流入江。

淮河與長江相表裡，發揮著雙重的屏障作用。顧祖禹在《讀史方輿紀要　江南》（卷一九）中總結道：「自南北分疆，往往以長淮為大江之蔽。」又曰：「江南以江淮為險，而守江者莫如守淮。南得淮則足以拒北，北得淮則南不可複保矣。」對於淮河與長江的這種唇齒關係，歷代保據江南者亦極其重視。

淮河上游，大別山以北，黃河以南，自北向南，依次有汴河、渦河、潁河、汝河等淮河支流及淮河上游主幹等河流呈扇形展開。這些河流的源頭都深達中原腹地，下流匯入淮河，又經邗溝而通長江，因

而起著溝通南北的作用。南北相爭，這些河流每為戰守之資，雙方都可藉這些河流為運輸線。南方在這些河流下游與淮河主流的交匯處如潁口、渦口、清口等地，形成了壽陽、鍾離、泗州、淮安等重鎮，這些重鎮既是南方賴以抗擊北方的據點，又是進圖北方的前哨基地。

汝水，源出河南嵩縣西南，東南流至洪河口入淮，上游即今北汝河，下游相當今汝河，《左傳　哀公十七年》：「彭仲爽，申俘也，文王以為令尹，實縣申、息，朝陳、蔡，封畛於汝。」泗水源出今山東泗水縣東蒙山南麓，四源併發，故名；西流轉南，歷兗州、魚臺及江蘇沛、徐州等市縣，東南至淮陰市北入淮。《史記　楚世家》：「是時，越已滅吳，而不能正江淮北。楚東侵，廣地至泗上。」楚於戰國早期進抵泗水下游一線，在泗水中下游與齊、越長期爭奪，戰國晚期泗水沿岸一帶全部入楚。春秋時晉、吳交通多經泗水中下游一線，彭城（今江蘇徐州市）正處在這條要道之上。故《讀史方輿紀要　南直方輿紀要序》中提及：「欲固東南者必爭江、漢；欲窺中原者必得淮、泗。有江、漢而無淮、泗國必弱，有淮、泗而無江、漢之上游國必危。」[①]

夏汭，楚地水名。楚靈王三年、四年（前538、前537）對吳戰爭中，楚軍兩次至此。《左傳　昭公四年》「吳伐楚，入棘、櫟、麻……楚沈尹射奔命於夏汭。」杜預注：「夏汭，漢水曲入江，今夏口也。」即夏汭在今武漢市漢水入江處。

三、關隘

東周時期，中原諸侯在軍事戰爭中，大多使用車兵與步兵。車兵適合平原地區作戰，不能登山，若阻塞山間孔道，甲車就無法通過。楚地山脈有許多天然的峽谷和山間小徑，楚人利用它們建築關隘，易

---

① 〔清〕顧祖禹撰，賀次君、施和金點校：《讀史方輿紀要》，中華書局2006年版，第869頁。

守難攻，成為天然的戰略防守重地。據史料記載和考古資料，楚國北境的主要關隘有方城塞、象禾、連堤、犨以及大隧、直轅、冥阨等，《呂氏春秋 有識》、《淮南子 地形訓》都將方城、冥阨列為天下「九塞」之中，可見其地位之重要。楚國在得到了夷越之地及冥阨三關後，自郢長驅江淮，已成勢之必然。而楚國自失去鄢郢，東遷陳城之後，之所以能夠與秦國保持20多年的和平關係，主要原因是秦若從南郡攻楚，需越冥阨三關，險塞重重，得不償失。

方城塞又稱繒關，在今河南省方城縣獨樹鄉的大關口。此關隘兩側山峰夾峙，中有一孔道，形成天然關口。在關口兩側的山坡上分別築有南北兩道土、石城垣，東西長1419公尺，南北垣相距250～380公尺。象禾關在今河南泌陽縣象河關，此處東為五峰山，西為關山，兩山之間有城垣相接。連堤以其用瀙水、沘水之堤防再連接山脈和高地擴建而成，因以為名，其地當在今河南泌陽縣沙河店，此地為瀙水東出黃山、西雙山要口，南北山嶺急流奔下，屬增堤為垣的良好地點。犨城，位於今河南魯山東南30餘公里的張官營村西，是南陽盆地與方城之間的要塞[①]。大隧、直轅、冥阨三關，一般認為在今河南信陽以南、湖北應山以北的桐柏山脈武勝關一帶。東為大隧，即今之九里關；中為直轅，即今之武勝關；西為冥阨，即今之平靖關。大隧是桐柏山脈的一個山口，清人稱之為「武陽關」或「黃峴關」；平靖關在今河南省信陽市西南，有大小石門，鑿山通道，極為險峻；武勝關位於河南省信陽市南鄂、豫交界處的大別山隘口，其兩側雄峰對峙，歷來為軍事要地和南北要衝。吳師襲郢之役（前506），吳王闔閭的戰略目標是攻克楚國郢都，分兩路挺進，其南路為主力，從潛（今安徽潛山）出發，翻越皖鄂交界處的大別山無人區，進入楚國境內，經柏舉地區（今湖北麻城市東柏子山與舉水的合進）向西挺進。北路

① 尚景熙：〈楚方城及其與楚國的軍事關係〉，載《中原文物》，1992年第2期。

為策應，從水路乘舟溯淮河西行，至淮汭上岸，會同蔡、唐兩國軍隊快速通過大隧、直轅、冥阨三道隘口，進入楚境後南插與主力會合，楚軍徹底失敗。10天后，吳軍浩浩蕩蕩地開進了楚國之郢都，楚昭王逃亡。

豫西南、鄂西北通往陝西之間的重要關隘是著名的武關（今陝西丹鳳東南），武關是秦、楚交往的必經之地，控制秦嶺東段之險，扼守著關中東南方向的通道，也是秦、楚軍事對峙的重要關口，《戰國策 楚策一》記楚威王七年蘇秦為趙合縱：「大王不從親，秦必起兩軍，一軍出武關，一軍下黔中。若此，則鄢、郢動矣。」又記張儀為秦破縱連橫而威脅楚懷王語曰：「秦舉甲出之武關，南面而攻，則（楚）北地絕。」這些文獻皆稱武關、黔中是楚國北境的軍事戰略重地，黔中位於楚國西部地區，與楚南之洞庭、蒼梧相對應，且臨近巫、巴兩地，其大致區域應在漢中之南、扞關以東、長江以北的鄂西與川東一帶[①]。戰國中晚期，秦、楚為爭奪黔中展開了激烈的鬥爭。楚於其西部置黔中郡，其範圍應在長江以北的今鄂西、川東地區；西元前280年至前277年，秦先後取楚之黔中、巫郡與江南，並在此基礎上置黔中郡，所轄地域擴展到鄂西、川東與湘西北地方；西元前276年，楚人奪回江南地（即「江旁十五邑」）並置洞庭郡以抗秦，這時秦黔中郡當繼續存在，但範圍僅限於江北的鄂西、川東地區，形成與楚洞庭郡南北對峙的局面；西元前222年，秦人統一江南後，洞庭郡轉屬於秦，繼續與黔中郡南北並立。

楚、蜀之間置有扞關，由郢都向西，溯江而上，經秭歸，即可至此關，《史記 楚世家》載：「肅王四年，蜀伐楚，取茲方。於是楚為扞關以距之。」雖然這一史料的可靠性有待探討，但不可置疑的

---

① 徐少華、李海勇：〈從出土文獻析楚秦洞庭、黔中、蒼梧諸郡縣的建置與地望〉，載《考古》，2005年第11期。

是此關為楚、蜀之間的重要關隘。扞關在戰國秦滅蜀之後又成為秦、楚之間對壘之地。扞關的地望，《史記集解》：「東守巴郡，距扞關之口。」《史記索隱》：「郡國志巴郡魚復縣有扞關。」《史記　張儀列傳》云：「秦西有巴蜀，大船積粟，起於汶山，浮江已下，至楚三千餘里。舫船載卒，一舫載五十人與三月之食，下水而浮，一日行三百餘里，里數雖多，然而不費牛馬之力，不至十日而距扞關。扞關驚，則從境以東盡城守矣，黔中、巫郡非王之有。」《水經注　江水》云：「江水自關東逕弱關、扞關。扞關，廩君浮夷水所置也。弱關在建平、秭歸界。昔巴、楚數相攻伐，藉險置關，以相防扞。」《華陽國志　巴志》云：「巴、楚數相攻伐，故置扞關、陽關及沔關。」劉琳校注：扞關，疑本文原作「江關」，在今奉節縣東。陽關，在今重慶長壽區東南。沔關，疑即《水經注　江水》之弱關，在沔（漢）水上之楚、巴交界處[1]。

　　吳、楚之間有昭關，為春秋時楚國東部邊境要塞，當吳、楚兩國交通要衝。楚平王時，伍子胥曾過此關奔吳，其故址在今安徽含山縣北小峴山，兩山對峙，其山口險要可守。又有符離塞，約在今安徽宿縣東北。《戰國策　秦策三》：「齊有東國之地，方千里。楚苞九夷，又方千里，南有符離之塞，北有甘魚之口，權縣宋、衛，宋、衛乃當阿、甄耳。」

　　另外，南郢以南的長江之濱有木關，見於《鄂君啟節》舟節銘文；南有無假關，可能在今長沙市西北；西南邊境有厲門塞，在今廣西平樂縣西南。

四、山脈

　　南北對峙，南方聯繫的紐帶是長江，其防守也主要是依託長江，但長江防線的穩固卻有賴於江北的一系列山河為屏障。東段為淮河，

---

① 劉琳校注：《華陽國志校注》，巴蜀書社1984年版，第59—61頁。

西段有秦巴山地，中部則主要是以大別山、桐柏山至鄂西山地一線的山脈為其屏障。大別山是長江與淮河的分水嶺，南有浩浩長江，北有淮河水網，雞父恰好處於大別山區與淮河水網的交匯地帶，居高臨下，瞰制著楚國在淮河流域的許多附屬小國，是楚國在大別山以北的屯兵要地。

在大別山和桐柏山的連接地帶有武勝關、平靖關和黃峴關可為往來通道。但三關兩側地形險要，不利於人力、物力的大規模運動。漢水河谷低地為南北往來要衝，其樞紐即為南陽盆地。南陽盆地具有東西伸展、南北交匯的特點，無論東西之爭，還是南北之爭，南陽盆地都是必爭之地。這裡，四面都可進入，四面都可出擊。沿漢水主幹下行，由襄陽經大洪山與荊山之間的河谷低地可至江漢平原，並可進入長江；沿漢水主幹向西行可至漢中，直抵甘肅東南邊緣；漢水支流丹江穿切秦嶺，成為關中與南陽盆地之間的通道，「關中四塞」中的武關即設在此通道上；循淅川等支流上行，越伏牛山，即可進入伊洛河谷；其他支流如唐河、白河則伸向河南腹地。這樣，由漢水及其支流形成南陽盆地，成為關中、漢中、中原與湖北之間的一個旋轉門，任何一方勢力到達這裡均可縱橫四出。

第三節　楚國的軍事建設

春秋戰國時期，楚國前後吞併50多個小國，版圖廣闊，南至湖南之南部，西達陝西，東至大海，北到黃河，在此境域之內，楚國曾經修築了大量的軍事設施。

一、郢都

楚國都城郢都，即今紀南城，紀南城因位於紀山之南而得名，建在今之湖北荊州城之正北十數里地，位於漢水中游的東部和西部。紀

第三章　楚國軍事地理

南城的地理位置平坦，靠山依水，十分開闊，是一座戰略防守非常理想的重要地區。紀南城北約11公里即是紀山，紀山南北長約3公里，東西寬約4公里，是位於平原之地的紀南城北邊的一道重要屏障。紀南城之西約4公里有八嶺山，南北長約8公里，東西寬約1.5公里，其北與紀山相連。從八嶺山再往西12公里有沮漳河，河水湍急，是紀南城西邊又一道絕好的自然屏障。而紀南城往東不遠的雨臺山低丘和長湖等諸多湖泊也可用於軍事防禦。稍遠是今宜城南部和鍾祥、荊門一帶的山區，十分利於屯兵駐守。紀南城往南約10公里是長江天塹，東南有雲夢澤，往東北約百里處即是漢水天險。這裡不但具有相當優越的農業生產條件，地勢較高，可免洪水氾濫之災；而且交通方便，四通八達；南有長江天險，上控巫、巴，下連吳、會，特別是往北有直通中原的大道，戰車便利、迅速，是扼守中原、連接長江要道的門戶，具有極其重要的戰略地位。楚人選擇紀南城一帶作為都城之所在，使得楚國成為四面環水、周圍倚山、易守難攻的形勝之都。楚武王遷都後，這裡便成為楚國歷史上長達400餘年之久的政治、經濟、文化中心。

春秋晚期，鑒於楚國屢次為吳所敗的嚴峻形勢，楚人在加強周邊軍事防禦的同時，又在都城增築大規模的城牆以及城門等防禦設施。據《左傳 昭公二十三年》和《史記 楚世家》等文獻記載，楚平王十年令尹囊瓦「城郢」，次年又有此舉。據郭德維的《楚都紀南城復原研究》，郢都建有規模巨大的夯土城垣。該城平面略呈長方形，東西長約4.5公里，南北寬約3.5公里，城垣周長約15.5公里。城牆底寬30～40公尺，頂寬10～14公尺，臨近城門的地方則縮至10公尺。大部分城牆至今仍高出地面4～5公尺，北牆高出地面達7公尺以上。城牆上建有專門的防禦設施，如在臨近宮殿區的南城牆東段，就發現了一處保存完好的烽火臺遺跡。在此處，至今仍可遠眺城內外。紀南城全城為方形，唯有四個城角略作圓弧狀態，並非90度角，如此可以

消除視力上的死角，提高防禦效率。城牆均為直線，南城的城牆為一個圓弧狀，為一小型甕城。據考證，城牆原寬度達12公尺，高度有7公尺，目前已全部坍塌[1]。此外，在城內中部偏東南宮城區的東側和北側，發現有宮城牆遺存，說明郢都是內城外郭的城垣布局。楚都建有堅固的城門，目前在紀南城已發現城門7座。其中東牆1座，其他三面各有兩座，北牆東門和南牆西門是水門，西垣北門城門有3個門道，中門道比兩邊的寬一倍。門道內兩側，各有1座門衛房址。南垣西段古河道上的水門，用4排木柱構築而成，有3個門道，以便河水和船隻通過。

紀南城城外和宮城牆外分別有護城河環繞，外城護城河距離城垣外坡一般在20～40公尺，環繞城垣外側，河寬40～80公尺，深4～6公尺。城門處有的是河道，配置以橋；有的無河道，顯然是為了便於出入。城內已探出4條古河道，與水門和護城河相通。此外，在宮城東垣外發現有古河道，寬9～20公尺，與宮城牆平行且相距較近，應屬於宮城東牆外的護城河。

紀南城東南角一帶是東北—西南走向的鳳凰山，長約1.5公里，寬約100～150公尺，山頂高出周圍平地約10公尺。建造者把此地確定為宮殿區之一，目的是便於統治者居高俯視全城，且周圍情況一覽無餘。值得注意的是，紀南城四面城垣均較直，唯有南垣東部向外凸出一塊呈長方形。究其原因是由於南城垣東段有鳳凰山，城垣若不拐折，便被鳳凰山截斷，如此要將一片高地留在城外，一旦被進攻之敵佔領，便可據高對城內構成威脅。城市建造者有意讓城牆向外凸出，把這片高地全部留在城內，這對保衛宮殿區和城內安全十分有利。

二、陳城

西元前280年，秦使司馬錯發隴西之兵，由蜀地攻取楚國黔中，楚割上庸、漢北之地與秦求和。西元前279年，秦將白起拔楚鄢、

---

① 張馭寰：《中國城池史》，百花文藝出版社2003年版，第24—28頁。

鄧、西陵之地，此三地是郢都的屏障，三地失，則郢都危。其明年（前278），白起破郢，燒楚先王之陵。楚頃襄王東遷陳城（今河南淮陽），至考烈王二十二年（前241）因參與諸侯攻秦不利而徙都壽春，楚人以陳城為都前後37年。古陳國、楚陳縣、陳郢故城，近世通常定在今河南淮陽縣城①。陳城地理位置優越，地處黃淮之間，位於黃淮平原的中部，西有周、韓、魏相隔，南有桐柏、大別山相阻，北有魏及黃河為限，東南有淮河和長江下游地區廣大的後方，遠離秦國本土，秦人一時難至，可以獲得一個相對穩定的環境和復蘇的時機。陳城交通便利，物產豐富，以此為中心的淮河流域，是楚國的又一糧倉，楚靈王時，已「賦皆千乘」，經過春秋晚期到戰國早中期的發展，更大大向前推進了一步，「無饑饉之患」、「無凍餓之人」。選陳作楚都，就有軍需等各方面的充分保證②。春秋中晚期，楚國曾幾度滅陳為縣。如西元前598年，楚莊王趁陳國內亂滅之而置縣，後因申叔時的勸告，「乃復封陳」。西元前534年，陳國又因爭立之事發生大亂，楚靈王使公子棄疾滅陳為縣，「使穿封戌為陳公」。五年後，楚平王奪得王位，為收買人心，「封陳、蔡，復遷邑」，再次使陳復國。西元前478年，楚使公孫朝帥師滅陳，最終並陳入楚疆。陳地入楚後，一直是楚國境內的大邑要縣和經略中原的重要基地，《左傳　昭公十二年》載楚靈王語：「今我大城陳、蔡、不羹，賦皆千乘」，說明楚人對陳城等地的進一步修築和重視。陳城緊臨沙水西岸，上溯鴻溝直達魏都大梁和黃河，下順沙水轉潁水進入淮河，東南經邗溝直通長江下游吳、越故地。《史記　貨殖列傳》說：「陳在楚

---

① 關於故陳城、楚陳縣及陳郢城與今淮陽縣城的相互關係和位置，若從有關的漢唐記載考察，則此說尚有推敲的餘地。可參閱曲英傑：《先秦都城復原研究》之〈陳都陳〉，黑龍江人民出版社1991年版，第327－331頁；陳偉：《楚「東國」地理研究》，第23－27頁。
② 郭德維：〈試論由郢徙陳對楚國後期的影響〉，載《荊州師專學報》（哲學社會科學版），1990年第4期。

夏之交，通魚鹽之貨，其民多賈。」特殊的地理位置，發達的經濟、文化基礎，以及便利的交通條件，從而構成了陳城在楚國歷史上的重要地位。

楚都遷陳後，暫時脫離了與秦人的正面接觸，獲得了一個相對安定的發展和復蘇的機會。《戰國縱橫家書》載朱己謂魏王曰：「（秦）伐楚，道涉谷，行三千里而攻冥阨之塞，所行甚遠，所攻甚難，秦又弗為也。若道河外，背大梁，右蔡、召，與楚兵決於陳郊，秦又不敢。」又《史記　春申君列傳》載朱英謂春申君曰：「先君時善秦二十年而不攻楚，何也？秦逾黽隘之塞而攻楚，不便；假道於兩周，背韓、魏而攻楚，不可。」可見，當時楚頃襄王在郢都喪失後東遷於陳的選擇是正確的。楚都東遷後，獲得了休整的時機，並利用陳地有利的經濟、文化基礎，使楚國出現了一段「復強」的時期[1]。比較而言，從楚頃襄王二十三年至考烈王二十二年（前276－前241）為楚國的相對復興階段，其間30餘年，楚國不僅沒有受到大的侵伐和挫敗，且分別於頃襄王二十三年集合東地兵士10餘萬，收復了為秦所拔的江旁15邑置郡以拒秦，見載於《史記　楚世家》：「（楚頃襄王）二十三年，襄王乃收東地兵，得十餘萬，複西取秦所拔我江旁十五邑以為郡，距秦。」二十七年，楚派出3萬人協助三晉伐燕，楚考烈王五至六年，秦、趙展開「長平之戰」，趙國向楚求救，楚使春申君及魏公子將兵數十萬攻秦軍，秦軍多失亡。又考烈王二年（前261），楚東伐魯，「取徐州」，這一戰略要邑的入楚，為進而北上滅魯，向東控制泗、沂中上游地區奠定了基礎[2]。考烈王十六年（前247），

① 劉濤：〈東遷後的楚國國勢〉，載《江漢論壇》，1985年第2期。談及到了楚國的「復強」時期，李玉潔認為楚國郢都陳城的歌舞昇平是虛假的，楚並沒有臥薪嚐膽的發奮努力，而是依靠楚國數年的積蓄，以及對楚國人民的殘酷剝削，奢侈享樂。見氏著《楚國史》，河南大學出版社2002年版，第402頁。
② 徐少華：〈楚都陳城及其歷史地理探析〉，載《社會科學》，2008年第5期。

秦大舉攻魏，信陵君又統率楚、趙、魏、韓、燕國之師，大敗秦軍於「河外」，並「乘勝逐秦軍至函谷關，抑秦兵，秦兵不敢出」；考烈王二十二年，時信陵君已故，楚春申君再次組織楚、趙、魏、韓、燕國之師攻秦，楚為縱長，兵至函谷關，因「秦出兵攻，諸侯兵皆敗走」，是為戰國時期關東列國的最後一次聯合行動，然終因這時各國已朝不保夕，兵無鬥志而敗北，於是「楚東徙都壽春」。此後，楚國便江河日下，終至敗亡。

楚都陳期間，有一段相對穩定、復蘇時期。以陳為中心的淮北汝、潁一帶的經濟、文化基礎並不低於南陽盆地與江漢地區，春秋、戰國時期沿淮水水利工程期思陂、芍陂的相繼修建，又極大地促進了淮南地區的經濟發展，使之成為楚國重要的農業基地。銅礦的相繼發現和採礦技術的提高，提供了製造武器、禮器和錢幣所需要的礦產資源。源源不斷的物質資料和生產資料，使得楚在失去郢都之後在別都陳城迅速穩住陣腳，進而又促進了政治、經濟、文化等方面的發展。基於戰略軍事以及防守的需要，楚國對原有的古陳國、楚陳縣故城進行了大規模擴建與增修，同時還在陳城東南的項國故城外加築郭城，以為別都，另於陳城西南不遠的今商水縣一帶修建章華臺，作為離宮，這一方面是出於戰略防禦的需要，同時也體現了楚國當時仍擁有相當強的經濟實力[①]。

三、軍事重鎮、軍事據點

申縣、呂縣。為了鞏固楚國北境的軍事防線，便於就近指揮方城內外的軍事戰爭，楚國在方城內側臨近地區和漢水沿岸設立多處軍事重鎮，這些軍事重鎮一般成為楚國相對固定的別都。申是「漢陽諸姬」一個最重要的封國，處在楚通向北方的交通要道上，是戰略上的咽喉之地。楚文王時，申被楚滅亡，楚文王在申國故地設置縣，其地

---

① 徐少華：〈楚都陳城及其歷史地理探析〉，載《社會科學》，2008年第5期。

遂成為楚國北攻中原的戰略基地，也是楚國方城內的政治首府。楚人對申的軍事作用和經濟地位十分看重。據史料記載，楚王經常居申，並在此會合諸侯，發號施令。如《左傳　昭公四年》：「夏，楚子、蔡侯、陳侯、鄭伯、許男、徐子、滕子、頓子、鬍子、沈子、小邾子、宋世子佐、淮夷會於申。」「夏，諸侯如楚，魯、衛、曹、邾不會。曹、邾辭以難，公辭以時祭，衛侯辭以疾。鄭伯先待於申。六月丙午，楚子合諸侯於申。」又如《左傳　僖公二十八年》云：「楚子入居於申。」申地屬盆地地貌，群山環繞，物產豐富。在此築城派重兵把守，完全可以使申成為楚國漢水之北的堅固堡壘和征戰中原的軍事重地。楚莊王二十年（前594）楚國降服了宋國之後，子重請求楚莊王將申和呂的一部分田地賞賜給自己，遭到了申公巫臣的阻止，其原因是二邑在「禦北方」上起著關鍵作用，呂與申的封地相距很近，同在南陽市境，呂國大約在春秋早期為楚併吞為縣。二縣之軍隊，是楚國北進中原的勁旅。

鍾離、壽縣。壽春正對潁口，擋潁河、淮河方向的來敵；鍾離正對渦口，擋渦河之沖。南北對峙之際，鍾離與壽春俱為淮西重鎮。顧祖禹《讀史方輿紀要　江南三》稱壽春「控扼淮潁，襟帶江沱，為西北之要樞，東南之遮罩。」另外，壽春一帶，為黃淮平原的一部分，土壤肥沃，灌溉便利，宜於屯耕，故其地利足以為戰守之資。春秋戰國時期，諸侯爭霸，南北力量此消彼長，其攻守之勢亦隨之變化。南方強盛時，可以前出淮北進取中原；南方衰弱時，則退守長江；南北勢均力敵時，則往往以淮河一線為對抗前沿。鍾離，在今安徽省鳳臺縣或稍東之臨淮關。原為淮域小國，春秋中期已為吳之邊邑。吳王壽夢十年（前576）、二十三年（前563）曾兩次與中原諸侯國會盟於此。楚靈王三年（前538），率九國諸侯之師大舉攻吳，取朱方（實即鍾離之別名），殺慶封。此後20年，鍾離屬楚。至楚平王十年（前519），吳師於鍾離附近之雞父大敗楚師。次年，又攻取巢及鍾離二

邑。此後鍾離又歸吳有，以迄於吳亡。

山陽、盱眙。淮、泗水路自古為南北交通要道，山陽和盱眙即在其附近，控制著泗水沿線一帶。在這一方向，若採取更積極的態勢，還可經營彭城（今徐州）以圖北方。南北對峙形勢下彭城的地位更加重要。在江淮防線的幾個層次中，長江翼蔽江南，淮南翼蔽長江，淮北翼蔽淮南。在淮北地區，實以彭城為其根本。彭城地近中原，又介南北之間，水陸交通便利，可為戰守之資。春秋時屬宋，當晉、吳交通要道。楚共王十八年（前573）發兵攻克彭城，安置宋國叛臣。次年，地複歸宋。戰國早中期，地處楚、宋、齊三國邊境，歸屬不定。戰國晚期入楚，彭城邑為楚國封地。

襄陽。位於南陽盆地南端，是南方恃以屏護江漢上游的一大重鎮。顧祖禹在《讀史方輿紀要　湖廣方輿紀要序》中說：「湖廣之形勝，在武昌乎？在襄陽乎？抑荊州乎？曰：以天下言之，則重在襄陽；以東南言之，則重在武昌；以湖廣言之，則重在荊州。」指出了湖廣地區的三個軍事重心。作為一方重鎮，襄陽的地位具有全域性的意義。襄陽既是東西之間的一個聯繫樞紐，又是南北之間一個重要接觸部。襄陽地處南陽盆地南部，通過漢水和長江，東連吳會，西通巴蜀；由南陽盆地，可以北出中原，西入關中，還可經漢中而聯絡隴西，所以成為兵家必爭之地。

武昌。是長江中、下游之間的結合部，是長江中游的一個水運交通中心。江陵地處江漢平原，交通便利，經由長江可以連通東西萬里。以江陵為中心，北據襄陽，南控湖湘，東連武昌，西守西陵，足以應接四方之勢。

武城。位於今南陽市北，也是楚的別都之一。《左傳　昭公四年》記載：「宋大子佐後至，（楚靈）王田於武城，久而弗見。椒舉請辭焉。王使往，曰：『屬有宗祧之事於武城，寡君將墮幣焉，敢謝後見。』徐子，吳出也，以為貳焉，故執諸申。」由此可知，楚國在

武城有宗廟祭祀的事，楚靈王要把禮物獻於宗廟，而不能及時接見宋太子佐。《左傳　成公十六年》記載：「楚子自武城使公子成以汝陰之田求成於鄭。鄭叛晉，子駟從楚子盟於武城。」楚共王十六年（前575），楚、鄭在此進行會盟。第一次弭兵之會後，中原諸侯大都追隨晉國，楚國為了爭取支持，決定重賄鄭國，在武城派公子成去鄭，將汝水南岸的楚地奉送給鄭國。鄭成公叛晉親楚，並派子駟與楚共王盟於武城，由此引發楚、晉鄢陵之戰。

鄢。位於今湖北省宜城縣東南，是郢都之北重要的門戶和軍事重鎮，又是楚的別都。楚靈王曾駐於鄢，《史記　楚世家》載：「（靈）王乘舟將欲入鄢。」《集解》引服虔說：「鄢，楚別都也。」清顧棟高《春秋大事表》卷七《楚都邑表》也說：「本為楚別都，故靈王欲入。」據考古資料，在湖北宜城縣發現的楚皇城遺址，城垣平面略呈長方形，周長6000多公尺，城牆四角建有望臺或烽火臺之類遺存[①]。

楚國北境還有一些軍事據點，如葉邑，駐紮有精銳楚師，為楚國北境的重要屏障。《左傳　昭公十八年》楚左尹王子勝言於楚子曰：「葉在楚國，方城外之蔽也。」杜預注：「為方城外之蔽障。」其他還有如偏西地帶的櫟、郟；偏東地帶的息、城陽和州來。《左傳　昭公元年》記載「楚公子圍使公子黑肱、伯州犁城犨、櫟、郟，鄭人懼」。犨邑在河南魯山縣張官營鄉前城、後城村一帶。櫟在今禹州市，戰國時改名翟。郟在今郟縣城關汝水北岸，本屬鄭，春秋晚期入楚。息，故城在今河南息縣西南。楚文王六至八年（前684－前682）間滅息後置為縣，縣公多由重臣出任，如：屈御寇、公子成等。春秋中期，申、息之師往往聯合行動，在楚對東方、北方的爭奪中，發揮了重要的作用。終春秋之世，楚北進中原，東攻夷地，這裡與申一樣

---

① 張國碩：〈論東周楚國的軍事防禦體系〉，載《中州學刊》，2004年第1期。

第三章　楚國軍事地理

都是楚國的軍事要地。在防禦方面，息和申遙相呼應，共同起著楚國北大門藩蔽的作用。

信陽北的楚王城可能也是楚人長期經營的一個軍事據點。該城址位於長臺關一帶，城西南外約400公尺即著名的長臺關楚墓。城址分內、外兩城，內城位於外城西南隅，平面略呈梯形，周長1879餘公尺，有護城壕。外城係在內城北牆、西牆的基礎上向東、向北擴建而成，周長3587公尺。此城始建於春秋，擴建於戰國。《戰國策　楚策四》有「襄王流掩於城陽」的記載，此「城陽」可能即楚王城，白起破郢之後，頃襄王曾逃至城陽避難，並把此地作為臨時國都，後再遷至陳地。

第四章　楚國農業地理

「農業」一詞有狹義與廣義兩種內涵。狹義農業主要指種植業，也就是班固在《漢書　食貨志》中所說的「辟土植穀曰農」，這是中國自古以來固有之觀念。在以農耕為主要生產方式的地區，農業是其賴以生存和發展最基本而又極其重要的物質生產部門，歷來深受人們重視，是古代社會的統治者所宣導的「重本抑末」之「本」。廣義農業則指除種植業之外，還包括畜牧業、養殖業、林業、漁業等眾多生產部門。農業地理即著眼於研究農業發展的空間特徵，以期更好地利用和改造自然條件與社會環境，發展農業生產，為人類提供更多更好的農產品。歷史農業地理則是對歷史時期農業發展的空間特徵的探討，以揭示農業生產的區際變化過程，從而為現代的農業生產和農業規劃提供歷史的經驗教訓以及指導依據。歷史農業地理的研究內容，主要有人口的增減與耕地的盈縮、農作物的構成及其分布、農業生產的區域差異等等 [1]，它與人文地理學一樣，也是以「人地關係」問題為其主要研究任務。因此，歷史農業地理的基本工作，就是盡可能全面地復原歷史時期農業生產的空間分布格局，探討其地域差異，分析自然、社會等因素與農業生產之間的相互作用與影響。本章利用相關

---

① 王社教：《蘇皖浙贛地區明代農業地理研究》，陝西師範大學出版社1999年版，第1—4頁。

第四章　楚國農業地理

資料和已有研究成果，對歷史時期楚國的土地利用、農作物分布及水
利建設等方面略作闡述。

第一節　楚國的土地利用

　　土地是地球陸地表層一定範圍內的地域單元，由土壤、岩石、地
貌、氣候、水文、植被等自然要素相互作用所形成，又長期受到人類
活動的影響，是人類生產和生活的必需資源。土地利用是與土地直接
有關的人類活動，是人類根據一定社會經濟目的，採取一系列生物、
技術手段，對土地資源進行長期性或週期性的開發、經營活動。土地
利用研究的任務，包括土地資源的分類，土地資源分布，土地的數
量、品質及利用現狀調查，土地生產潛力和適宜性的評價，土地利用
率和結構分析，土地利用現狀分類和區劃，土地遠景利用規劃，土地
利用製圖，土地利用管理制度和法令的制定，土地利用與社會經濟持
續發展的關係等。現代的土地利用分類體系，根據利用程度上的差別
和加強利用的可能性而分為：（1）已利用；（2）可利用而目前尚未
利用（如沼澤地、灘塗、重鹽鹼地等）；（3）根據當前技術經濟條
件難以利用（如沙漠、戈壁、冰川、永久雪地、高寒荒漠、石山等）
三大類。在已利用土地中，按主要用途而分為：①耕地；②園林；③
林地；④牧草地；⑤工礦用地；⑥城鎮用地；⑦交通用地；⑧特殊用
地（自然保護區、旅遊用地、國防用地等）；⑨水域和濕地。然後每
種用地還可根據利用條件、方式和方向，再加細分①。先秦時期人們
對土地利用已有初步認識，如《周禮　地官　大司徒》對其職掌的描
述，即有「以天下土地之圖，周知九州之地域廣輪之數，辨其山林、

---

① 吳傳鈞、郭煥成：《中國土地利用》，科學出版社1994年版，第1—2頁。

川澤、丘陵、墳衍、原隰之名物」，大司徒之職，在於「佐王安擾邦國①」，故此先須知道土地之圖、人民之數，而從其對山林、川澤、丘陵、墳衍、原隰的分別中，我們也可探知古人對土地的不同利用方式。

一、從「芴掩厇賦」說起

對於古代的楚國來說，其土地利用主要指用於農業生產。當時楚國的農業區主要分布在今江漢－洞庭地區和江淮地區，江漢－洞庭地區實際包括漢水流域和江漢－洞庭地區，屬於長江中游的湖積沖積平原，這裡河網交織，湖泊密布，年平均氣溫13℃～18℃，無霜期200～300天，年降雨量750～1500毫米，自古以來就是水稻種植區，《周禮 職方氏》將其劃屬荊州之域，言「其畜宜鳥獸，其穀宜稻」。江淮地區屬亞熱帶季風氣候，四季分明，年平均氣溫14℃～17℃，無霜期200～250天，年降雨量在800毫米以上，最高達1700毫米，境內分布著淮河和長江的支流和湖泊，水資源很豐富，淮河以南地區適合發展水稻種植，淮河以北則適合進行旱作農業，在《周禮 職方氏》中歸屬揚州、豫州、青州之域，並言「其畜宜鳥獸，其穀宜稻」、「其畜宜六擾（鄭《注》曰：馬、牛、羊、豕、犬、雞），其穀宜五種」、「其畜宜雞狗，其穀宜稻麥」②，也是主要的稻作區之一。

楚國的農業生產是在火耕水耨的基礎上發展起來的，「火耕水耨」指的是水稻生產的全過程，漢代以前在江南是很常見的耕作方式，但因時代發展和生產方式的改變，以致後來人對它不甚了了，東漢應劭、唐代張守節以後，說者蜂起。據考證，火耕水耨主要應用於江、河、湖、海等低濕濱水地區，其特點是放火燒草，不用牛耕、蹄

---

① 《十三經注疏》整理委員會：《周禮注疏》，卷一〇，北京大學出版社2000年版，第284頁。
② 《十三經注疏》整理委員會：《周禮注疏》，卷三三，北京大學出版社2000年版，第1022—1026頁。

耕,直播栽培,不用插秧,不用中耕,幾乎全靠水淹抑制雜草生長。這種栽培方式在技術上雖然簡單粗放,但它與楚國地廣人稀的社會條件相適應,而且它充分利用了火和水的天然力量,以及水稻不怕水淹的生物學特性,並以草萊的灰燼作為天然肥料,甚至還可能與陂塘工程相結合,勞動生產率還是比較高的 ①。戰國時期,隨著鐵器、牛耕的推廣和生產水準的提高,楚國火耕水耨的範圍逐漸縮小,開始向精耕細作的生產方式轉變,但其技術水準在總體上還是較中原諸國落後。

楚國土地利用的大致情況,可從《左傳 襄公二十五年》的記載窺見一斑:「楚蒍掩為司馬。子木使庀賦,數甲兵。甲午,蒍掩書土田,度山林,鳩藪澤,辨京陵,表淳鹵,數疆潦,規偃豬,町原防,牧隰皋,井衍沃,量入修賦。」② 蒍掩身為司馬,職在主兵,因兼治賦。「治賦並不需要重新進行一次井田,也不需重新安排處理其他各種土地」,因此這次他所做的工作是「在傳統的基礎上對各種土地作一番調查統計」,為以後的徵賦提供依據 ③。從這裡我們可以看到楚國已經利用的土地中,其分類是比較細緻的,大體說來,可以分為山林、湖泊沼澤(藪澤)、丘陵(京陵)、鹽鹼地(淳鹵)、砂礫地(疆潦)、陂塘田(偃豬)、隄防間地(原防)、濕地(隰皋)、良田(衍沃)等④。由於農業生產是由生物體、自然環境、人類社會勞

---

① 參考劉玉堂:《楚國經濟史》,湖北教育出版社1996年版,第130—135頁;梁家勉主編:《中國農業科學技術史稿》,農業出版社1989年版,第196—197頁;游修齡:《中國稻作史》,中國農業出版社1995年版,第139—143頁;游修齡主編:《中國農業通史 原始社會卷》,中國農業出版社2008年版,第204—205頁;張波、樊志民主編:《中國農業通史 戰國秦漢卷》,中國農業出版社2007年版,第201頁;黃崇嶽:〈「火耕水耨」與楚國農業考〉,載《中國農史》,1985年第3期。

② 《春秋左傳集解》,卷一七,上海人民出版社1977年版,第1038—1039頁。

③ 劉家和:〈關於蒍掩庀賦〉,載《江漢論壇》,1984年第3期。

④ 參考《十三經注疏》整理委員會:《春秋左傳正義》,北京大學出版社2000年版,第1177—1179頁。

動三方面共同構成，即人類在一定的環境條件下，通過自己的勞動對生物再生產進行干預而獲得賴以生存的物質，因此在環境條件（包括自然環境與人文環境）沒有發生根本性改變時，農業的生產形式大體保持相對的穩定，與此相呼應，人類對土地的利用方式也不會有大的變化。在這個意義上，我們可以說，楚國的土地利用基本上以上列各種類別為主。不過，由於這次「書土田」的主要目的是為了便於徵收賦稅，而且當時的土地利用率並不高，因此它並不包括未加利用的土地和其他類型的用地，比如城邑用地、田獵用地、礦業用地、交通用地、湖泊河流等水域。在此僅重點分析一下城邑用地，以其與農業有密切關係；而田獵用地，可以參考上揭〈楚國自然地理〉一章，其中論述了雲夢澤，即是一個主要的王室遊獵之地，在此不贅；而礦業、交通等與農業地理無涉，故此不論。

二、楚國的城邑用地

先秦時期，人口數量有限，人口分布大體以城邑為中心，按照國、野、都、鄙分成不同的職業類別與分布區域，城邑內的人口除了貴族和士兵外，以工商業、服務業為主體，有的還包括一些從事農業的勞動者，而城邑外的郊野之人，則從事耕種、漁獵、採集、礦冶等，根據這一推測，我們可以將不同類型的土地利用稍作復原。

城邑，大體分布於交通要道、河流交匯處或軍事要地。在城邑之中，則有不同的功能分區。以郢都為例，其故址紀南城在今湖北江陵城北5公里，城區面積達16平方公里，是當時楚國的政治、經濟、文化中心所在。其城郊有一些起伏的丘陵和土崗，城西5公里有南北走向的八嶺山，沮漳河沿山的西麓由北向南注入長江；城北25公里有紀山；城東北1公里有雨臺山；東垣外有一片湖泊地帶。城內地勢由西北向東南傾斜，據考古發掘所得資料分析，城內的分區布局大體可分為宮殿區、貴族府第區、平民居住區、市、手工作坊區和墓葬區；城外則有衛戍設施、農民聚落、手工作坊區、祠廟祭祀區和墓

葬區[1]。

城內宮殿區，宮城在今東南部新橋河以東，龍橋河以南，鳳凰山古河道以西的今松柏區內，有密集的夯土臺基，臺基群的布局整齊，排列有序，相距近者僅5公尺。且規模亦大，最大的臺基長達130公尺，最寬者達100公尺，殘高至今尚有高達兩公尺者。臺基周圍都有深厚的瓦礫層。

貴族府第區，在今東北部龍橋河以北，朱河以東。今紀山區內廣宗寺一帶的崗地上，另有一個夯土臺基群，已發現了15座臺基，規模亦宏大，夯土臺基周圍覆蓋有紅色瓦礫層，與宮城臨近，似應為貴族府第區。

平民居住區，在今西北部西垣郭大口以北，朱河以西的今徐崗區內，西垣北門遺跡之下疊壓著相當數量的灰坑、水井和陶、瓦片，說明在城門建造之前，湖口一帶是重要的居民點。

市，1975年和1979年冬，考古工作者先後從板橋向東的龍橋河西段新河道長約1000公尺，寬約60公尺的帶形範圍內，發現了水井274座，且集中在此段河道的西部，在此範圍內還有豐富的文化堆積，說明這一帶是人口密集的繁華地帶。依「前朝後市」之制，這裡正是宮城以北，貴族區以南三河交匯的水運中心地帶。因此，學者們多認為這裡是郢「市」之所在。

手工作坊區，已經發現的有製陶製瓦作坊區和冶煉鑄造區。在今龍橋河西段發現了窯址6座，龍橋河以北的一號和二號水渠線上也發現了窯址。窯址中出土了大量春秋、戰國時期的陶片、陶瓦等堆積物，這些堆積物中，陶器有鬲、盂、罐、豆、蓋豆、盆、甕、器蓋、紡輪等，建築工具有用於夯築的陶拍，建築材料有板瓦、筒瓦、瓦當

---

[1] 高介華、劉玉堂：《楚國的城市與建築》，湖北教育出版社1996年版，第123—129頁；湖北省博物館：〈楚都紀南城的勘查與發掘〉，載《考古學報》，1982年第3、4期。

和空心磚等，窯址附近還分布著密集的水井，從這些遺存似可推知當時這裡是製陶和製瓦的作坊工廠區。而在今西南部西垣郭大口以東，新橋河以西的新橋區內，僅有夯土臺基6座，臺基分布比較分散。在陳家臺遺址發現了戰國時期的鑄造作坊遺跡，出土了爐渣、鼓風管殘片、木炭、成堆的碳化稻米，鑄造錫器的鑄爐，以及大量板瓦、筒瓦，又在其東北邊的水堤子至王家灣一帶出土過錫餅、錫塊、爐渣等物，表明在西南區可能為冶煉鑄造的作坊區。

墓葬區發現於城內西北的今徐崗區，主要分陝家灣和東嶽廟兩個墓區，陝家灣發現了4座墓，東嶽廟發現了15座墓。這些墓的年代大體上為春秋中晚期，早於紀南城西垣北門、南垣西門的建造年代，是建造郢都外郭以前的楚國墓地，在當時也可能是老城的郊區。

紀南城外，有城周的衛戍設施，在護城河外，城垣以南發現了一些夯土臺基，有人推測它們可能是當時守衛郢都的軍事建築遺址，但尚難肯定。在城外近城處，還發現了一些聚落遺址，可能是「近門」的耕者所居住處。城東的鄧家湖畔的古河濱，發現有製陶作坊。而墓區的範圍很大，城郊三四十公里範圍內的若干地區分布著密集的楚墓，如城北的紀山、城西的八嶺山、城南的拍馬山和城東的雨臺山等。從一些墓葬的形制來看，城西、城北有許多大型陵墓，可能是刻意規劃的國君王室墓地，屬於「公墓」區，而城南和城東則可能是「邦墓」區。城外除了上述這些土地利用的類型外，大量分布的，應是根據城周不同的地貌採取不同利用方式的土地了，如耕地、林地、湖沼或丘陵山地等。

郢都的土地利用情況基本如此，其他的城邑又是如何？楚國曾擁有眾多的城邑，形成了多層次的網狀體系，除了丹陽、郢都外，其他城邑按建置及歸屬時期之先後，可分為兩類，一是楚本部及前期滅國城邑，二是楚後期滅國城邑——吳、越、魯區。據此而統計，丹陽故址可能有多處，郢都有3處，即南郢、陳郢、壽郢；別都有11處，

即鄂、都、鄢、西陽、陳、蔡、不羹、穰、城陽、項城、巨陽；其他城邑合計262座，其中楚本部及前期滅國城邑，包括州來、鍾離、那處、期思、陽丘、固城等156座；楚後期滅國城邑106座，包括吳城22座、越城22座、魯城62座[①]。這些城邑除了政治、軍事的功能外，其周邊還擁有數量不等的田地和其他不同類型的土地或水域，雖然我們無法一一復原其具體情況，但是考慮到先秦時期的國家是以城邑為中心發展起來的，那麼以此類推，楚國的其他城邑的土地利用也大體因地制宜，按照這樣的格局分布。

三、國野、都鄙與土地利用

論及先秦時期的國都與城邑，就不得不談談所謂國野、都鄙之分，這對於理解當時的土地利用情況不無說明。

《周禮》一書中對國、野形態有詳細的描述，但因其編撰時間大體為戰國以後，故今人對其多有懷疑。但是一些先秦文獻，如《詩經》的《雅》、《頌》部分，就不斷提及國、野，它們所指代的是不同的地方。國指代何處？清人焦循曾將其義歸納為三：

> 按經典國有三解：其一，大曰邦，小曰國，如「惟王建國」、「以佐王建邦國」是也。其一郊內曰國，《國語》、《孟子》所云是也。其一城中曰國，〈小司徒〉「稽國中及四郊都鄙之夫家」、〈載師〉「以廛里任國中之地」、〈質人〉「國中一旬，郊二旬，野三旬」、〈鄉士〉「掌國」是也。蓋合天下言之，則每一封為一國；而就一國言之，則郊以內為國，外為野；就郊以內言之，又城內為國、城外為郊，猶之郊以外既統名為野……蓋單舉之則相統，並舉之則各屬也。[②]

---

① 參閱張正明主編：《楚文化志》，湖北人民出版社1988年版，第121—132頁；其具體考證則可參閱高介華、劉玉堂：《楚國城市與建築》，湖北教育出版社1996年版，第54—199頁。

② 〔清〕焦循：《群經宮室圖》卷上，載《續修四庫全書》第173冊，上海古籍出版社2002年版，第607頁。

焦氏對國的解釋為大家所接受，認為其完全正確。錢穆引述此說後加以概括說：「此三義可會為一義，即一國只限於一城是也。」[1]訓國為城，似乎並無疑義。不過，也有學者並不接受這一說法，如趙伯雄指出，舊時學者的一個通病，往往不大注意區分材料的時代，從西周到戰國八百年，社會的變動是巨大的，人們使用的概念，前後往往也有很大的變化，用成於較晚時代的材料去說明較早時代的狀況，就難免會有些隔膜。為了弄清國字最初的意義，他歸納了《尚書》、《易經》、《詩經》等早期文獻及西周金文辭中「國」字的用法，並分析了其含義，認為「國」早期可與「邦」互換，也具有今人所謂國家或國家政權的意義；金文中的「國」，大多數情況下都冠有表示方位的詞，解作今語的「域」字比較恰當，也就是「地區」、「區域」的意思，東國、南國即指東部地區、南部地區；國字諸義中，「城」或「都城」之義顯得比較晚出[2]。趙氏的這些看法，主要是為了論證西周時代並不存在作為政治區劃的「國野制度」，但他對「國」字含義的闡述，沒有得到學者們的認同。如田昌五等人即認為：國之初義是城，其餘為後起之義。城的出現是國家產生的外在標誌，其時之國就是武裝堡壘，所謂萬邦林立就是指眾多的武裝城堡，無論是統治階級還是被統治階級都聚族而居於這些城堡之中。這種狀況到西周時代雖有所發展，但沒有本質改變。如齊國始建之時僅有營丘一地，其餘如晉、楚、燕、魯等國開始時也都是一些點，到後來才通過兼併征伐和經濟發展演變為擁有多個城邑的國家。也就是說，在國家發展的過程中，由最初的一城一國，發展到後來的一國包括幾個或幾十個城邑。為了維護國君的統治地位，遂規定新立城邑必須小於國君所居之都城，只有國都才能稱之為國，並以禮法的形式規定下來，故《左

---

① 錢穆：《國史大綱》，商務印書館1994年版，第66頁。
② 趙伯雄：《周代國家形態研究》，湖南教育出版社1990年版，第158—219頁。

第四章　楚國農業地理

傳　隱公元年》說「先王之制，大都不過參國之一，中五之一，小九之一」，且其稱謂亦有別，「凡邑有宗廟先君之主曰都，無曰邑。邑曰築，都曰城」[①]，以維護上下尊卑關係，這些規定顯示了國之本義。至於古時邦、國互訓，二而為一，也與國之初義為城並不矛盾。因古人立國要先選定居住地點，植樹木以為標誌，而後建城立國，稱之為封。《周禮》有封人一職，「掌設王之社壇，為畿封而樹之。凡封國，設其社稷之壇，封其四疆。造都邑之封域者亦如之[②]」，即保留了封字的初義，封其四疆而立社稷於其中，即是立國，故邦字從豐從邑，豐為樹封之形，邑為聚會之所，有社稷之邑就是國，故而邦國互訓，從不同角度反映了國之本義，都用以指城。而金文中「或」字之前往往有方位詞，如「中或」、「東或」、「內或」、「南或」等，有的加數詞，如《宗周鐘》有「四或」。這裡的「東或」、「南或」是指東方、南方的邦國，如果釋為東部、南部地區就錯了，如《明公簋》有句曰「唯王令明公遣三族，伐東或」，若釋「或」為地區，則為攻伐東部地區，其時東部地區遼闊，侯國林立，反叛者僅是一部分，豈能一言以蔽之，故「或」訓為國，別無選擇，其餘「南或」、「四或」等都應作如是理解，才符合歷史實際。而國之初文為或，其義為城，係其本義，不應再有什麼疑問[③]。

顯然，對於國字含義的解釋，田昌五等人的觀點更具有說服力。通過上面的引述可以得知，國都與城邑的發展是一個歷史過程，最初的所謂國，「只限於國都，實際就是一個大的邑。大邑有土圍子城牆，所以國就是指的這個城[④]」。古文獻中凡稱人家的國即尊稱曰

① 《春秋左傳集解》，卷三，上海人民出版社1977年版，第201頁。
② 《十三經注疏》整理委員會：《周禮注疏》，北京大學出版社2000年版，第368—369頁。
③ 田昌五、臧知非：《周秦社會結構研究》，西北大學出版社1996年版，第40頁。
④ 王玉哲：〈殷商疆域史中的一個重要問題——「點」和「面」的概念〉，載《鄭州大學學報》（哲學社會科學版），1982年第2期。

「大國」，而自稱則曰「敝邑」，說明國與邑是通用的，國即是邑。實行分封制後，最大的邑為國都，其周圍不遠的地方則為王畿，王畿以外新征服的地方，則分封為諸侯國，其城邑要小於王都，各諸侯國也會發展自己的城邑，因此就產生了等級的不同，或功能的差異。

國野制度是否存在過，可以存疑，但一邦之中有「國」有「野」，則眾無異辭。至於對野的理解，各家也沒有什麼分歧。《說文解字》謂「野，郊外也，從里予聲」，大概是後起之意，周初之野應是泛指城邑之外的曠野之地。《詩經》有許多關於野的敘述，如〈小雅 鶴鳴〉有「鶴鳴於九皋，聲聞於野」、〈鴻雁〉有「之子于征，劬勞于野」、〈我行其野〉有「我行其野，蔽芾其樗」。〈國風〉中述及野者更多，如〈邶風 燕燕〉「之子于歸，遠送于野」、〈鄘風 載馳〉「我行其野，芃芃其麥」，〈鄭風 叔於田〉「叔適野，巷無服馬」等等，所述都是指城外之地，這些地方有的種滿莊稼，有的則空曠無人，長滿了雜草林木，分布著飛禽走獸。隨著城的發展，城郊也成為城的一部分，野遂指郊外之地了[1]。因此概略言之，野指城邑之外的土地。然則，先秦時期諸侯國內的國、野之分，實際上是指城內、城外之意。

在國、野之外，還有都、鄙之別。都，據《說文解字》云：「有先君之舊宗廟曰都，從邑者聲，《周禮》：距國五百里為都。」這一解釋包含了不同時代對都的看法。首先，都為城邑，故從邑，有時甚至可以是邑之通稱，如《左傳 成公九年》：「楚子重自陳伐莒，圍渠丘。渠丘城惡，眾潰，奔莒。戊申，楚入渠丘……楚師圍莒，莒城亦惡，庚申，莒潰。楚遂入鄆。莒無備故也。君子曰：……莒恃其陋，而不修城郭，浹辰之間，而楚克其三都，無備也夫！」[2]這裡

① 田昌五、臧知非：《周秦社會結構研究》，西北大學出版社1996年版，第42—43頁。
② 《春秋左傳集解》，卷一二，上海人民出版社1977年版，第704頁。

渠丘、莒城、郫皆可稱之為都，說明都亦可為國都與其他較大城邑的統稱。其次，都是指國都，供奉有先君之宗廟，此即上引《左傳》之語，故諸家皆以此釋之，如《釋名　釋州國》：「國城曰都。都者，國君所居，人所都會也。」《廣雅　釋詁四》：「都，國也。」由此可知都之本意與國、邑皆無分別。西周晚期到春秋時期，卿大夫受封於國郊之外者日多，於是都漸漸成為王公子弟公卿大夫采邑的專稱，遂有上引《左傳》所說的「大都不過參國之一」、「凡邑有宗廟先君之主曰都」之語，即大小之別、名稱之異。由於都次於國，故《周禮》將其設於距國五百里之外，反映的是後來的情形。

而「鄙」字，依《說文解字》的解釋：「從邑啚聲」，實際上也是邑之一種，故《釋名　釋州國》曰：「鄙，否也。小邑不能遠通也。」看來它原來是指野中極小的邑居，大約西周晚期以後，又被注入了「邊邑」、「界上邑」、「邊鄙」之類的新含義①。「都鄙」二字常為連言，如《左傳　襄公三十年》：「子產使都鄙有章，上下有服，田有封洫，廬井有伍」，《國語　楚語上》：「地有高下，天有晦明，民有君臣，國有都鄙，古之制也」，皆其例。因此，國、都、鄙可以看做是大邑與小邑的區別。

城邑無論大小，它們對土地利用的方式不會有大的差別，在本質上有其相通之處。換言之，儘管中國早期的城邑不是社會分工發展的產物，而是統治階級政治行為的結果，即如張光直所言：「中國初期的城市，不是經濟起飛的產物，而是政治領域中的工具。」②傅築夫亦言：「自西周以來，中國歷代城市始終不是自由發展成的，而是根據封建制度的禮法，由封建統治階級有目的、有計劃地興建起來的。他們建城，就是建立他們的統治中心，同時也是為了給他們自己建立

---

① 趙世超：《周代國野制度研究》，陝西人民出版社1991年版，第18—19頁。
② 張光直：〈關於中國初期「城市」這個概念〉，載《文物》，1985年第2期。

一個足資保障的軍事堡壘。可見城完全是為了適應統治階級的政治和軍事需要，而不是為了適應人民的經濟生活需要而建立的。」①但是上至天子之都，下至十室之邑，其大小之別不能使其與田地稍須分離，而必得相結合方可久存，邑是人居之所，田是勞動的對象，哪裡有墾辟的土地，哪裡就有勞動者聚居之處所。在這一點上，國、都、鄙概莫能外。因此，明白了國野、都鄙之義，再回頭來看楚國的城邑，就可以比較清楚地分析其土地利用的大致情形了。

四、從「野人」之勞作看土地利用

上文討論了國、野之義，其中亦有「國人」、「野人」之別。一般而言，「國人」泛指國中之人，即居住在城邑裡的人；「野人」與「國人」相對，其原初的含義，當是指居於野地之人。先秦時期，野人也是一個十分活躍的人群，在各諸侯國中普遍存在，各種史籍對他們的言論與行為時有所錄。如《史記　秦本紀》記載了一個十分著名的例子：

（秦繆公）與晉惠公夷吾合戰於韓地。晉君棄其軍，與秦爭利，還而馬鷟。繆公與麾下馳追之，不能得晉君，反為晉軍所圍。晉擊繆公，繆公傷，於是岐下食善馬者三百人馳冒晉軍，晉軍解圍，遂脫繆公而反生得晉君。初，繆公亡善馬，岐下野人共得而食之者三百餘人，吏逐得，欲法之，繆公曰：「君子不以畜產害人。吾聞食善馬肉不飲酒，傷人。」乃皆賜酒而赦之。三百人者聞秦擊晉，皆求從，從而見繆公窘。亦皆推鋒爭死，以報食馬之德。

秦國野人無意之中吃了秦君的良馬，非但沒有受到懲罰，還被救而賜以酒，其感恩戴德之情，自可想見，故有知恩圖報、以死相救

---

① 傅築夫：《中國封建社會經濟史》第1卷，人民出版社1981年版，第87頁。

之舉。不過《呂氏春秋　高義》中卻引墨子的話說：「秦之野人，以小利之故，弟兄相獄，親戚相忍」，又說明秦之野人還有重利而自相殘殺的另一面。人性之複雜，殊不能以一刻板之眼光看待。其他國家的野人，亦散見於史籍。如衛國的野人即曾得到晉公子重耳之揖拜，其事見《國語　晉語四》：「（晉）文公在狄十二年……乃行，過五鹿，乞食於野人，野人舉塊以與之，公子怒，將鞭之。子犯曰：『天賜也。民以土服，又何求焉！天事必象，十有二年，必獲此土。』……再拜稽首，受而載之。」晉國的公子重耳流落至衛，沒有得到衛侯的禮遇，已是怨氣滿腹，無奈之中只好乞食於野人，得到的卻是土塊，當然更加生氣，但子犯的勸釋，讓他轉怒為喜，再拜而與之別，此情景頗似一幕戲劇。宋國的野人則善諷喻，據《左傳　定公十四年》載：「衛侯為夫人南子召宋朝，會於洮。大子蒯聵獻盂於齊，過宋野。野人歌之曰：『既定爾婁豬，盍歸吾艾豭？』大子羞之。」婁豬是指求子的母豬，在此喻南子；艾豭是指漂亮的公豬，在此喻宋朝。南子是宋女，宋朝為宋之公子，兩人有舊好，大概此事穢聲在外，故野人編歌唱道：「已經滿足了你們求子的母豬，為什麼不歸還我們那漂亮的公豬？」這是諷刺南子與宋朝的不正當關係。聽到此歌，衛太子十分難堪，竟動了殺死南子的念頭。齊國亦有野人見於記載者，《晏子春秋　外篇第八》云：「有工女託於晏子之家焉者，曰：『婢妾，東廓之野人也。願得入身，比數於下陳焉。』」這個家住東郭的工女，要求托身於晏子，但是遭到了晏子的拒絕。又《孟子　萬章上》記他回答學生咸丘蒙的問題時說：「否，此非君子之言，齊東野人之語也。」看來齊國的野人行事、說話都有些不著邊際。孔子周遊列國，亦經常遇到各國之野人，據《孔子家語　在厄》記載：「孔子厄於陳、蔡，從者七日不食，子貢以所齎貨竊犯圍而出，告糴於野人，得米一石焉。」如果不是子貢沖出包圍，用自己帶的東西與陳、蔡之野人換來一石米，恐怕孔子只能繼續受困挨餓了。

以物交換總比乞食更有尊嚴一些，無怪乎陳、蔡之野人對待孔子要比衛之野人對待公子重耳要好得多。

　　上舉數例說明先秦時期野人遍佈於諸侯各國，其性情各異，同乎山川之別。楚國之野人在史籍中亦屢見其身影。《史記　楚世家》記載楚靈王因公子棄疾政變失位後，孤身逃往深山，「靈王於是獨傍偟山中，野人莫敢入王」，這裡的野人居於人跡罕至的山野之中，亦不能置身於政治之外，他們不敢接納靈王，既可能是對其暴虐的痛恨，更因「新王下法，有敢餉王從王者，罪及三族」，試想一個避處山野之人，誰敢因此招致飛來橫禍呢？楚靈王因此「饑弗能起」，只好自殺而亡，亦可歎息。

　　孔子游楚，與楚國的野人多有交接。

　　孔子南游適楚，至於阿谷之隧，有處子佩瑱而浣者。孔子曰：「彼婦人其可與言矣乎？」抽觴以授子貢，曰：「善為之辭，以觀其語。」子貢曰：「吾北鄙之人也，將南之楚。逢天之暑，思心潭潭，願乞一飲，以表我心。」婦人對曰：「阿谷之隧，隱曲之汜，其水載清載濁，流而趨海，欲飲則飲，何問於婢子！」受子貢觴，迎流而挹之，奐然而棄之，從流而挹之，奐然而溢之，坐置於沙上。曰：「禮固不親授。」子貢以告。孔子曰：「丘知之矣。」抽琴去其軫，以授子貢曰：「善為之辭，以觀其語。」子貢曰：「嚮子之言，穆如清風，不悖我語，和暢我心。於此有琴而無軫，願借子以調其音。」婦人對曰：「吾野鄙之人也，僻陋而無心，五音不知，安能調琴？」子貢以告。孔子曰：「丘知之矣。」抽絺紘五兩以授子貢，曰：「善為之辭，以觀其語。」子貢曰：「吾北鄙之人也，將南之楚。於此有絺紘五兩，吾不敢以當子身，敢置之水浦。」婦人對曰：「行客之人，嗟然永久，分其資財，棄之野鄙。吾年甚少，何敢受子？子不早去，今竊有狂夫守之者矣。」詩曰：「南有喬木，不可休思，漢有遊女，

不可求思。」此之謂也。^①

阿谷之隧在何處已不可考，然孔子在游楚之途，對一佩璜之女糾纏不休，似要考其是否達於人情而知乎禮義，頗有可怪者！其事難知，且不可信。但是孔子沿途之遭遇，亦可見楚國野人之性情。「孔子行道而息，馬逸，食人之稼，野人取其馬。子貢請往說之，畢辭，野人不聽。有鄙人始事孔子者曰：『請往說之。』因謂野人曰：『子不耕於東海，吾不耕於西海也，吾馬何得不食子之禾？』其野人大說，相謂曰：『說亦皆如此其辯也，獨如向之人？』解馬而與之。」^② 子貢的勸說不能取回孔子之馬，其事出有因，楚之鄙語云：「牽牛徑人田，田主取其牛」，則楚人對此習以為常矣。而楚鄙人之辭卻能成其事，看似難以理喻，但或許楚之鄙人、野人都知道「徑者則不直矣，取之牛不亦甚乎^③」的道理，因此楚鄙人既不直斥其非，而曲為之說，那楚野人出於鄉音鄉情之誼，也就笑而與之了。再如秦繆公取百里傒事，亦可見楚鄙人之好得小利，「百里傒亡秦走宛，楚鄙人執之。繆公聞百里傒賢，欲重贖之，恐楚人不與，乃使人謂楚曰：『吾媵臣百里傒在焉，請以五羖羊皮贖之。』楚人遂許與之^④」。當然，以此一言以蔽之，則是不對的。楚之名臣孫叔敖，即出自於鄙人之列，說見《荀子　非相》，其所謀者，顯然不是個人小利，而是國家與人民之大利。

上列史料，都是直述楚國野人、鄙人之事，還有一些史料，反映的是楚國「丈人」（老者）的活動，他們也可歸入野人之列，且其

① 〔漢〕韓嬰撰，許維遹校釋：《韓詩外傳集釋》，卷一第三章，中華書局1980年版，第2—5頁。
② 〔戰國〕呂不韋撰，陳奇猷校釋：《呂氏春秋新校釋》，卷一四，上海古籍出版社2002年版，第837頁。
③ 《史記　楚世家》。
④ 《史記　秦本紀》。

形象各有不同。《說苑・至公》記載：「楚文王伐鄧，使王子革、王子靈共搉菜，二子出采，見老丈人載畚，乞焉，不與；搏而奪之。王聞之，令皆拘二子，將殺之……丈人造軍而言曰：『鄧為無道，故伐之。今君公之子搏而奪吾畚，無道甚於鄧乎。』呼天而號。」①這位丈人可謂得理不饒人，而《韓詩外傳》所記之狐丘丈人，則可謂知人事。「孫叔敖遇狐丘丈人，狐丘丈人曰：『僕聞之，有三利必有三患，子知之乎？』孫叔敖蹴然易容曰：『小子不敏，何足以知之。敢問何謂三利？何謂三患？』狐丘丈人曰：『夫爵高者，人妒之。官大者，主惡之。祿厚者，怨歸之。此之謂也。』孫叔敖曰：『不然。吾爵益高，吾志益下。吾官益大，吾心益小。吾祿益厚，吾施益博。可以免於患乎？』狐丘丈人曰：『善哉言乎！堯舜其猶病諸。』」②

不僅如此，楚國亦頗有知道之人。《列子・黃帝》記載：「仲尼適楚，出於林中，見痀僂者承蜩，猶掇之也。仲尼曰：『子巧乎！有道邪？』曰：『我有道也。五六月，累垸二而不墜，則失者錙銖；累三而不墜，則失者十一；累五而不墜，猶掇之也。我處身也，若橛株拘，我執臂也，若槁木之枝。雖天地之大，萬物之多，而唯蜩翼之知。吾不反不側，不以萬物易蜩之翼，何為而不得？』孔子顧謂弟子曰：『用志不分，乃疑於神，其痀僂丈人之謂乎！』」痀僂丈人捕蟬之技，可謂進乎技而至於藝矣，然此亦有所謂機巧之心，真正知大道者，見於莊子筆下：「子貢南游於楚，反於晉，過漢陰，見一丈人方將為圃畦，鑿隧而入井，抱甕而出灌，搰搰然用力甚多而見功寡。子貢曰：『有械於此，一日浸百畦，用力甚寡而見功多，夫子不欲乎？』為圃者卬而視之曰：『奈何？』曰：『鑿木為機，後重前輕，挈水若抽，數如泆湯，其名為橰。』為圃者忿然作色而笑曰：『吾聞

---

① 〔漢〕劉向撰，向宗魯校證：《說苑校證》，卷一四，中華書局1987年版，第358頁。
② 〔漢〕韓嬰撰，許維遹校釋：《韓詩外傳集釋》，卷七第十二章，中華書局1980年版，第253—254頁。

第四章　楚國農業地理

之吾師，有機械者必有機事，有機事者必有機心，機心存於胸中，則純白不備；純白不備，則神生不定；神生不定者，道之所不載也。吾非不知，羞而不為也。」子貢瞞然慚，俯而不對。」①這位抱甕而灌的丈人，可謂純然守真者，固然不能為世所用，然亦以全其天真！

楚國的這些丈人，唯其知道，故無動於名利，實乃莊子所謂「無己」、「無功」、「無名」之人。又如《呂氏春秋》記載：「五員亡，荊急求之」，「因如吳。過於荊，至江上，欲涉，見一丈人，刺小船，方將漁，從而請焉。丈人度之。絕江，問其名族，則不肯告，解其劍以予丈人，曰：『此千金之劍也，願獻之丈人。』丈人不肯受，曰：『荊國之法，得五員者，爵執圭，祿萬簷，金千鎰。昔者子胥過，吾猶不取，今我何以子之千金劍為乎？』五員過於吳，使人求之江上，則不能得也。」②這位漁者雖忘情於名利，但是並未忘情於世事，知伍子胥之冤憤困厄，故助其一臂之力，然於楚之危難時，亦不忘退吳存楚，「吳使子胥救蔡，誅彊楚，笞平王墓，久而不去，意欲報楚。楚乃購之千金，眾人莫能止之。有野人謂子胥曰：『止！吾是於斧掩壺漿之子、發簞飯於船中者。』子胥乃知是漁者也，引兵而還③」。

從上引諸例中，我們看到了楚之野人之多面形象，而他們所從事之勞作，亦於字裡行間可得知，浣衣、載畚、捕蟬、灌圃、打漁等等，其他的史料，也可探知他們日常的勞作，其與土地利用相關的有：

耕田，見於《論語 微子》：「長沮、桀溺耦而耕，孔子過之，

① 〔清〕郭慶藩撰，王孝魚點校：《莊子集釋》，卷五上，中華書局1985年版，第433—434頁。
② 〔戰國〕呂不韋撰，陳奇猷校釋：《呂氏春秋新校釋》，卷一〇，上海古籍出版社2002年版，第558頁。
③ 〔漢〕袁康、吳平編，吳慶峰點校：《越絕書點校》，卷六，齊魯書社2000年版，第32頁。

使子路問津焉。」

採桑養蠶，見於《史記　伍子胥列傳》：「楚平王以其邊邑鍾離與吳邊邑卑梁氏俱蠶，兩女子爭桑相攻，乃大怒，至於兩國舉兵相伐。」

山林採集，見於《史記　循吏列傳》：孫叔敖「秋冬則勸民山采，春夏以水，各得其所便，民皆樂其生。」

上述眾多從事不同勞作的野人，從不同的側面告訴我們，楚國的土地利用，包括了農田、園圃、山林、河湖等等方面。

五、楚國的土壤

我國很早就有了土的觀念，甲骨文、金文中已可見到各種與土有關的文字，但說法還比較籠統，土和壤也無明確區分。戰國時期，土和壤的概念開始形成，《周禮　地官　大司徒》中已可見到「十有二土」和「十有二壤」之說，即「以土宜之法辨十有二土之名物，以相民宅而知其利害，以阜人民，以蕃鳥獸，以毓草木，以任土事。辨十有二壤之物而知其種，以教稼穡樹藝」，這裡「辨十有二土」，是為了因地制宜安排人民生活和農牧生產，而「辨十有二壤」，是為了根據不同土壤種植適宜的農作物[1]。《管子　地員》對土壤的認識則達到了異常精細的程度，它以土壤肥力為核心，結合其他性狀，將全國土壤分為上、中、下三等，每等又分為6個土類，共18類，每個土類包括5個土種，共90種，對每個土類的性質、適宜的植物都作了敘述，並以上土中的粟土、沃土、位土為標準，對各土類的生產力進行對比估價，以便於更好地利用土壤，是我國古代最為詳細而具有科學意義的土壤分類法。大約戰國後成書的《禹貢》，則明確記載了九州的土壤以及根據這些土壤而定的貢賦標準，據近人考證，其所述各

---

① 張波、樊志民主編：《中國農業通史　戰國秦漢卷》，中國農業出版社2007年版，第201頁。

種土壤，大體符合我國土壤的分布狀況[①]。根據《禹貢》所載各州之位置，楚國所處的地域大體佔據了其中的荊州、揚州以及梁州的一部分。其文曰：「淮海惟揚州……厥土惟塗泥。厥田惟下下，厥賦下上、上錯」；「荊及衡陽惟荊州……厥土惟塗泥。厥田惟下中，厥賦上下」；「華陽黑水惟梁州……厥土青黎。厥田惟下上，厥賦下中三錯」，從土壤肥力等級來看，揚州排第九，荊州排第八，梁州排第七。揚州與荊州的「塗泥」，乃因其地卑下而使土濕如泥，蓋指黏質濕土，其「列為最瘠，或以當時灌溉與排水設施尚不發達，不能利用之故，以至視為無用」；而所謂「青黎」，皆指黑色，為「無石灰性沖積土[②]」，是因其地林木茂密、土壤中腐殖質豐富而形成，土質細而結構鬆[③]，以其地在戰國時尚屬開發未久，古人對其肥力缺乏充分認識，誤認為其貧瘠之故。從《禹貢》對土壤的認識，我們可以看到黃河流域諸州土壤肥力都較高，長江流域諸州土壤肥力都較低，這說明不同時期人類開發利用土地的能力，決定著他們對土地品質的認識與評價；同時也反映了當時土地利用的地區差異。

楚人對於土壤也有比較充分的認識，從上引蔿掩庀賦的材料中，我們就可以分析楚國的土壤情況[④]。蔿掩書土田的內容，包括了山林、藪澤、京陵、淳鹵、疆潦、偃豬、原防、隰皋、衍沃等九種類型的土地，這也提示了當時楚國境內不同的土壤類別。江淮流域及其以南的氣候類型以暖溫帶、亞熱帶和熱帶濕潤氣候為主，植被以針闊混交林、常綠闊葉林為主，土壤則為黃棕壤、黃壤和紅壤，黃棕壤分布於蘇皖二省沿長江兩岸和鄂北、豫西南的低山丘陵，以及長江以南海

① 陳恩鳳：《中國土壤地理》，商務印書館1953年版，第120—124頁。
② 陳恩鳳：《中國土壤地理》，商務印書館1953年版，第123頁。
③ 王雲森：《中國古代土壤科學》，科學出版社1980年版，第165頁。
④ 參考程濤平：《楚史稿　農業社會經濟分冊》，華中師範大學博士學位論文，1987年，第32—39頁。

拔1400～1500公尺以上的中山地帶。黃壤與紅壤是中亞熱帶的地帶性土壤，但華中地區以紅壤為主，長江以南，凡500～900公尺以下的低山丘陵多屬紅壤和山地紅壤分布所在。黃壤大多散見於較高山地。因此對照蔿掩庀賦所記的土地類型，我們大體可以將楚國的土壤分為四類：

第一類，肥沃的水稻土和旱地耕作土，即「衍沃」、「原防」。「衍沃」，指平美之地；「原防」則是指隄防間可耕之地，實際上是江河之間新淤起的三角洲地帶，其土質自然十分肥沃。在今江漢平原、洞庭湖平原和長江中下游平原，俱為地勢低平、灌溉便利之地，土壤歷經千年耕種，皆為水稻土，且在不少遺址中出土了大量水稻遺物；淮河流域也是地勢平衍之區，自夏、商以來就得到了開發，周以後這裡先後分封了宋、陳、蔡、黃、息、胡、沈等國，還有舒蓼、舒鳩、舒庸等所謂「群舒」散居各處，是晉、齊、楚、吳、越等國爭奪的對象，因這裡平坦低窪之地易遭水患，所以人們最早開發的是一些丘阜高地，以此許多地名皆以丘命名，如雍丘（今河南杞縣）、陶丘（今山東定陶）、葵丘（今河南民權）、平丘（今河南開封陳留）、穀丘（今河南虞城南）等。由此可以推測「衍沃」、「原防」大體是指這些地區經過長期墾殖後逐漸形成的水稻土，或者種植旱地作物的旱地耕作土。

第二類，草甸、沼澤土，即「藪澤」、「偃瀦」、「隰皋」、「疆潦」。在楚國境內，分布著雲夢澤和許許多多的湖泊，因河流季節性汜濫，遂形成了長江中下游沖積平原，其地勢低平，排水不暢，地下水位高，使低窪地區土壤嚴重潛育化，形成許多草本潛育沼澤。因此所謂「藪澤」，即指湖沼窪地；「偃瀦」是指低濕之地；「隰皋」亦指低濕的水邊淤地；「疆潦」則指常遭水淹的砂礫地。這類土壤因其地勢低而多水，一旦水位降低，即適於耕種，現在有「魚米之鄉」之稱的江漢平原、洞庭湖平原和太湖平原，都是在過去「水鄉

澤國」的沼澤地帶開發出來的[①]。不過，先秦時期這些地方因常有水潦，還不具備開發的條件，其間多是竹木叢生，鳥獸聚集的原野，遂成為各諸侯國田獵的場所，雲夢澤是其典型，史籍中多有楚王、郧君、隨君等獵於其中的記載，直至漢代司馬相如寫〈子虛賦〉時，依然還記述說「臣聞楚有七澤，嘗見其一，未睹其餘也。臣之所見者蓋特其小小者耳，名曰雲夢」，可見楚地類似這種草甸、沼澤地帶之多。

第三類，山地土壤，即「山林」、「京陵」。「山林」指林木繁茂的丘陵地區，「京陵」亦指高大之陵阜，宜於為葬墓之地，其中亦不乏林木之屬。楚人早期拓荒於荆山，後來開疆擴土，領土不斷擴張，其中包含相當一部分的山地丘陵，如今之大洪山、桐柏山、大別山及淮陽山地等，這些低山丘陵區地面坡度大，各種土壤多由花崗岩、片麻岩為主的母岩風化發育而來，其中黃棕壤分布上限大致為750公尺，更上則依次為山地棕壤、山地暗棕壤等，歷來皆以生長林木為主。

第四類，鹽鹼土，即「淳鹵」。鹽鹼土的形成與分布，主要受岩性、地表組成物質以及地下水等非地帶性因素的制約，但在形成發展過程中，仍帶有地帶性因素的烙印。我國現在的鹽漬土與鹽生植被主要分布於西北乾旱與半乾旱區及濱海地區。鹽土是含有大量可溶性鹽類的土壤，以氯化鈉和硫酸鈉為主。表層含鹽量，在南方一般為0.6%～2%，而到北方則增到2%～3%，個別可達7%～8%；分布於內陸區的鹽土，含鹽量可達10%～20%，甚至高達60%～70%，其中以新疆為最高，常在表層形成5～15公釐的鹽殼。鹽分組成多屬硫酸鹽－氯化物或氯化物－硫酸鹽類型。鹼土分布面積較小，且比較分散。其主

---

① 《中國自然地理》編寫組：《中國自然地理》（第二版），高等教育出版社1979年版，第121頁。

要特點是：表層含鹽量很少超過0.5%，但土壤溶液普遍含有蘇打。主要分布於東北平原西部及內蒙古高原東部、西北與華北平原等地，通常與鹽土呈複域分布[①]。歷史時期楚國的地下水位普遍較高，其時出現鹽鹼地是完全可能的，但與中原地區相比，鹽鹼地的面積相對要小得多，可以說對楚國的農業並不存在多大的影響[②]。

六、楚國的土地利用率

歷史時期楚國以地廣人稀而著稱，直至漢代時依然如此，《史記　貨殖列傳》云：「楚越之地，地廣人希，飯稻羹魚」，說明其中還存在大量土地未加開發。在立國之初，楚國的土地利用率非常之低，史載楚人「僻在荊山，篳路藍縷，以處草莽」，也就是他們穿著破爛的衣服，拖著破舊的柴車，在榛莽遍地、無人開墾的低山丘陵地帶討生活，這既是當時生產力水準低下的寫照，也反映出其時楚國的土地利用率比較低，還有大量的土地未加利用。

實際上，春秋時期由於各諸侯國之間主要以城邑為中心，因此領土觀念淡薄，甚至國與國之間還存在一些隙地，故此常常發生越過一國而征伐另一國的事情。如《左傳　文公五年》「秦人入鄀」，鄀國在今南陽附近，秦、鄀之間有晉相隔，秦攻鄀必從晉境經過，而晉人並沒有向秦提出抗議。魯僖公三十三年，秦襲鄭，歷晉、周兩國，過周北門，王孫滿謂秦師「輕而無禮，必敗」，並不批評秦師犯境。後來秦滅滑而返，晉國以「伐吾同姓」為由敗秦師於崤。顧棟高據此謂春秋「處兵爭之世，而反若大道之行，外戶不閉，歷敵境如行几席，如適戶庭[③]」，其原因就在於當時國家是由城、邑構成的，沒有

① 《中國自然地理》編寫組：《中國自然地理》（第二版），高等教育出版社1979年版，第138—139頁。
② 程濤平：《楚史稿　農業社會經濟分冊》，華中師範大學博士學位論文，1987年，第39頁。
③ 〔清〕顧棟高輯，吳樹平、李解民點校：《春秋大事表》，卷九，中華書局1993年版，第996頁。

第四章　楚國農業地理

力量對廣大的荒野實施控制，也沒有這個必要；國與國之間是大片的荒地，無所歸屬，所以敵國來伐，動輒兵臨城下。到春秋末年，這種狀況還有存在，如《左傳　哀公十二年》云「宋、鄭之間有隙地焉，曰彌作、頃丘、玉暢、喦、戈、錫。子產與宋人為成，曰：『勿有是』」，這些隙地既不屬鄭，也不屬宋，是宋、鄭之間的緩衝地帶。由此可見春秋時期各諸侯國的土地墾殖率普遍不高，不獨楚國為然。

春秋以後，尤其是到了戰國中期，由於生產力的發展，中原疆土開闢殆盡，各諸侯國政治的集權和軍事的競爭，使國家之間逐漸互相接壤，這時各國的版圖遂由早期的分散於各地的「點」，即由各諸侯所控制的城邑，而逐漸發展到「面」，即國與國之間出現了邊界、國界，邊界以內這一大片土地、人民，統統屬於這個國家的集權政府所管轄①。楚國歷春秋戰國之世，一直處於疆土擴張之中，但是擴張只是對既存之土地與人民的占有，並沒有促進未開發之土地的大規模墾辟，因此其土地利用率不高的情況就沒有隨著這種擴張得到大的改善。戰國初期墨子謂魯陽文君曰：「楚四竟〔境〕之田，曠蕪而不可勝辟，呼虛數千，不可勝入。」②這說明在墨子的時代，楚國還有大量閒置的土地未加開發利用，造成這種情況的原因，是墨子所說的「荊國有餘於地，而不足於民③」，不過這在當時諸侯各國中也可能同樣比較普遍，如《墨子　非攻》篇云：「今萬乘之國，虛數於千，不勝而入，廣衍數於萬，不勝而辟。然則土地者，所有餘也，王民者，所不足也。」從墨子的觀察中，戰國初期的諸侯各國都存在這種土地有餘而人民不足的現象，故此他主張非攻，告誡各國不要損不足以取有餘。

---

① 王玉哲：〈殷商疆域史中的一個重要問題——「點」和「面」的概念〉，載《鄭州大學學報》（哲學社會科學版），1982年第2期。
② 吳毓江撰，孫啟治點校：《墨子校注》，卷之一一，中華書局1993年版，第661頁。
③ 吳毓江撰，孫啟治點校：《墨子校注》，卷之一三，中華書局1993年版，第764頁。

楚國土地利用的有限，除了當時的勞動人口不足這個重要原因以外，另一方面的原因，大概與自然條件有關。春秋戰國時期的江、淮流域，氣候比現在要溫暖濕潤，草木更為繁茂，在金屬工具沒有大規模推廣使用的前提下，憑藉當時的墾荒工具，對這些茂盛的草木加以砍伐，並平整為農田，可能是一件十分困難的事情。再加上河流湖泊縱橫交錯，又受季風性氣候的影響，時有洪澇、水漬之虞，人們還很難像後世一樣，想到與水爭地，擴大農田面積，而是更多地利用其所出產，以採摘野生植物之根、莖、葉、果等充饑，或捕撈野生動物及魚類為食，故《禮記　月令》云：「山林藪澤，有能取疏食田獵禽獸者，野虞教道之。」充裕的動植物資源使得楚地的漁獵採集較為發達，讓人們過於依賴大自然的恩賜，而弱化了發展農業、改進農業生產技術的動力，從而延緩了農業生產力的提高。因此到東漢時，楚地依然保持著古樸的自然狀態：「楚有江漢川澤山林之饒；江南地廣，或火耕水耨。民食魚稻，以漁獵山伐為業，果蓏蠃蛤，食物常足。故呰窳媮生，而亡積聚，飲食還給，不憂凍餓，亦無千金之家。」[①]這大概也可以解釋為何江淮、江南直到漢以後才得到全面、充分的開發。

第二節　楚國的糧食作物

楚地在很早就發展出了以水稻種植業為主的水田農業。以新石器時代農業遺址而論，考古發掘表明，長江流域可以劃分為兩個區域，即長江中游地區、長江下游及杭州灣地區[②]。長江中游地區包括四川

---

① 《漢書　地理志上》。
② 游修齡主編：《中國農業通史　原始社會卷》，中國農業出版社2008年版，第113—125頁。

東部、湖北、湖南、河南西南部、陝南和江西、江蘇一部分，以此又可暫分為江漢地區、鄱陽湖與贛江流域區、南京及其周圍地區。江漢地區主要以江漢平原為中心，含湘鄂兩省的全部，及川、渝、陝、豫的一小部分，包括西起重慶巫山縣，北達漢水上游及陝南、鄂西北和河南西部，南到湘南等廣大地區，這裡的新石器時代文化發展序列，由早到晚初步可分為新石器時代早期遺存—大溪文化—屈家嶺文化—石家河文化。鄱陽湖及贛江流域地區的新石器時代文化，早期以江西萬年大源仙人洞遺存為代表，晚期以「山背文化」和「築衛城文化」為代表，但發展序列尚不清晰。長江下游及杭州灣地區的新石器時代文化，以太湖平原—杭州灣地區為中心，包括江蘇、上海和浙江北部地方，此區已發現了上百處新石器時代遺址，其文化類型和發展序列已基本明晰，初步可劃分為河姆渡文化、馬家浜文化和良渚文化三大考古學文化，其中河姆渡文化與馬家浜文化時代相近。

以江漢平原及其附近地區的新石器時代文化為例，其早期的原始農業文化遺址，有湖南道縣玉蟾岩洞穴遺存、洞庭湖區澧陽的彭頭山文化、澧水和沅水流域的皂市下層文化、長江幹流的城背溪文化、漢水上游的李家村文化，從這些文化遺存來看，當時的社會經濟是以漁獵、採集為主，兼營農業與家畜飼養。而到了大溪文化晚期，即大約距今6000～5000年時，在其遺址中普遍發現了稻作遺存，還發現有牛、羊、豬、狗等家畜與野生動物和魚類殘骸，以及矛、鏃、網墜等漁獵工具，表明其時的社會經濟以農業生產為主，兼營畜牧與漁獵，而農業又以種植水稻為主。從此之後，無論是直接承襲大溪文化發展而來的屈家嶺文化，還是繼屈家嶺文化之後的石家河文化，其社會經濟皆是這樣一種模式。

中國新石器時代考古出土的作物遺存，見諸報導的，計有稻、粟、黍、大麻籽、小麥、大麥、葛、甜瓜、葫蘆、薏苡、菱、菽、菜籽、芝麻、花生、蠶豆、蓮子、桃、核桃、酸棗、梅、杏等，從出土

地點、次數和數量來看，炭化稻穀（米）最多，粟和黍次之，其他作物比較零散，粟、黍和稻恰恰是遠古時代黃河流域和長江流域兩大農業中心的主要栽培作物。有學者將我國出土的新石器時代粟、黍和水稻的遺址繪成一張地理分布圖，發現我國古代的農作物分布很早就形成了南稻北粟的格局，黃河中下游和長江中下游分別是粟作文化與稻作文化的中心。但從仰韶文化晚期開始到龍崗文化時期，水稻的種植已推廣至黃河南岸地區，而栽培粟也出現在了雲南劍川海門口、臺灣高雄的鳳鼻頭和西藏昌都的卡若，這說明南北農業文化也有相當頻繁的交流[1]。

考古出土的家養動物骨骼，數量最多的是豬，其次是牛、羊和狗，數量比較稀少的是馬和雞，後來所謂的「六畜」，新石器時代已經基本出現了。殷商時期，從甲骨文和考古材料看，此時的主要糧食作物有黍、稷、粟、麥、稻、菽、麻等，飼養的家畜有馬、牛、羊、豬、狗等，家禽主要是雞，鴨、鵝也開始馴養。馬、牛是作為動力使用，肉食對象是羊、豬、狗及雞等，但對勞動大眾而言，他們的食物主要是糧食和一些蔬菜瓜果，而不是肉類。

西周春秋時期種植業在生產結構中佔據了主導地位，家畜家禽的飼養則居於從屬位置。從《詩經》中可以看出此時的農作物名稱相當多，據統計有21個，即蕡、麥、黍、稷、麻、禾、稻、粱、菽、苴、穀、芑、藿、粟、荏菽、秬、秠、穈、秠、來、牟。其中有許多是同物異名，如禾（可能還有稷）是粟的別稱，粱、穈、芑是粟的品種，秬、秠是黍的兩個品種，秠是稻的別種，麥和來同指小麥，牟可能指大麥，荏菽和菽都是指大豆，藿是豆葉，苴、蕡指大麻籽。《詩經》中提到的家畜有馬、牛、羊、豕（即豬），家禽有雞等。

在商周時期的文獻中，糧食作物往往以「穀」泛稱，先有「百

① 梁家勉主編：《中國農業科學技術史稿》，農業出版社1989年版，第20—21頁。

第四章 楚國農業地理

穀」之稱，如《詩經　小雅　大田》：「俶載南畝，播厥百穀」，《尚書　洪范》有「百穀用成」等，後來又有「九穀」、「六穀」之稱，如《周禮　天官　大宰》：「一曰三農生九穀」，《周禮　天官　膳夫》：「凡王之饋，食用六穀」，最後概括為「五穀」。「百穀」一說，反映了遠古時期人們採集的野生穀物種類非常繁雜，只要能充饑的都采來用以填飽肚子。農業發明之後，人們廣泛種植各種穀物，後來經過選擇、淘汰，才集中種植幾種品質較好、產量較高的穀物，因而也就有了「九穀」、「六穀」等說法[1]。「五穀」這一名稱最早見於《論語　微子》：

子路從而後，遇丈人以杖荷蓧，子路問曰：「子見夫子乎？」丈人曰：「四體不勤，五穀不分，孰為夫子？」植其杖而芸。子路拱而立。止子路宿，殺雞為黍而食之，見其二子焉。

這一名稱大概最早始於楚國民間，在春秋晚期廣泛流行開來[2]。但「五穀」究竟何指，眾說不一，基本可分為三類：一類認為是指「稻、秫（稷）、麥、豆、麻」，如《楚辭　大招》：「五穀六仞，設菰粱只」，王逸即以此注。一類認為是指麻、黍、稷、麥、豆，如《周禮　天官　疾醫》：「以五味、五穀、五藥養其病」，鄭玄即以此注。一類認為是指稻、黍、稷、麥、菽，如《孟子　滕文公章句上》：「五穀熟而民人育」，趙岐以此注。類似記載在古代其他史籍裡亦有，這些關於「五穀」的種種說法，其中必有稷、菽和麥，這與先秦時期它們在糧食作物中的重要地位是一致的，至於或無麻，或無黍，或無稻，則是糧食作物構成中地域差異的反映。實際上，「五

---

① 陳文華：《中國農業通史　夏商西周春秋卷》，中國農業出版社2007年版，第22—23頁。
② 程濤平：《楚史稿　農業社會經濟分冊》，華中師範大學博士學位論文，1987年，第227頁。

穀」只是一些主要糧食作物的代名詞，因時代和地區的不同，或作物構成的變化，人們的看法也就不一致，如稻主要見於南方，故王逸注《楚辭》將它放在第一位，而北方則較少種植，故鄭玄注《周禮・職方氏》將它放在末位；再如麻在戰國時已逐漸退出糧食作物的行列，主要作為纖維作物，黍的種植則由於麥子的推廣而逐漸減少等等。綜合上述三種說法，去其重複者即得六種作物，即稷、菽、麥、稻、黍、麻，這與《呂氏春秋・審時》所記六種主要作物完全一致，小異之處是或作禾，或作稷，而稷就是禾，皆指粟；又因先秦史籍中言「麥」者，往往兼指大麥、小麥，故春秋戰國時的主要糧食作物實際上包括粟（禾、稷）、黍、稻、小麥、大麥、大豆（菽）和大麻七種。以下對各作物略作說明。另外，楚地還有一種特殊的糧食，名「菰」，也一併附之。

一、粟和黍

粟和黍均為禾本科一年生草本作物，喜溫暖，不耐霜，適應性廣，抗旱力極強，生育期短，黍為50～90天，粟為70～140天，它們最早在黃河流域得到馴化，這與黃土高原的生態地理環境分不開，黃土高原的東南部包括陝西中部渭水流域、山西南部和河南西部，是典型的黃土地帶，這一帶的黃土沉積厚，顆粒細，結構均勻一致，而其氣候冬寒夏熱，雨量不多，平均在250～650毫米之間，又大部分集中在夏季，這時的溫度很高，蒸發量大，客觀上規定了只有抗旱力強、生長期短，又耐高溫、單位乾物質的蒸騰率最經濟的作物才能適應良好，而粟和黍正是這一帶的天然適應性植物[1]。

黍、粟本是同種作物，但古人從其穗形和籽實的大小、黏性的程度、種植期的差異（粟早種早收，黍晚種晚收）等的分別，將其視為兩種作物。從新石器時代以迄隋唐，粟一直是主要的糧食作物，但

---

① 梁家勉主編：《中國農業科學技術史稿》，農業出版社1989年版，第15頁。

是古人說起「五穀」，多有「稷」而無「粟」，《周禮　職方氏》、《禮記　月令》所載主要糧食作物中亦有「稷」無「禾」，《呂氏春秋　審時》、《睡虎地秦簡　倉律》中則有「禾」無「稷」，而其餘作物各書所載大略相同，這就使得人們對稷到底是什麼作物產生了爭議，其實古書中的「稷」就是禾、就是粟①。周民族的祖先名棄，因善種黍稷，被尊為「后稷」，《爾雅翼》說：「稷者，五穀之長，故陶唐之世，名農官為后稷。其祀五穀之神，與社相配，亦以稷為名。以為五穀不可遍祭，祭其長以該之。」稷被尊為五穀之長，並成為穀神的稱呼，這與禾由粟的專名轉變為穀類共名一樣，是粟在糧食作物中地位較高的反映。但是根據殷墟卜辭的統計，商代粟的種植不如黍普遍，在糧食中的地位也大不如黍，這是因為黍與粟比，生長期更短些，更耐旱些，對雜草的競爭力更強，可以夏天播種，秋後收穫，在耕作技術粗放落後，又缺乏灌溉知識的情況下，黍以此得到更大規模的種植。《孟子　告子下》中提到北方的「貉」，因地處高寒，不生五穀，黍早熟，故獨生之，即其證。粟產量較黍高，品質較黍好，但因生育期較長，須在春天播種，而北方的春天乾旱多風，如非具備保墒、灌溉條件和精耕細作的技術，則難有好收成，故把它安排在黍田以後種植才能發揮其優勢。隨著農業技術的改進，大約西周之後，粟的種植才有較大發展，至春秋時期已上移到首位，因而《詩經》裡常常「黍稷」連稱，如《小雅　鹿山》：「黍稷方華」、《豳風　七月》：「黍稷重穋」等等，戰國之後，文獻中則經常以「菽粟」並提而不是「黍稷」來代指糧食，這是黍的地位下降的結果，黍的產量低、生長期短，產量低則不能與產量高較勝，生長期短則與生長期長者爭地，故黍在糧食作物中逐漸退居次位。

---

① 參閱游修齡：〈論黍與稷〉，載《農業考古》，1984年第2期；李根蟠：〈稷粟同物，確鑿無疑〉，載《古今農業》，2000年第2期。

黍與稷隨著周人的遷徙而推廣到黃河下游地區，自商周迄兩漢，黍以其色味俱美，常為祭祀之上盛；而稷的栽培，西元前2世紀大都限於華北，西元前1世紀至6世紀，逐漸在東北、西北、內蒙地區都有相當的推廣，而淮河以北所植尤多，在山區氣溫較低的地方也可以進行良好的發育①。根據粟的生長習性以及《呂氏春秋・審時》等古籍的記載來看，它在楚國的分布範圍，估計主要在淮河流域和南陽盆地，可能在楚國中部和南部的一些山區也有零星分布。《韓非子・外儲說左下》云：「孫叔敖相楚，棧車牝馬，糲餅菜羹，枯魚之膳，冬羔裘，夏葛衣，面有饑色，則良大夫也。其儉偪下。」這種糲餅便是以粟做成的，僅舂過一道的粗糧②。孫叔敖本是「期思之鄙人③」，他以粟為食，且加工不精，說明這是平民甚至貧民的做法，但從中我們可以管窺當時楚國粟地的分布資訊；又《鹽鐵論・通有》記載「昔孫叔敖相楚，妻不衣帛，馬不秣粟」，以粟喂馬，大概是中原與楚地共同的做法，但這麼做相對而言比較奢侈，故一些節儉的人皆不如此，類似的故事亦見於北方的晉國，「晉孟獻伯拜上卿，叔嚮往賀，門有御，馬不食禾。向曰：子無二馬二輿，何也？獻曰：吾觀國人尚有饑色，是以不秣馬；班白者多徒行，故不二輿。向曰：吾始賀子之拜卿，今賀子之儉也④」。

從一些史料記載來看，楚國粟的種植面積不會太小。《左傳・成公十六年》記楚、晉鄢陵之戰，楚軍「宵遁，晉入楚軍，三日穀」，注云：「食楚粟三日也」，這表明楚軍以粟為軍糧，其產量之大可以想見。又《史記・伍子胥列傳》云：「楚國之法，得伍胥者，賜粟五萬石」，以五萬石粟追捕一罪人，其賞賜可謂厚矣。而《史記・蘇秦

---

① 唐啟宇：《中國作物栽培史稿》，農業出版社1986年版，第173—174頁。
② 程濤平：《楚史稿・農業社會經濟分冊》，華中師範大學博士學位論文，1987年，第230頁。
③ 〔清〕王先謙撰，沈嘯寰、王星賢點校：《荀子・非相》，卷三，中華書局1988年版，第73頁。
④ 〔清〕王先慎撰，鍾哲點校：《韓非子集解》，卷一二，中華書局2003年版，第304頁。

列傳》記其遊說楚威王時說楚國地方千里，「粟支十年，此霸王之資也」，此雖縱橫家誇誕之言，但其應有一定的依據，否則難以打動其聽眾，這就透露出楚國粟田的種植面積很大，產出亦多的資訊。據說稷粒繁殖率很大，一粒穀子可以長成三四千粒以至七八千粒的穀子①。而用區田法，「上農夫區」，「畝得粟百斛。丁男長女治十畝。十畝收千石。歲食三十六石，支二十六年」；「中農夫區」，「收粟五十一石」；「下農夫區」，「收二十八石」②，這是後代精耕細作的結果，估計春秋戰國時期的楚國尚不能達到這一水準，故只能以擴大種植面積來求得更多的產量。

黍與粟的生長環境相似，故二者在楚國的分布大概差不多，也是以楚的北境與淮河流域為主。這從上引子路遇荷蓧丈人一事中即可略知一二。此事發生於孔子晚年，其時孔子由陳國遷寓於蔡國，又自蔡國來到了楚北境的葉縣，葉公沈諸梁雖然敬佩孔子，但不了解孔子之為人，就向子路詢問，子路無以應。故孔子離開葉縣返回蔡國，在半路上遇到了長沮、桀溺與荷蓧丈人③，由葉入蔡，正處於南陽盆地與淮河上游，因此荷蓧丈人以黍來款待子路，說明當時這一帶種黍的田畝可能不在少數，黍是當地人的主糧。20世紀70年代在馬王堆漢墓曾出土了黍的實物④，雖然不一定表明這在長江流域有種植，但表明它在楚地也是常見的糧食之一。不過，如上文已提到的原因，黍的產量較低，戰國時黍的地位相對下降，漸為菽所取代，在南方地區則更不能與稻相比，而較多用於祭祀。《韓非子　外儲說左下》有一則故事即可說明這一問題：

① 唐啟宇：《中國作物栽培史稿》，農業出版社1986年版，第174頁。
② 萬國鼎輯釋：《氾勝之書輯釋》，農業出版社1980年版，第68—71頁。
③ 《史記　孔子世家》。
④ 何介鈞、張維明：《馬王堆漢墓》，文物出版社1982年版，第32頁。

孔子侍坐於魯哀公，哀公賜之桃與黍。哀公曰：「請用。」仲尼先飯黍而後啖桃，左右皆掩口而笑。哀公曰：「黍者，非飯之也，以雪桃也。」仲尼對曰：「丘知之矣。夫黍者，五穀之長也，祭先王為上盛。果蓏有六，而桃為下，祭先王不得入廟。丘之聞也，君子以賤雪貴，不聞以貴雪賤。今以五穀之長雪果蓏之下，是從上雪下也。丘以為妨義，故不敢以先於宗廟之盛也。」

孔子的話語，說明黍在古代是頗受尊敬的食物，以其為五穀長，故祭先王為上盛；但另一方面，魯國人看到孔子先食黍再吃桃，即掩口而笑，因為黍比較粘而桃多毛，所以人們也用黍來揩拭它，這也可以在一定程度上反映黍作為糧食作物的功能退居其次了。所以馬王堆漢墓中出土黍，大概是出於「五穀」俱全，以祀逝者的原因，難以表明它有大面積的種植或被較多地食用。

二、稻

考古發掘表明，新石器時代中國水稻種植就已遍佈於長江流域及其以南的廣大地區，其遺跡在湖北、湖南、江西、安徽、江蘇、浙江、上海等地皆有大量發現，僅湖北省內就有京山屈家嶺、京山朱家嘴、天門石家河、武昌放鷹臺、鄖縣青龍泉、宜都紅花套、枝江關廟山、江陵毛家山、松滋桂花樹、監利福田等，可謂異常豐富。而且在這一時期就已經傳播到了淮河流域，在淮河上游的河南省舞陽縣賈湖遺址和淮河下游的江蘇省高郵縣龍虯莊遺址都發現了稻穀遺存，甚至在黃河流域亦見水稻栽培，如陝西華縣泉護村、柳枝鎮等仰韶文化廟底溝類型的遺址中就發現了稻殼。《史記　夏本紀》亦有禹「令益予眾庶稻，可種卑濕」的記載，西周到春秋時期，對稻之吟詠時見於《詩經》，如《魯頌　閟宮》：「有稷有黍，有稻有秬」，又《豳風　七月》：「十月獲稻」，皆證其曾種植於北方地區。但是因水稻生產與水為緣，一般北方乾旱之地難以栽培，故其種植面積終究不會

很大，不能成為人所常食之物，故孔子問學生宰我說：「食夫稻，衣夫錦，于女安乎？」[1]食稻與衣錦並列，說明此乃普通人非常享受之事物。

既然水稻是長江流域的優勢作物，考古發現也證實其栽培歷史源遠流長，上引《史記》、《漢書》等亦皆言楚地之「民食魚稻」，表明米飯為楚地百姓不可一日稍離之主食，可見楚地水稻種植之基礎深厚，則春秋戰國時期楚國所出產稻米之數量也不會是一個小數。楚都紀南城中，就曾發現了稻米遺跡，即在松柏區30號建築遺址陳家臺西部，在第三層堆積中，發現了5處被火燒過的稻米遺跡，其中4處在臺基西北角，1處在臺基南部的水溝填土中，「稻米碳化成黑色，有的粒狀清楚，雜質極少，最北的一處面積最大，長約3.5公尺，寬約1.5公尺，厚約5～8公釐，水溝中的碳化米雜質較多，顯然是從臺基上沖刷下來的」，碳化米的時代，根據[14]C測定為距今2410 100年，即西元前460 100年，相當於楚惠王在位的前後。據推測，「臺基西部發現的碳化米，可能是當時作坊存放糧食的地方，後因火而毀[2]」。在一個鑄造作坊中發現大量稻米，表明在當時即使是僕隸之人，亦以之為主食，而郢都斯時乃一繁華都市，甚至有「車轂擊，民肩摩，市路相排突，號為朝衣鮮而暮衣弊[3]」之說，則其日常消耗之糧食應當是個比較驚人的數字。戰國糧倉遺址的發現，亦證實此說不誣。1975年在江西新淦縣界埠袁家村的贛江邊上發現了兩座大型戰國糧倉[4]，每座糧倉平面呈長方形，長61.5公尺，寬11公尺，面積約700平方公尺，倉內到處堆積有被燒成炭末的米粒，其堆積厚度為0.3～1.2公尺，其中一部

① 《十三經注疏》整理委員會：《論語注疏》，北京大學出版社2000年版，第275頁。
② 湖北省博物館：〈楚都紀南城的勘察與發掘〉，載《考古學報》，1982年第4期。
③ 孫馮翼輯：《桓子新論》，商務印書館1939年版，第17頁。
④ 陳文華等：〈新淦縣發現戰國糧倉遺址〉，載《文物工作資料》，1976年第2期。

分保持較完整的形狀，後經鑒定為粳米①。楚境內發現的這些水稻遺跡，充分說明了當時楚國的水稻種植在面積和產量方面都是首屈一指的。

三、菽

菽，即大豆，原產於我國，現今世界各國的大豆都是直接或間接從我國傳出去的。野生大豆在我國有廣泛的分布，大約在新石器時代就馴化成了栽培種。據《史記　周本紀》記載，后稷小時候「其遊戲，好種樹麻、菽，麻、菽美」，故《詩經　大雅　生民》頌之曰：「藝之荏菽，荏菽旆旆」，「荏菽」就是大豆。

菽在九穀或五穀中的地位不如黍、稷重要，黍、稷是當時的「君子之食②」，而菽則是中原地區普通民眾的主要食糧，與此相對應，貴族與平民分別以「肉食者」與「藿食者」稱之③。這裡的藿，就是大豆葉，古人常用作蔬菜。戰國時期韓國的老百姓即以此為生，「韓地險惡，山居，五穀所生，非麥而豆；民之所食，大抵豆飯藿羹；一歲不收，民不饜糟糠④」，反映出當時一旦菽粟不足，人民饑餓，即為統治者所深患。而啜菽飲水亦為孔子所讚賞，語見《禮記　檀弓下》：「啜菽飲水，盡其歡，斯之謂孝」，就是說貧寒無傷於孝親，即使生活清貧，但不忘使雙親盡其歡樂，也是盡孝的行為。

大豆之種植頗廣，《豳風　七月》和《小雅》的一些篇章歌詠到「烹菽」、「采菽」、「獲菽」，「中原有菽，庶民采之」等，反映當時大豆在中原各地已較為普遍，但因大豆相當難煮，食用起來不

---

① 彭適凡：〈江西先秦農業考古概述〉，載《農業考古》，1985年第2期。
② 參見《十三經注疏》整理委員會：《周禮注疏》，卷五，北京大學出版社2000年版，第130—131頁。
③ 《說苑　善說》之七：「晉獻公之時，東郭民有祖朝者，上書獻公曰：草茅臣東郭民祖朝，願請聞國家之計。獻公使使出告之曰：肉食者已慮之矣，藿食者尚何與焉。」參閱〔漢〕劉向撰，趙善詒疏證：《說苑疏證》，卷一一，華東師範大學出版社1985年版，第306頁。
④ 《戰國策　韓策一》。

大方便，所以大豆在商周時期不太可能有大的發展。直到發明了石磨以後，才能將大豆磨成豆粉或豆漿，便於食用，因此戰國時大豆得到大規模推廣，成為與粟並列的主糧之一，人們多將「菽粟」並稱，且將菽放在首位。如《墨子 尚賢》：「賢者之治邑也，蚤（早）出莫（暮）入，耕稼樹藝，聚菽粟，是以菽粟多而民足乎食」；《孟子 盡心上》：「聖人治天下，使有菽粟如水、火。菽粟如水、火，而民焉有不仁者乎」；又《荀子 王制》：「工賈不耕田而足菽粟」；這都說明菽為人所重視及食用之普遍。大豆地位的上升，一是它自身比較耐旱，易於種植，可用於救荒，故《氾勝之書》云：「大豆保歲易為，宜古之所以備凶年也①」；二是大豆富含脂肪和蛋白質，營養豐富，食後耐饑，而且豆葉既能當做蔬菜食用，又可作為家畜家禽的飼料，《戰國策 齊策四》亦云：「君之廄馬百乘，無不被繡衣而食菽粟者」；三是春秋戰國時期，耕作制度從休閒制向連種制轉變，土地利用率提高，而大豆根瘤具有固氮肥地作用，讓它與禾穀類作物輪作，有利於將用地與養地相結合，人們在實踐中獲得了這一經驗，促進了大豆栽培的迅速發展。另外，大豆在中原地區的發展，還與其另一新品「戎菽」的傳入有關，《管子 戒》云：「（齊桓公）北伐山戎，出冬蔥與戎叔，布之天下」②，這大概是產於東北地區的新品種，因其品質較優，適應性較強，又符合當時從休閒制向連種制轉變的需要，故而得到迅速的推廣③。

大豆在我國栽培極為普遍，可劃分為五個大的區域，其中夏作大豆區的分布範圍主要在長江流域，這一區的北界也是水稻的北界，且大豆品種最多，有四月上旬播種的早熟型蔬菜大豆，有八月間播種極遲的泥豆，但主要的為五月下旬播種，十月間收穫的中熟型大豆，基

---

① 萬國鼎輯釋：《氾勝之書輯釋》，農業出版社1980年版，第129頁。
② 〔清〕黎翔鳳撰，梁運華整理：《管子校注》，卷第十，中華書局2004年版，第514頁。
③ 梁家勉主編：《中國農業科學技術史稿》，農業出版社1989年版，第117—118頁。

本上是一年兩熟制 [1]。春秋戰國時期楚國境內的大豆是何品種，其分布範圍、種植數量若何，則不得而知，僅有數則資料可說明當時楚地的大豆種植並不少見。

漢代劉向編《古列女傳》，頗有記楚國楚人事者，如其卷一有《楚子發母》：「子發攻秦絕糧，使人請於王，因歸問其母。母問使者曰：『士卒得無恙乎？』對曰：『士卒並分菽粒而食之。』又問：『將軍得無恙乎？』對曰：『將軍朝夕芻豢黍粱。』子發破秦而歸，其母閉門不內（納）。」與中原地區一樣，楚地貴族與平民所食亦不同，子發吃的食物與士卒們吃的食物，即如前所說「肉食者」與「藿食者」之別，而士卒們吃的是「菽粒」，說明這時的大豆並未經過加工，而且大豆作為軍食，無論是臨時應急，還是平常即如此，似亦透露出楚地大豆的種植量還是比較可觀的。

又同書卷二有〈老萊子妻〉：「萊子逃世，耕於蒙山之陽，葭牆蓬室，木床著席，衣縕食菽，墾山播種。」老萊子與其妻隱居蒙山，穿著縕袍，吃著豆飯，他們在山中播種的作物中，估計少不了大豆，甚至都可能以此為主。

楚國的另一位隱者鶡冠子，據考證他出生於楚地，而後遊學並定居於趙，曾做過龐煖的老師 [2]，他在自己的著作中說：「夫耳之主聽，目之主明。一葉蔽目，不見太山；兩豆塞耳，不聞雷霆。」[3]此乃以日常所見所食之物為喻，亦可說明楚國大豆種植之廣。

四、麥

麥也是中國古代「五穀」之一。古籍中所載的麥往往包括大麥和小麥。上引《詩經　大雅　生民》追述周始祖后稷兒時所種莊稼中就有麥，說明黃河流域在原始社會末期可能已經開始種麥，但比粟黍

---

① 　唐啟宇：《中國作物栽培史稿》，農業出版社1986年版，第121頁。
② 　黃懷信撰：《鶡冠子匯校集注》，前言，中華書局2004年版，第2—3頁。
③ 　黃懷信撰：《鶡冠子匯校集注》，卷上，中華書局2004年版，第60頁。

和水稻都要晚，而且可能是後來引進的。我國早期禾穀類作物在漢字中都從禾旁，如黍、稷、稻等，唯麥字從來，像小麥植株之形。《詩經　周頌　思文》：「貽我來牟，帝命率育」，這裡「來」指小麥，「牟」是大麥。《說文解字》云：「來，周所受瑞麥來麰。一來二縫（縫即鋒，指麥芒），像芒束之形。天所來也，故為行來之來。」這一傳說的背後，正說明小麥與大麥都非黃河流域原產，而是外地傳入的作物。西亞是國際上公認的小麥原產地，很可能是通過新疆、河湟這一途徑，小麥得以傳播到中原地區。大麥的原產地過去也認為是西亞，但近年來中國的科學工作者在青藏高原發現並證實了野生二棱大麥、野生六棱大麥是栽培大麥的野生祖先，因此，中國西南地區很可能是大麥起源地或起源地之一①。

　　麥在春秋時期獲得較大發展，《詩經　衛風　載馳》：「我行其野，芃芃其麥。」描寫小麥的長勢非常茂盛，面積也相當可觀。又《左傳　隱公三年》：「四月，鄭祭足帥師取溫之麥。秋，又取成周之禾。」再如《春秋穀梁傳　莊公二十八年》：「大無麥禾，大臧孫辰告糴於齊。」說明這時粟（禾）與麥已成為主糧，故西漢董仲舒說：「《春秋》它穀不書，至於麥禾不成則書之，以此見聖人於五穀最重麥與禾也。」②不過，與菽一樣，在石磨發明以前，人們只是將麥粒煮成麥飯，還不會磨成麵粉食用，只有到了春秋末期，特別是戰國以後，隨著石磨的發明與推廣，小麥的優越性才得以充分發揮出來，其種植面積也得到大幅度提高。

　　按照播種期的不同，麥又可分為冬麥與春麥，秋種夏收者為冬麥，一稱宿麥，見於《淮南子》、《漢書　食貨志》；春種秋收者為春麥，一稱旋麥，見於《氾勝之書》。但種植較普遍的是冬麥，冬麥

---

① 梁家勉主編：《中國農業科學技術史稿》，農業出版社1989年版，第117－118頁。
② 《漢書　食貨志》。

既能利用晚秋和早春的生長季節，避免與別的作物爭地，同時又能「續絕繼乏」，解決青黃不接缺糧的困難，因此人們對種麥特別重視，如《禮記　月令》曰：仲秋之月，「乃勸種麥，毋或失時，其有失時，行罪無疑。」但是也有種植春麥的，如《詩經　豳風　七月》：「九月築場圃，十月納禾稼。黍稷重穋，禾麻菽麥。」這裡寫麥與黍稷等一起在十月收穫，則所種植的當是春麥。

　　麥在山區和平地都可種植，其分布情況：長城線相當於一月份溫度6℃等溫線，此線以北多種春小麥，此線以南多種冬小麥。秦嶺淮河線相當於年降雨量750毫米的等雨線，適當硬粒、軟粒、白皮、紅皮冬小麥的過渡地帶，從此而北，生產的是硬粒白皮冬小麥；從此而南，生產的是軟粒紅皮冬小麥。長江流域相當於年降雨量1000毫米的等雨線，為小麥的南界，此線以南，相對地說小麥不占重要地位。六盤山脈以西甘新地區，為硬粒春麥、冬麥混合區。硬粒小麥集中生產於黃河流域及東北，軟粒小麥集中生產於長江流域及其南。紅皮小麥全國各地都有或多或少的生產，白皮小麥則集中栽培於山東北部、河北、山西、陝西及江蘇北部。在長江以南年降雨量1100毫米以上的地區，白皮小麥幾乎絕跡[①]。

　　楚國地當江淮，其麥的種植當不在少數。相關史料所反映的分布地域，亦多在江淮流域。春秋晚期，伍子胥流亡他國，去鄭之許如吳，過昭關，涉江時乞一漁父渡之，「子胥既渡，漁父乃視之，有其饑色。乃謂曰：『子俟我此樹下，為子取餉。』漁父去後，子胥疑之，乃潛身於深葦之中。有頃，父來，持麥飯、鮑魚羹、盎漿，求之樹下。」[②]昭關在今安徽含山縣北，伍子胥出昭關後不久即遇到大江，而漁父給他送來的食物中有麥飯，當是他日常之飲食，可見是

────────────

① 唐啟宇：《中國作物栽培史稿》，農業出版社1986年版，第63頁。
② 周生春：《吳越春秋輯校匯考》，卷三，上海古籍出版社1997年版，第28—29頁。按，原文作「有其饑色」，此據原注改。

第四章　楚國農業地理

時沿江一帶亦有麥田。又楚白公勝叛亂，「陳人恃其聚而侵楚。楚既寧，將取陳麥」，「王卜之，武城尹吉。使帥師取陳麥。陳人禦之，敗。遂圍陳。秋七月己卯，楚公孫朝帥師滅陳」[1]。

陳國在楚國的內亂時沒有判明形勢，大概是依恃倉庫中糧食的富足，輕率地挑起邊釁，結果楚國不僅在叛亂平定後掠奪了陳國的麥子，而且趁勢再次滅陳為縣。可以說，麥是促成陳國被滅亡的潛在因素[2]。陳在今河南淮陽，亦屬小麥種植區。戰國時，由麥做成的餅成為普通民眾的主食之一，見於前引《墨子　耕柱》。墨子對楚國的貴族談到的這種餅，必然是楚民間常食，並且價格便宜之物。此處「餅」字，為最早見於記載，《說文解字》「食」部說：「餅，麪餈也」，是用麥磨成麪粉後用水和麪製成的[3]。按照《太平御覽》卷七六二引《世本》和《說文解字》對「磑」字的解說，磑（磨）為春秋戰國間公輸般所發明，公輸般與墨子為同時代人，可見楚國民間食餅之早，其對麥的種植自然是日漸普遍的。

五、大麻

大麻為桑科一年生草本植物，株高可達3～6公尺，雌雄異株，夏天開花，秋季結實。古人很早就已認識大麻是雌雄異株，並分別稱雌麻為「苴」，稱雄麻為「枲」或「牡麻」，並利用雄麻的纖維供紡織，利用雌麻的種子為食物，以此麻籽被列入「五穀」之一。古人還知道大麻葉含有麻醉性物質，可作藥物，故凡與麻構成的片語，如麻木、麻痹、麻醉、麻沸散等，都有被麻的含義，「魔」字也是指被藥物麻醉後如著魔的迷幻感覺，字是後來發明的，而這些知識極有可能起源於原始時期。

大麻的原產地一般認為在中亞、黑海沿岸到西伯利亞南部及吉

① 《左傳　哀公十七年》。
② 程濤平：《楚史稿　農業社會經濟分冊》，華中師範大學博士學位論文，1987年，第227頁。
③ 程濤平：《楚史稿　農業社會經濟分冊》，華中師範大學博士學位論文，1987年，年243頁。

爾吉斯草原，中國早在仰紹文化時期即已出土紡織工具，其原料有大麻、苎麻和葛，北方以大麻為主，南方以苎麻和葛為主。麻籽作為食物的歷史也非常久遠，甘肅省東鄉縣林家遺址曾出土過新石器時代的大麻籽[①]，河北省藁城縣臺西商代遺址也出土過大麻籽[②]，《詩經》中有七處提到麻，但大多是指作為纖維作物的雄麻，這可能說明麻籽在商周糧食中所占的比重不大。

楚國以大麻籽為食的情況，因史料甚為貧乏，難以詳知。從王逸注《楚辭》，將「五穀」中的麻列在末位來看，估計所占比重很小。一則有關楚地種麻的史料，也只說到了麻作為纖維可供織布製衣的功能，而未言食其籽，姑引此以為說明：

王子建出守於城父，與成公乾遇於疇中，問曰：「是何也？」成公乾曰：「疇也。」「疇也者何也？」「所以為麻也。」「麻也者何也？」曰：「所以為衣也。」成公乾曰：「昔者莊王伐陳，舍於有蕭氏，謂路室之人曰：『巷其不善乎？何溝之不浚也。』莊王猶知巷之不善，溝之不浚。今吾子不知疇之為麻，麻之為衣，吾子其不主社稷乎！」王子果不立。[③]

大概是久處深宮之中，長於婦人之手，王子建真可謂「四體不勤，五穀不分」，竟然既不知農田是什麼，也不知農田有什麼用。但這則史料倒是確鑿無疑地證明，在城父（今安徽亳州東南之城父鎮）一帶，如果再擴大一下範圍的話，也就是今淮河流域的農田種麻非常普遍，這在當時近乎常識。

① 見《考古》，1984年第7期。
② 見《文物》，1979年第6期。
③ 〔漢〕劉向撰，趙善詒疏證：《說苑疏證》，卷一八，華東師範大學出版社1985年版，第558頁。

第四章　楚國農業地理

六、菰

菰是我國古代「六穀」之一，其子實名雕胡。《說文解字》：「苽，雕苽。一名蔣。」這裡「苽」、「胡」是疊韻，可以同音通假，「雕胡」也寫作「凋胡」或「彫胡」，據研究，其造詞方式與燕麥、雀麥相似，但雕並非專指猛禽，而是泛指鳥類或形容鳥啄食的動作，雕胡的意思是指鳥喜食的菰米，這種鳥可能是雁[①]。菰是多年生草本植物，生長在湖泊邊沿和沼澤淺水中，夏、秋間抽穗開花，所結的菰米外表呈黑色。菰的莖部在開始拔節抽穗時，其薄壁組織會因為黑粉菌的入侵和刺激而生長旺盛，使菰的莖部膨大，形成茭白，茭白可以作蔬菜食用。根據文獻記載來看，漢代以前，人們基本上食用菰米，食用茭白是晉代以後的事情。菰米一般是直接從自然界採集而來，所以歷代文獻和農書上只提食用雕胡，從來未提到雕胡的栽培技術，但偶爾也有種植雕胡之事。漢代《西京雜記》記載：「會稽人顧翱，少失父，事母至孝。母好食雕胡飯，常帥子女躬身採擷，還家導水鑿川自種，供養每有贏儲。」這裡提到顧翱為孝敬母親，曾採集並栽種雕胡。不過要進行菰米的人工栽培尚有一定難度，主要是因為其成熟不一致，又易掉落水中，採收比較困難。在《楚辭　大招》中，就寫道了「五穀六仞，設菰粱只」，表明楚人對菰米的食用也頗有年月。

第三節　楚國的家畜

中國古代所謂「六畜」，包括馬、牛、羊、豕、犬、雞，是古人對主要家養禽畜種類的一個概括。這些禽畜在原始時代已被人工飼

---

① 游修齡：〈也說「雕胡」〉，載《農史研究文集》，中國農業出版社1999年版，第72頁。

養，其野生祖先大多數可以在中國找到，是先民們獨立馴化成功的。「六畜」開始都是作為食用的，其次才是利用其羽、毛、皮、革、齒、牙、骨、角來為人們的日常生活服務，故《穆天子傳》云：「甲子，天子北征……因獻食馬三百、牛羊三千」，「壬申，天子西征，至於赤烏。赤烏之人丌獻酒千斛於天子，食馬九百，牛羊三千」。不過從商代開始，馬、牛等大牲畜已開始作為交通運輸的動力使用，所謂王亥作服牛、相土作乘馬的傳說可作為旁證，殷墟也出土了很多車馬坑，除少數為一車四馬外，大多數為一車二馬，且大部分是乘車，小部分是戰車[①]。估計此時馬已經成為六畜之首了。兩周時期，畜牧業的地位更加重要，六畜的養殖有很大的發展。楚國也比較重視家畜家禽的飼養，曾侯乙墓就出土了牛、羊、豬、狗、鴨等玉雕小動物近20件，這雖然是曾國墓，但它可以反映楚地家畜家禽的養殖情況。

一、馬

馬屬動物是由約五千萬年前始新世下層具有五趾的化石動物進化而來的，現代馬種最近的直系祖先是三趾馬[②]。據《周易　繫辭下》記載，黃帝、堯舜時代「服牛乘馬，引重致遠」，可能表明馬在中國原始社會末期已被馴化。甲骨文中已有馬字，是馬的側視圖形的簡化。各地也經常發現商代的車馬坑，出土許多馬骨架，如河南安陽殷墟和大司空村、鄭州二里崗、陝西西安老牛坡、甘肅永靖大何莊等都發現過商代的馬骨架，殷墟婦好墓還出土過玉馬。《詩經》中有很多描寫牧馬、養馬的詩句，反映西周時期養馬業的興盛。到了春秋以後，盛行車戰和騎兵，馬成為軍事上的動力，對其飼養就更加多了。

楚國亦重視馬的飼養與使用，即戰時用以馳騁疆場，平時則供役使。史載「楚莊王之時有所愛馬，衣以文繡，置之華屋之下，席以露

①　楊寶成：〈殷代車子的發現與復原〉，載《考古》，1984年第6期；陳達志：〈商代晚期的家畜和家禽〉，載《農業考古》，1985年第2期。

②　謝成俠：《中國養馬史》，科學出版社1991年版，第4—18頁。

床，啖以棗脯，馬病肥死，使群臣喪之，欲以棺槨大夫禮葬之[①]」，又如楚國民間常使用馬來拉一種很低矮的庫車，「楚民俗好庫車，（楚莊）王以為庫車不便馬，欲下令使高之[②]」，反映出莊王對馬的鍾愛。上引《左傳　襄公二十五年》楚蒍掩庀賦，目的就是「賦車籍馬」，將楚國馬匹的數量調查清楚。馬匹數量的多少也是衡量財富的標誌，《國語　楚語下》便記載說：「鬭且廷見令尹子常，子常與之語，問蓄貨聚馬」，刻畫出了令尹子常不問國事，只謀求個人財富的貪婪形象。楚地的考古發掘，曾在河南淅川下寺出土五座車馬坑，其中葬有大批馬匹；在河南淮陽馬鞍塚也發現了大型車馬坑，隨葬之馬多達24匹，泥馬數十匹，考古工作者正是依據車馬坑的規模、下葬的車馬數量，推測淮陽馬鞍塚楚墓可能是楚頃襄王墓[③]。由此可見終楚國之世，馬在其政治、經濟生活中的地位之重要。

二、牛

我國通常所說的「牛」，一般是指黃牛，而所說的「耕牛」，則包括黃牛和水牛。黃牛和水牛是不同「屬」的兩種動物，二者不能雜交，但它們都是我國獨立馴化的有角大家畜[④]。新石器時代遺址中，普遍發現有牛骨，說明這時已經開始養牛。與當地的自然條件相適應以及稻作文化的發展，水牛最先在長江流域得到馴化。商代牛的飼養與使用更多，甲骨文中有牛字，是牛頭正視的簡化，牧、牡、牝、牲、特等字都從牛；占卜用的卜骨，也多取材於牛的肩胛骨；牛還大量用於祭祀，動輒數十數百，甚至上千，說明其重要性可能不在馬之下。周代同樣如此，在《周禮　地官　司徒》中有「牛人」一職，

---

① 《史記　滑稽列傳》。
② 《史記　循吏列傳》。
③ 張志華、駱崇禮：〈淮陽馬鞍塚墓主考略〉，載《楚文化覓蹤》，中州古籍出版社1986年版，第93頁。
④ 謝成俠：〈中國牛種的起源和進化〉，載《科技史文集》，第4輯，上海科技出版社1980年版。

「掌養國之公牛，以待國之政令」，其中還記載了牛的各種用途，有「享牛」、「求牛」、「積膳之牛」、「膳羞之牛」、「犒牛」、「奠牛」以及「兵車之牛」，反映當時社會對牛的需求量很大，這必然促進養牛業的發展。春秋時期，牛開始用來拉犁耕田，《國語　晉語九》記載：「夫范、中行氏不恤庶難，欲擅晉國。今其子孫，將耕於齊，宗廟之犧，為畎畝之勤。」牛耕的推廣，無疑也會極大地提高牛在六畜中的地位。

　　楚國的養牛業也比較興旺，《左傳　昭公七年》記載楚國君臣關於人之等級的對話，即可揭示這一點，當時申無宇說：「天有十日，人有十等」，在此十等之外，「馬有圉，牛有牧」，杜預注曰：「養馬曰圉，養牛曰牧」，這說明楚國養馬和養牛業都十分發達，從事養牛業的人數眾多，他們被排除在「十等」之外，地位特別低賤。牛可以用來耕田，上引楚之鄙語曰「牽牛徑人田，田主奪之牛」，即說明牛之用途。牛亦用於祭祀與飲食，如《國語　楚語下》：「子期祀平王，祭以牛俎於王。」祭祀用過的牛，一般也都化做了盤中之餐；也有專供食用的牛，如《楚辭　招魂》有句曰：「肥牛之腱，臑若芳些」（肥牛的筋肉，熟爛芳香）。

　　再者，楚地出土的很多青銅器上，都有牛的造型，表明牛在楚人生活中極為常見，如曾侯乙墓出土了五件大小、形制基本一致的蓋鼎，蓋上近沿處有三個等距離站立著的水牛形紐飾，長沙瀏城橋一號楚墓出土之Ⅱ式銅鼎與之相似，蓋上也有三個躺臥著的水牛形紐飾；又如1958年在安徽壽縣徵集到一件銅牛，牛身長10公釐，前脊高5公釐，後股高4.5公釐，作臥狀，造型極為生動，牛腹下有銘文曰「大廥之器」，「大廥」為楚國太府，據文字風格看，其時代可能與同地所出的鄂君啟節相當，為戰國中期之器物[①]。在雲夢秦簡中，不少簡

---

① 殷滌非：〈安徽壽縣新發現的銅牛〉，載《文物》，1959年第4期。

文提到了牛，如說百姓「有一馬若一牛」，是百姓私人擁有馬或牛；又如「甲盜牛，盜牛時高六尺」，是牛因私有，故有盜竊發生；再如「其以牛田，牛減絜，治主者寸十」，是說用牛耕田，牛的腰圍瘦減了，每瘦一寸要笞打主事者十下。根據這些材料，我們可以推測秦朝，甚至戰國時期楚地對牛的佔有與使用情況。

三、豬

所有家豬都是從野豬馴化而來，野豬曾廣泛地分布於非洲和歐亞大陸。各地考古發現的新石器時代遺址中，豬的遺骸數量最大，表明豬的飼養在當時佔有極為重要的地位，這是因為豬是雜食性動物，它的飼養能與定居種植業很好地結合起來。夏商時期，豬主要用於肉食與祭祀，西周也是如此，據《逸周書·世俘解》記載，周武王一次祭祀就用了數千隻牲畜，其中就有用豬為牲，春秋戰國時，「雞豚狗彘之畜，無失其時，七十者可以食肉矣[1]」，則可見豬更是主要的肉食對象。楚人養豬也較為普遍，《說苑·奉使》記載楚有「豚尹」，據考可能是楚國「王家養豬的主持者[2]」；《莊子·德充符》記載：「仲尼曰：丘也嘗使於楚矣，適見㹠子食於其死母者」，是孔子說他來到了楚國的鄉下，看到一頭母豬已死，但小豬仔還是一個勁兒地咬住母豬的乳頭吃奶，從這個故事可以想見當時楚人養豬的情況。楚人的禮儀與中原地區一樣，在祭祀中也使用牛、羊、豬等畜類，《國語·楚語下》說楚的祭典，「大夫舉以特牲，祀以少牢」，特牲，指豬；少牢，即羊與豬。楚地出土的漆器中，也見到了豬的圖像，見於1987年在湖北省荊門市包山二號墓出土的一件周長60餘公釐、高不足5公釐的夾紵胎漆圓奩上，奩外沿有彩繪的車馬出行圖，其中繪有一

---

① 《孟子·梁惠王上》。
② 郭仁成：〈楚國農業考辨四題（下）〉，載《求索》，1984年第2期。

豕，在奔犬之左側作狂奔狀，雖然在江陵雨臺山楚墓中曾發現過一件漆豬形器，但豕的圖像在這個時期的楚國繪畫中是第一次見到[①]。

四、羊

家羊有山羊和綿羊之分，屬於不同的種。家羊的馴化以亞洲西南部為最早，我國西部邊疆的高原以及鄰近的中亞細亞地區，是公認的山羊的主要發源地，綿羊則可能是我國西北、內蒙古等地的先民獨立馴化成功的，中原地區飼養家羊不晚於龍山文化時期[②]。在殷墟的甲骨卜辭中有大量關於用羊祭祀的記載，有時一次多達數百上千頭，在湖南還出土了四羊尊等青銅器，《詩經》中有13篇提到羊，《小雅　無羊》曰：「誰謂爾無羊？三百維群。」《周禮　夏官　司馬》中有「羊人」一職，這些都表明商周時期即使是在南方，養羊業也頗為發達。

楚人養羊，除了用於祭祀外，主要供食用。楚人似乎比較愛吃羊肉，據《韓詩外傳》記載，楚郢都曾設有「屠羊之肆」，並有以屠羊為生的商人屠羊說。「吳人伐楚，昭王去國，國有屠羊說從行。昭王反國，賞從者。及說，說辭曰：『君失國，臣所失者屠。君反國，臣亦反其屠。臣之祿既厚，又何賞之？』辭不受命。」，「而反乎屠羊之肆」[③]。此事亦見於《莊子　讓王篇》。從出土實物來看，江陵馬山一號楚墓中，出土有羊椎骨[④]，由此揣度，此屠羊之肆或許真的存在過。又據《史記　項羽本紀》記載，秦末時，楚懷王孫心流落民間，「為人牧羊」，也說明楚國羊的飼養比較普遍。

---

① 陳振裕：《楚文化與漆器研究》，科學出版社2003年版，第479頁。
② 謝成俠：《中國養牛羊史》，農業出版社1985年版，第136—140頁。
③ 〔漢〕韓嬰撰，許維遹校釋：《韓詩外傳集釋》，卷八，中華書局1980年版，第272—273頁。
④ 湖北省荊州地區博物館：《江陵馬山一號楚墓》，文物出版社1985年版，第89頁、圖版四十七。

第四章　楚國農業地理

五、狗

狗是人類最早馴化的動物,因為狗與人類最初從事狩獵分不開。
除此之外,狗也是肉食的對象,商周時還成為祭祀的犧牲之一。《禮
記　少儀》記載狗有三種用途:「一曰守犬,守禦田宅舍也;二曰田
犬,田獵所用也;三曰食犬,充庖廚庶羞用也。」《周禮·秋官　司
寇》專設「犬人」一職,專門掌犬牲供祭祀,並主相犬和牽犬。春秋
戰國時期人們經常以「犬彘」、「狗彘」或「雞豚狗彘」並提,表明
狗的確是當時重要的肉食對象之一。

楚國的貴族大概都喜愛養狗。春秋早期楚文王「得如黃之狗,
箘簬之矰,以畋於雲夢」,這種「如黃之狗」是楚文王打獵的得力助
手。江陵馬山一號楚墓中,曾出土一具完整的狗骨架,「置於邊箱竹
笥上。出土時,骨架基本保持原狀,毛色純白,頭向東,尾向西,趴
伏狀。長25～30公釐,經鑒定是一隻小白狗。可能是墓主人生前的愛
犬,作為葬品下葬①」。另外,荊門包山二號墓出土的夾紵胎漆圓奩
上彩繪的車馬出行圖,其中繪有兩只犬,一隻緊跟車後面奔跑,另一
隻歡跳地立於車前②。

六、雞、鴨、鵝

家雞是由野生的原雞馴化而來,據報導,屈家嶺遺址中有陶雞,
陝西寶雞北首嶺遺址也有較多的雞骨出土,表明雞在我國原始社會中
很可能已經馴化。《夏小正》中有「雞桴粥」(產卵)的記載,表明
其時養雞已成為重要的副業。雞也用於祭祀和殉葬,在殷墟中就發現
有作為祭祀殉葬的雞骨架③。《詩經　王風　君子于役》有「雞棲於
塒」、「雞棲於桀」的詩句,《周禮　春官　雞人》則規定雞人專門
負責掌管祭祀和報曉。在六畜中,雞是唯一能夠列入其中的家禽,可

① 湖北省荊州地區博物館:《江陵馬山一號楚墓》,文物出版社1985年版,第93頁。
② 陳振裕:《楚文化與漆器研究》,科學出版社2003年版,第479頁。
③ 見《考古學報》,1955年第9期。

見其在飼養業中的重要地位。《孟子　滕文公下》曾以有人每天偷鄰居一隻雞為喻說明知錯即改，勿知而為之的道理，側面說明了雞在當時飼養的廣泛。

鴨是從野鴨馴化來的，鴨古稱鶩、家鳧或舒鳧，後因其鳴聲「呷呷」，故又改稱鴨。鵝是從野雁馴化來的，古稱為舒雁，亦叫雁。甲骨文中沒有鴨、鵝等字，但河南輝縣琉璃閣殷墓中已有銅鴨出土，安陽小屯商墓中也出土過玉鴨和石鴨，可見商代已飼養家鴨。鵝字首見於《左傳　昭公二十一年》：「（宋公子城）與華氏戰於赭丘，鄭翩願為鸛，其御願為鵝。」但是《儀禮　士相見》、《周禮　大宗伯》等所執之「雁」、《禮記　內則》所記「舒雁」、《孟子　滕文公下》所饋之「鶃」，雖然見於文獻記載頗晚，從記載之多，利用之廣來看，其馴化的開始和完成應當在有文獻記載以前很長一段時間。

楚國見於記載的雞、鴨、鵝材料似不多，《楚辭　招魂》有句曰「露雞臛蠵，厲而不爽些」，說雞肉的味道十分鮮美；又《楚辭　大招》中還有「鮮蠵甘雞，和楚酪只」之句，也是說雞味之甘美。不少楚墓中出土的雞骨，就是最好的印證，如江陵馬山一號墓的隨葬的竹笥內，就盛放有肉食品，其中就有雞骨[1]。江陵望山一號墓出土的銅鼎裡，就有牛、羊、豬、雞等的遺骸，在一件長方形的竹笥裡也有許多雞的大腿骨[2]。又據《吳地志》載：「吳王築城以養鴨，周圍數十里」，反映春秋時期江南水鄉養鴨業有很大的發展，這對於地理環境大致相同的楚地來說，也當是相似的情景。

① 湖北省荊州地區博物館：《江陵馬山一號楚墓》，文物出版社1985年版，第89頁、圖版四十七。
② 陳振裕：《楚文化與漆器研究》，科學出版社2003年版，第606頁。

第四節　楚國的林產、水產與園圃

楚國境內河湖縱橫，山地、丘陵與平原交錯其間，又地處亞熱帶，氣候適宜，雨量豐沛，土壤肥沃，林木的生長條件極為優越，又有物產豐饒的雲夢澤，因此無論是山野還是水域，都蘊含著極為豐富的動植物資源，為楚人的採集、捕獵提供了良好的基礎，楚人的食物品種可謂極其豐盛，林產種類亦極其多樣。

一、林產

楚人比較重視對山林的開採利用，上引《史記　循吏列傳》，即說孫叔敖秋冬勸導人們到山林中採伐，趁春夏水漲時將材竹順流而出，人們各得其所，皆樂其生。同時，山林也為人們提供了捕獵、採集各種野生動植物，以滿足口腹之欲的機會。據文獻中的記載，楚地的林木有：

（一）荊

據《說文解字》云：「荊，楚木也。」《本草綱目》「牡荊」條注云：「古者弄杖以荊，故字從刑，其生成叢而疏爽，故又謂之楚，荊楚之地因產而得名也。」楚國以「楚」為名，正是因為荊在楚境之內長得最多，分布最廣。其實這只是一種灌木叢而已，大概可用作薪材，故《詩經　周南　漢廣》曰：「翹翹錯薪，言刈其楚。」便是說砍柴要砍其高大一點的。

（二）竹

竹在楚國分布廣泛，此見載於多種史書。如《山海經　中次八經》云：「東北百里曰荊山……其草多竹。」又《國語　楚語下》曰：「雲連徒洲，金木竹箭之所生也。」《史記　貨殖列傳》亦云「江南卑濕，多竹木」，故楚地多竹，不需多言。

楚人對竹的利用亦廣，見於楚墓中的多種竹編器物，品種繁，

數量多，工藝精，除了日常生產、生活使用外，亦用於軍事、喪葬。比如用於日常生活的竹編織物，主要有竹筒、竹扇、竹簍、竹網簍、竹籃、竹席、竹筒、竹夾和竹鼎蓋等；用於生產的竹編織物，主要發現於湖北大冶銅綠山古礦冶遺址，有竹箕、竹筐、竹提簍、竹圈井等；用作兵器的有竹弓、矢杆、矢箙以及戈、矛、戟、殳的「積竹」柄等，所謂「積竹」柄，是指長兵器如戈、矛等的柄以竹製成，其制是兵器柄的中心有一根木棒，外包1～2層細長的竹片，並用絲線纏緊，再塗黑漆或紅黑相間漆，由於竹子比木料更富有彈性和堅韌，所以這種「積竹」柄就比木柄更不容易折斷。如長沙瀏城橋一號墓出土的兩件「積竹」戈柄，中心為一近四棱形的木棒，外包青竹篾16根，再用絲線纏緊，最後塗黑褐色漆，一件長303公釐，一件長310公釐，另外還發現有戈、戟等的「積竹」柄實物；用作文具的有毛筆、墨書竹簡用的竹片、小竹筒等；用作樂器的有竹篪、竹排簫、笙和竹相，竹相用粗竹筒鋸製而成，如望山一號墓出土的1件，殘長100公釐、粗徑6公釐、細徑5.5公釐；又如藤店一號墓出土的1件，殘長91公釐、徑5.5公釐，《禮記　曲禮》曰：「鄰有喪，舂不相」，據云這種樂器在演奏時是用手捧舂擊地而打出節奏；用於喪葬的主要有竹席和葦席。總之，楚國的竹製品種類多，生產量大，講究選材，而且製作已規範化，達到很高的工藝水準 [1]。

（三）松柏等

楚地盛產松樹、柏樹、杉樹等，還有梓、柟等木，如《戰國策　宋衛》云：「荊有長松、文梓、梗、柟、豫章。」《史記　貨殖列傳》亦云：「江南出柟、梓。」都可證明楚地木材種類多而林木富，宮室、房屋、車船、傢俱、工具、棺槨等的用材，都取之於此。另外，在大冶銅綠山礦冶遺址中，還發現了用於支撐礦井巷道用的木

---

[1]　陳振裕：《楚文化與漆器研究》，科學出版社2003年版，第138－164頁。

第四章　楚國農業地理

材，有化香樹、青崗櫟、豆梨、紫荊木等^①。

（四）林野之禽獸

楚地林野之中的物產之富足，從文獻中讀來，令今人豔羨。《戰國策　宋衛》云：「荊有雲夢，犀兕麋鹿盈之。」《楚史檮杌　好獵第十九》載楚莊王曰：「吾獵將以求士也。其榛藪刺虎豹者，吾是以知其勇也。」《戰國策　楚策四》記莊辛說楚襄王說：「見兔而顧犬，未為晚也。」又楚人食用的許多動物，都是其他地方的人難以品嘗到的稀有美味，《左傳　文公元年》載，楚成王「請食熊蹯而死」。《楚史檮杌　養由基第二十》載：「楚庭嘗有神白猿，楚之善射者莫能中，莊王自射之，搏矢而熙；使養由基射之，矯弓操矢往，未之發，猿擁柱而號矣，發之則應矢而下。」《呂氏春秋　本味》曰：「肉之美者，猩猩之唇。」這猩唇之味，大概楚人是嘗過了；〈本味〉還說「肉之美者」，「旄象之約」，「旄」，指旄牛，「象」即大象，「約」謂尾巴。旄牛，楚地有出產，也可通過與巴蜀、滇濮交易換得，《國語　楚語下》記王孫圉曰：楚「有藪曰雲連徒洲，金木竹箭之所生也。龜、珠、角、齒、皮、革、羽、毛，所以備賦。」韋昭注曰：「毛，氂（犛）牛尾，所以注竿首。」象，以及犀、兕、揚子鰐等大型動物也是包括楚國在內的南方的特產。《戰國策　楚策三》云：「黃金、珠璣、犀、象出於楚。」《爾雅　釋地》曰：「南方之美者，有梁山之犀象焉。」《左傳　定公四年》載：楚昭王使箴尹固「執燧象以奔吳師」，杜預注：「燒火燧繫象尾，使赴吳師，驚卻之。」這些大型動物的皮被楚人用來製兵革，脂肉則被烹煮成美味佳餚。

除了林中的走獸為楚人所嗜食外，空中的飛禽亦為楚人所珍愛。

---

① 程濤平：《楚史稿　農業社會經濟分冊》，華中師範大學博士學位論文，1987年，第258—259頁。

《戰國策　楚策四》記莊辛的話，說黃鵠「晝遊乎江河，夕調乎鼎俎」，又《楚辭》中寫到楚人所食之禽類，有鵠、鴻（大雁）、鳧、鶉、鴿（鵓鴿）、鷖等等；數十年來，兩湖地區考古所發現的先秦、秦漢時期楚地居民所食之鳥類，有雁、鴛鴦、雉、鶴、斑鳩、喜鵲、麻雀、竹雞等。

二、水產

楚國境內河流湖泊縱橫交錯，給楚人提供了極為豐富的水產資源，據《說苑　貴德》記載：孔子游於楚，「有漁者獻魚甚強。孔子不受，獻魚者曰：『天暑市遠，賣之不售，思欲棄之，不若獻之君子』」。顯然，漁者強送給孔子的魚，都是野生而非家養的。當然，楚人也有可能開始了養魚，據《吳越春秋》記載：「越王既棲會稽，范蠡等曰：臣竊見會稽之山，有魚池上下二處，水中有三江四瀆之流，九淀六谷之廣，上池宜君王，下池宜民臣。畜魚三年，其利可數千萬，越國當富盈。」說明春秋晚期吳越之人的人工養魚已有相當規模，考慮到范蠡是楚人，楚與吳、越的自然條件又基本相同，其社會經濟的開發要早於吳越，因此可以推測楚地養魚業開始的時間可能相同甚至更早一些。不過，相比於捕撈野生魚類，這可能只是一種補充方式。楚地有寬闊的水面，魚類資源十分豐富，因此《史記》、《漢書》都說江南一帶的人民「飯稻羹魚」、「民食魚稻」。《戰國策　楚策四》說蔡聖侯食「湘波之魚」；《呂氏春秋　本味》說楚有「洞庭之鱄」、「東海之鮞」、「醴水之鱉」；據《楚辭》記載，楚人食用的魚類有鱄（大龜）、鯪（鯉）、鰿（鯽）等等，通過考古發現的魚類，則有鱤、鱖、鯉、鯽、刺鯿、銀鮰、鰱、鱅等等[1]，可知當年楚國魚類出產之豐富。

魚類中的鱉、黿，在北方可謂稀世美味，《國語　魯語下》載：

---

① 后德俊：〈楚人和魚〉，載《中國烹飪》，1980年第5期。

「公父文伯飲南宮敬叔酒，以露睹父為客。羞鱉焉，小。睹父怒，相延食鱉，辭曰：『將使鱉長而後食之。』遂出。」《左傳　宣公四年》載：「楚人獻黿於鄭靈公。公子宋與子家將見。子公之食指動，以示子家，曰：『他日我如此，必嘗異味。』及入，宰夫將解黿，相視而笑。公問之，子家以告。及食大夫黿，召子公而弗與也。子公怒，染指於鼎，嘗之而出。公怒，欲殺子公。」魯、鄭兩國的公卿貴族視鱉、黿為異味，以至於鬧得彼此反目，充分證明二者在中原地區極為難得。而在楚國，它們卻是很尋常的食物，《戰國策　宋衛》說「江漢之魚鱉黿鼉為天下饒」，大概是當時人們共同的看法，鄭靈公得到的黿，就是楚人贈送的。

《漢書　地理志》還記載：「楚有川澤山林之饒……果蓏蠃蛤，食物常足。」這裡的「蛤」，即為蚌的一種。《本草綱目》記載：「蚌類甚繁，處處江湖中有之，唯漢沔獨多，大者長七八寸，壯如牡礪，小者長四寸，如石決明，其肉可食。」在楚都紀南城南垣木構建築的發掘中，就發現有蚌。

水中供採食的植物，有萍實、菱和芹。據《孔子家語》載：「楚昭王渡江中流，有物大如斗，圓而赤，直觸王舟，舟人取之，王大怪之，……使聘魯問孔子，孔子曰：『此所謂萍實也，可剖而食之，吉祥也，惟霸者能獲焉。』」此事另載於《說苑》卷一八，該卷還記載：「楚王渡江得萍實，大如拳，赤如日，剖而食之美如蜜。」今江西省境內有地名「萍鄉」，據地方志記載說這裡就是當年楚昭王採食萍實之地，因以為名。

《國語　楚語上》說：「屈到嗜芰。」韋昭注曰：「芰，菱也。」今湖北方言謂之「菱角」，據《荊州府志》云：「兩角曰菱，三角四角曰芰，郢城菱三角而無刺，楚屈到所嗜即此，其米歲荒可以代糧。」《楚辭　招魂》中提到的「採菱」曲，便是楚地濱水農家少女採摘菱角時唱的歌。又《七國考》卷一四引明《一統志》：「采菱

城在桃源縣東北二十五里，其湖產菱，肉厚味甘，楚平（王）常采之。」在楚都紀南城南垣水門遺址中，也曾發現過菱角。

《呂氏春秋 本味》載：「菜之美者……雲夢之芹。」芹分旱芹和水芹，雲夢之芹屬水芹，古又名「楚葵」。

三、園圃

春秋戰國時期，楚國的蔬菜、水果種植是很多的。上引《莊子 天地篇》曰：「子貢南游於楚，反於晉，過漢陰，見一丈人方將為圃畦」；又《韓詩外傳》載：「楚有士曰申鳴，治園以養父母」；《楚史檮杌 虞丘子》亦云：莊王「賜虞丘子菜地三百（戶）」，這三條資料表明，春秋戰國時期楚國已經有一批人以園圃種植為業。

園圃中種植和栽培的蔬果，品種相當多。《新序》載：「梁之邊亭與楚之邊亭皆種瓜。」這一時期的瓜當指甜瓜，江陵紀南城鳳凰山八號漢墓中即出土有甜瓜子；又在湖南長沙馬王堆漢墓中出土的蔬菜有芋、葵（冬葵、冬莧菜）、芥、菘（白菜）等。楚人的水果品種也很豐富，《左傳 昭公十二年》記楚先王熊繹「唯是桃弧、棘矢，以共御王事」，桃即桃樹，棘是棗的原生品種，也就是野生酸棗；《呂氏春秋 本味》記楚有「江浦之橘，雲夢之柚」；《戰國策 趙策》載：「雲夢橘柚之地。」《莊子 山木》記孔子困於陳、蔡時，「食杼栗」，這兩國後來歸為楚地，因此都可以說是楚地所產。另外，在考古發掘中，還發現了眾多文獻所未錄的種類，如在江陵望山一號和二號楚墓，發現了板栗、櫻桃、梅、生薑、柑橘、小茴香等，其中板栗、生薑和小茴香等出土時外形還相當完整；雲夢大墳頭一號漢墓出土了甜瓜子和李子核，光化五座墳西漢墓發現了板栗和杏核，而江陵鳳凰山西漢墓簡牘所記與出土實物的品種和數量最多，據不完全統計，有瓜、筍、芥菜、甜瓜、李、梅、葵、菜、生薑、板栗、紅棗、杏、枇杷、小茴香

237

等等 ①。在長沙東郊西周古文化遺址中發現過桃核，在馬王堆漢墓簡文和帛書中分別提到了棗、柿和石榴，一號漢墓中還發現了「砂梨」。一些野生的蔬果也是楚人採集的對象，如馬王堆漢墓的遺策中還記載了楚人食用的野菜或野生調味香料，有筍莒（筍乾）、冬葵、芥菜子、藕、茱萸、扶於（荸薺）、蘘荷、逢（葑，即白菜）。漢代人的生活去先秦不遠，生存環境也沒有大的改變，因此，這些野生的蔬果，也應當為先秦時楚人所享用。

第五節　楚國的水利建設

　　農業技術的進步，使人們逐漸改變了過去單純依賴自然的狀態，開始主動平土治水，以保障每年都有更好的收成，我國最著名的治水英雄是大禹，傳說他疏川導滯，鍾水豐物，陂障九澤，豐殖九藪，合通四海，據《孟子　滕文公上》的記載：「禹疏九河，瀹濟、漯而注諸海，決汝、漢，排淮、泗而注之江。」即他所治理的河流，涉及今之黃河、長江、淮河、漢水、濟水、汝水、泗水等幾個主要水系，這個傳說反映了古人們已意識到治理洪水不能依靠防堵的辦法，而是要根據水流的客觀規律，利用水流的自身力量，因勢利導，使之流入大江大河而終歸於大海。大禹治水的另一個成就，是「致費於溝域」，也就是《論語　泰伯》中所說的「致力於溝洫」，也就是通過在田間挖掘溝渠，將其中的積水排入江河，從而使農田水位降低，以保證莊稼的種植，同時又可排除土壤中的鹽鹼，有利於莊稼的生長。可以說大禹治水的傳說，體現了先民們在發展農業過程中，逐漸累積的治水整田的智慧，這對於後世農業的發展意義重大。兩周時期的農業，已

---

① 陳振裕：《楚文化與漆器研究》，科學出版社2003年版，第600—613頁。

經有了比較完整的溝洫制度，管子在回答齊桓公「請問備五害之道」時，說「決水潦，通溝瀆，修障防，安水臧。使時水雖過度，無害於五穀」。《左傳　襄公三十年》記載子產治鄭時，能夠使「田有封洫，廬井有伍」。

　　楚國地處亞熱帶季風氣候區，雨水豐沛，但多集中於夏秋兩季，這對於河湖眾多，地勢沮洳的楚地來說，洪澇災害一直是楚人揮之不去的陰霾。史籍中多有關於楚國洪水的記載，如《莊子　盜蹠》云：「尾生與女子期於梁下，女子不來，水至不去，抱梁柱而死」，《史記　蘇秦列傳》的記載，情節大致與此相仿佛，「尾生之約」是楚人重然諾的體現，時至今日亦令人肅然起敬。另有一則故事與此類似，據劉向《列女傳》云，楚昭王「出遊，留夫人漸臺之上而去。王聞江水大至，使使者迎夫人，忘持符，使者至，請夫人出，夫人曰：『王與宮人約令，召宮人必以符。今使者不持符，妾不敢從使者行。』使者曰：『今水方大至，還而取符，則恐後矣。』夫人曰：『妾聞之：貞女之義不犯約，勇者不畏死，守一節而已。妾知從使者必生，留必死。然棄約越義而求生，不若留而死耳。』於是使者反取符，還則水大至，臺崩，夫人流而死。」昭王夫人持約守信，為義赴死的情操，頗使人感懷，然則楚人從來所堅守的品質，於斯可見。審視尾生與昭王夫人這兩則悽美的故事，我們就會發現，其所產生的背景正是楚國不時而至的洪水。「然猶防川，大決所犯，傷人必多[1]」，人們談及洪水時可謂談虎色變，位於水鄉澤國之地的楚人，對洪水的認識當更為深刻。

　　為了減少洪澇災害的損失，楚人極為重視水利建設，或修築堤防，或開鑿運河，或掘井汲水，或築陂蓄水，或治溝排灌，各項工程，皆為理水，以達旱澇保收之效。

---

[1]　《左傳　襄公三十一年》。

一、堤防工程

楚地常有水患，為加強防範，遂有堤防的修築。《繹史　孫叔敖碑》說孫叔敖「堤防湖浦，以為池沼 ①」，這是興利除害。曾任楚蘭陵令的荀子，亦在其書中強調「修堤梁」，可見楚人對此多有措意，從春秋至戰國，堤防的修築可能不曾中輟。為了打敗敵國，楚國亦曾築堤壅水，以水灌城。據《管子　霸形篇》記載：「楚人攻宋、鄭，燒炳熸焚鄭地，使城壞者不得複築也，屋之燒者不得複葺也，令其人有喪雌雄，居室如鳥鼠處穴，要宋田夾塞兩川，使水不得東流。東山之西，水深滅垝，四百里而後可田也。」這裡所謂「夾塞兩川，使水不得東流」，大約是指楚人在睢水中游攔河築壩，使河水上壅、衝破河堤而氾濫成災，淹沒了宋國數百里的良田。這一事件，雖然出於軍事鬥爭，但從中可以看出楚人高超的築堤技術與豐富的經驗。在此事件中，宋求救於齊，齊桓公派人與楚談判，「以鄭城與宋水為請」，「東發宋田，夾兩川，使水複東流，而楚不敢塞也」，即拆除了攔河壩。齊、楚談判時，齊還提出「毋曲堤」的要求，同樣的水利條款在魯僖公九年（前651）的葵丘之盟時即曾提出，當時齊與各諸侯國相約「無曲防」，即禁止各國在修築堤防時以鄰為壑。

堤防的興建與應用，標誌著楚國的治水理論已達到了較高的水準。築堤防水，相比於疏川導滯，可以說是從理論到實踐方面的巨大進步。從水利建設理論發展的角度來看，由「障」到「疏」，是一個認識上的飛躍，不過這只是水利理論發展的第一階段；而由「疏」到「堤」，完成了由消極防水到積極治水的質的轉變，它化害為利，其功施當時，而澤及後世，可謂水利理論發展的第二階段。換句話說，疏浚固然有利於增加河道的洩洪能力，減輕洪水災害，但還不能有效地控制洪水，而修築堤防工程則可以顯著地加大河床容量，防止洪水

---

① 亦見於宋洪適《隸積》卷三，清馬邦玉的〈漢碑錄文〉。

漫溢出槽，從而大大地提高了防洪標準，既有效地保護了人民生命、財產的安全，又為農業生產提供了穩定豐富的水源。

二、灌溉工程

楚地江河縱橫，水網密佈，地表水豐富，利用水流就下的特性，修建一定的溝渠，就可以將水流引入農田，實現自流灌溉，既省時又省力，而且水量大而持久，這種灌溉體系在楚國占有重要地位，它與楚國歷史上一位著名人物——孫叔敖聯繫在一起。在楚國水利史上，孫叔敖是一位貢獻甚巨，厥功甚偉的人物，他所創建的各項水利工程，主要分布在淮河流域；在漢水流域、沮漳河流域，楚國也先後興建了一些自流灌溉工程，到戰國晚期，春申君黃歇在長江下游大興水利，使楚國的經濟得到再次振興。

（一）雩婁灌區與期思排澇工程

春秋時期，大型水利工程的興建，應該最先在楚國的江淮地區出現，而這些水利工程，都曾凝聚了孫叔敖的心血和汗水。據《荀子　非相》和《呂氏春秋　異寶》的記載，孫叔敖是「期思之鄙人」，《淮南子　人間訓》云：「孫叔敖決期思之水，而灌雩婁之野。莊王知其可以為令尹也。」這是說孫叔敖任令尹前，在期思引水排澇，在雩婁引水灌溉。

期思，故蔣國之地，在今河南淮濱縣東南26里之期思鎮，其戰國時期所築之城至今尚存遺址，據淮濱縣文化館1978年的調查稱，該城平面呈長方形，東西長1700公尺，南北長500公尺，牆殘高2～4公尺，牆基寬約32公尺。城內遺物較多，除有春秋戰國時期的銅劍、銅鏃和陶器碎片外，還發現較多的蟻鼻錢和一塊金郢爰，重16.9克[①]。

雩婁，為楚邑，其地當在今河南固始縣東南，是楚人進取淮水中游——尤其是淮南的重要據點。《左傳　襄公二十六年》載：「楚

---

① 楚文化研究會編：《楚文化考古大事記》，文物出版社1984年版，第109頁。

第四章　楚國農業地理

241

子、秦人侵吳，及雩婁，聞吳有備而還。」西漢時於此置雩婁縣，屬廬江郡，見載於《漢書　地理志》，在「雩婁」條下有注，曰：「決水北至蓼入淮，又有灌水，亦北至蓼入決，過郡二，行五百一十里。」即其境有灌水與決水，據《水經注》等書之記載可知，灌水即今之灌河，決水今名史河，二水自大別山麓北流，相會後稱史灌河，則漢雩婁縣當在今河南商城、固始二縣之間。

據今之地形地貌來看，因南有大別山，故期思、雩婁兩地之間，地勢南高北低，史河、灌河合流後又北流入淮，即雩婁地勢高於期思。也就是說，如果按《淮南子》的記載，將會出現水往高處流的狀況，顯然這是不可思議的。細繹文意，或許「孫叔敖決期思之水，而灌雩婁之野」之「而」為衍文，若此則孫叔敖實際是做了兩件事，一是決期思之水，即排澇；二是灌雩婁之野，即灌溉，而其文意始通，且與地勢相符。根據調查，古期思之地處於白露河入淮河的尾閭三角地區，地勢低窪，經常發生洪水漫溢和內澇，積水成災，土地卑濕，耕種常不保收，農業生產很不穩定。因此，當地人民對治水的迫切要求，首先是防洪、排澇，消除水害，使能耕種保收。可以推想，古代的期思相比現代而言，地勢不會有大的變化，由於這裡是低窪的平原，沒有崗丘和高岸深谷可以築陂蓄水，因此不能也不必要進行人為修治湖陂，如果真有的話，大概也不過是一個洪、澇匯積的窪地[①]。而「灌雩婁之野」，則是引灌水來灌溉其周邊的農田，即「決引灌河之水蓄為陂塘，灌溉史、灌二河間的一些地區，使之成為當時楚國的主要農業區之一[②]」。再者，水以「決」、「灌」命名，應是為了紀念孫叔敖，因其「決」期思之水，而「灌」雩婁之野。灌水一名澮水，一名曲河，發源於大蘇山，流入商城縣，在固始縣合史河入於

① 程濤平：《楚史稿　農業社會經濟分冊》，華中師範大學博士學位論文，1987年，第144—153頁。
② 梁家勉主編：《中國農業科學技術史稿》，農業出版社1989年版，第106頁。

淮，今其上有鯰魚山水庫和鐵佛寺水庫，由此亦可推想當年孫叔敖所修築工程之概況。總之，《淮南子》所記的這兩個水利工程，是孫叔敖擔任令尹之前所修，「決期思之水」僅為排澇，「灌雩婁之田」純系灌田，功能都比較單一。

（二）芍陂

芍陂，位於淮河南岸的安徽壽縣安豐城南，故又名安豐塘。實際上現在的安豐塘是其淤縮後的部分遺跡。所謂「陂」，原指人工修築的堤壩。傳說大禹治水時曾「陂障九澤」，韋昭注：「障，防也。」大概是利用自然地形稍加修整而成的堤壩，用以防止洪水的漫溢，保護附近的農田和城邑，這種「陂障」技術的發展，在一定條件下就可能導致人工蓄水陂塘的出現。陂塘多修築於丘陵地區，是利用丘陵起伏的地形特點，選擇地形較低地區，利用地表徑流，或者利用天然潴水處所，在其周圍低下地段築堤截水，修築有相當蓄水量的人工湖，引水灌溉。安徽淮南地區正具備這樣的條件，這裡是崗巒起伏的丘陵地帶，地勢南高北低，南有龍穴山，澗水所出，北流注入芍陂；西有發源於沘山的沘水，由南而北注入淮河；東面30公尺高崗縱貫南北，發源於良餘山的肥水亦自南而北流入淮河；沘水與肥水之間則為積水窪地，窪地以北是一片開闊的沖積平原。淮南丘陵地區是暴雨密集區，每逢大雨，山水怒發，盈川漫谷，沖毀田疇；或久晴不雨，溪澗水涸，農田龜裂。因此在修建芍陂以前，這裡無雨則旱，多雨則澇，易洪易旱，水旱交錯，農業生產受其影響損失很大。芍陂的修造，有效地改變了這種狀況。

芍陂為何人主持修造？有人認為是楚莊王時令尹孫叔敖，有人認為是戰國時楚大夫子思。雖然主前說者佔據主流，但主後說者亦不乏人。若為孫叔敖，似與楚國早期史實不盡相合；若為子思，其證據又似嫌單薄。二說孰是，迄無定論。然此工程當為楚國、楚人所為，似無疑義。

芍陂最早的記載見於《漢書　地理志》，其「廬江郡　灊縣」
條下，原注云：「沘山，沘水所出，北至壽春入芍陂」；又在「六安
國　六縣」條下，原注云：「如濡水首受沘，東北至壽春入芍陂。」
「沘水」即今南北縱貫於安徽六安的淠河，「如濡水」則為淠河的
另一支，《水經注》稱其為「泄水」，當即今注入安徽霍丘縣城東湖
的汲河。如果當時沘水與如濡水皆注入芍陂，則芍陂初制規模相當宏
大，不僅包括現今安豐塘的全部，而且今城東湖也可能屬於其範圍，
這個規模與史載陂「逕百里」的記載基本吻合。不過，城東湖與安豐
塘之間，現在不僅隔著一條淠河，而且南部還有一段30～50公尺的
高地相隔，只有北部地勢較低，約有27公尺左右。估計東漢之前，
城東湖這片窪地與安豐塘在北部相連，後來因為淠河上游農田的大量
開發，用水日多，芍陂水源不足，致使其中間的高地逐漸顯露，芍陂
便被一分為二，一為今日霍丘之城東湖窪地，另一部分則仍稱芍陂，
當芍陂南部塘身又被侵佔開墾為農田，淠河也與芍陂脫離，直接北
流入淮，便只剩下了今日安豐塘的規模了①。芍陂的設計巧妙地利
用了當地東、南、西三面較高而北面低窪的地形特點，因勢而築，
據《水經注》中的沘水、泄水、肥水之記載，芍陂的水源豐富，它
匯聚了西面的沘水與東面的肥水，二水夾注，形成了水深面廣的人
工湖，故《水經注　肥水》說「積而為湖，謂之芍陂」，「陂週
百二十許里」，其巨大的規模帶來了極大的效益，灌溉的農田達萬
餘頃；為了控制水流，在芍陂周圍設置了水門，水門是控制水流的
關鍵建築物，芍陂「有五門，吐納川流」，西南一門在五門亭附
近，納淠水入陂，是芍陂的主要納水口；西北一門通香門陂；北面
並列東西二門，東面為芍陂瀆口門，泄陂水北流入肥水；西面為羊

①　水利部淮河水利委員會《淮河水利簡史》編寫組：《淮河水利簡史》，水利電力出版社1990
　　年版，第53—56頁。

頭溪口門，泄陂水經羊頭溪，東北注入肥水；東北一門為井門，與肥水相通，對肥水起著吐納作用。1959年5月，考古工作者在安豐塘水庫施工中發掘出一座漢代堰壩遺址。該工程為溢流壩，壩口寬約5公尺，壩身在生土層上以砂礓填基後，層土層草，逐層疊築，打進排列有序的栗木樁，深入生土層內。壩下有用於消能的「跌塘」，以圓木鋪底，兩側打木樁做成擋土牆，尾部有40公尺高的消能檻。「跌塘」前50多公尺處設有一道迭樑木壩，木壩下也設有消能池和消能檻。這種消能的作用是，當陂內水位超過蓄水標準時，即由壩頂溢出，經過兩級消能，再徐徐泄入芍陂瀆。

除了灌溉效益外，芍陂還具有防洪和航運之功能，作為蓄洪區，芍陂可以有效調節沘水、肥水的上下游水位；特別是在肥水水淺時，還可以打開井門放陂水入肥水，使其保持一定水量，有利於航運。綜上所述，與期思排澇工程和雩婁灌溉區相比，芍陂是一個引水、灌溉、蓄洪、排澇、航運相結合的綜合性工程，它使得楚國的農業區向東拓展到了壽春灌區，而且後來居上，到戰國後期，壽春已經在當地農業發展的基礎上成為繁榮的都會，楚國晚期的國都遷移於此，芍陂為其政治、經濟、軍事提供了強有力的支撐。

（三）木渠[①]

木渠又稱木里溝，其地在今湖北宜城縣北，溝通鄢水（今蠻河）與沔水（今漢水）。據《水經注　沔水注》：「楚時於宜城東穿渠，上口去城三里，漢南郡太守王寵又鑿之，引蠻水灌田，謂之木里溝，逕宜城東而東北入於沔，謂之木里水口也。」從地形上看，宜城西部有宜城西山，橫亙於宜城與南漳縣的交界處，古鄢水經宜城西山，順勢而下，約40餘里，經過宜城南與漢水大體平行向東南流，這樣一

---

① 程濤平：《楚史稿　農業社會經濟分冊》，華中師範大學博士學位論文，1987年，第158—160頁。

來，在宜城以北的平原地帶就缺少灌溉水源，需要引水。楚人便在鄢水流經宜城西山之處，開鑿出一條管道來，使古鄢水於東南流經宜城西山時，東向分流，於宜城東北三里處注入漢水，灌溉宜城以北的大片土地，初時「灌田七百頃」，後世屢經重修，灌溉田畝數量大為增加。

（四）長渠

在我國華北平原，灌溉工程多為引河水的渠系工程；南方多山地丘陵，多為陂塘蓄水工程。二者之間的中間形式是陂渠串聯，即所謂「長藤結瓜」，它是把大大小小的陂塘用管道溝通，從而把分散的陂塘水源集中起來統籌使用，根據各時期灌溉用水量的不同，開放一個或幾個陂塘，供給整個灌區，從而提高了灌溉保證率。位於湖北宜城以南的長渠，就是這樣一種工程。

長渠又名白起渠，是當年白起為了進攻楚國，以水代兵，水灌鄢城而修，後來這一工程沒有廢棄，而改造成了灌溉農田的水渠。長渠是引漢水支流夷水（今蠻河）的一個灌區，據《水經注　沔水注》：夷水，「昔白起攻楚，引西山長谷水，即是水也。舊堨去城百許里，水從城西灌城，東入，注為淵，今熨斗陂是也⋯⋯後人因其渠流以結陂田。城西陂謂之新陂，覆地數十頃，西北又為土門陂，從平路渠以北，木蘭橋以南，西極土門山，東跨大道，水流周通」，「其水又東出城東，注臭池，臭池溉田。陂水散流，又入朱湖陂，朱湖陂亦下灌諸田，餘水又下入木里溝。」可見北魏以前灌區陂塘串聯的形勢。雖然灌區最初未必就是如此，但從當地地形之水系特點分析，當時以管道串聯一些陂塘，是完全可能的。

在白起引西山長谷水以前，在西山與鄢之間應該有舊管道相通，白起大概只是利用了這些管道，在西山腳下築壩攔水，再直接以水灌城，這樣才可能造成「水潰城東北角，百姓隨水流，死於城東者數十萬」的慘狀。

（五）長江下游的水利工程

楚國晚期滅越而占有了吳越故地後，大力開鑿人工運河，修治陂池，為江南一帶的開發打下了良好基礎。春申君主政期間，曾主持興建了一些配套的綜合水利工程，據《越絕書　越絕外傳記吳地傳》記載：「無錫湖者，春申君治以為陂，鑿語昭瀆以東到大田，田名胥卑。鑿胥卑下以南注太湖，以瀉四野。」即這一工程既有將無錫湖「治以為陂」的大型蓄水設施，又有無錫湖「陂」的排灌工程──人工運河「語昭瀆」。語昭瀆將無錫湖「陂」所蓄之水引往大田胥卑，然後再由胥卑開鑿排水渠至太湖，太湖水則通過洩洪渠將水「以瀉四野」，以保太湖及其周圍地區的農業不受損失和人畜安全。由此可見，戰國晚期，楚人的水利建設已達到了綜合治理、統籌兼顧的水準。

參 考 文 獻

一、古籍

1. 屈萬里：《尚書集釋》，聯經出版公司1983年版。

2. 〔宋〕傅寅撰：《禹貢說斷》，中華書局1985年版。

3. 尹世積著：《禹貢集解》，上海商務印書館1957年版。

4. 黃永年校點：《古本竹書紀年輯校今本竹書紀年疏證》，遼寧教育出版社1997年版。

5. 〔宋〕朱熹：《詩經集傳》，上海古籍出版社1987年版。

6. 〔清〕方玉潤撰，李先耕點校：《詩經原始》，中華書局1986年版。

7. 王心湛：《山海經集解》，廣益書局1936年版。

8. 袁珂：《山海經校譯》，上海古籍出版社1985年版。

9. 《十三經注疏》整理委員會：《周禮注疏》，北京大學出版社2000年版。

10. 《十三經注疏》整理委員會：《禮記正義》，北京大學出版社2000年版。

11. 《十三經注疏》整理委員會：《論語注疏》，北京大學出版社2000年版。

12.《十三經注疏》整理委員會：《春秋穀梁傳注疏》，北京大學出版社2000年版。

13.《春秋左傳集解》，上海人民出版社1977年版。

14.〔清〕洪亮吉：《春秋左傳詁》，中華書局1987年版。

15. 楊伯峻：《春秋左傳注》，中華書局1990年版。

16.《十三經注疏》整理委員會：《春秋左傳正義》，北京大學出版社2000年版。

17.〔清〕顧棟高輯，吳樹平、李解民點校：《春秋大事表》，中華書局1993年版。

18.〔清〕高士奇：《左傳紀事本末》，中華書局1979年版。

19. 朱宏達、李南暉直解：《左傳直解》，浙江文藝出版社2000年版。

20.〔清〕焦循：《群經宮室圖》，載《續修四庫全書》，上海古籍出版社2002年版。

21. 上海師範學院古籍整理組校點：《國語》，上海古籍出版社1982年版。

22.〔清〕黎翔鳳撰，梁運華整理：《管子校注》，中華書局2004年版。

23. 周生春撰：《吳越春秋輯校匯考》，上海古籍出版社1997年版。

24.《十三經注疏》整理委員會：《孟子注疏》，北京大學出版社2000年版。

25.〔清〕王先謙撰，沈嘯寰、王星賢點校：《荀子》，中華書局1988年版。

26. 北京大學《荀子》注釋組：《荀子》，中華書局1979年版。

27.〔清〕郭慶藩撰，王孝魚點校：《莊子集釋》，中華書局1985年版。

28.〔清〕王先慎撰，鍾哲點校：《韓非子集解》，中華書局

参考文獻

2003年版。

29. 〔清〕孫詒讓撰，孫啟治點校：《墨子間詁》，上海書店1986年版。

30. 吳毓江撰，孫啟治點校：《墨子校注》，中華書局1993年版。

31. 〔宋〕洪興祖撰，白化文等點校：《楚辭補注》，中華書局1983年版。

32. 蔣天樞：《楚辭校釋》，上海古籍出版社1989年版。

33. 〔漢〕劉向：《戰國策》，上海古籍出版社1985年版。

34. 〔漢〕劉向撰，趙善詒疏證：《說苑疏證》，華東師範大學出版社1985年版。

35. 〔漢〕劉向撰，向宗魯校證：《說苑校證》，中華書局1987年版。

36. 〔漢〕劉向：《古列女傳》，中華書局1985年版。

37. 張雙棣等：《呂氏春秋譯注》，北京大學出版社2000年版。

38. 〔戰國〕呂不韋撰，陳奇猷校釋：《呂氏春秋新校釋》，上海古籍出版社2002年版。

39. 夏緯英：《呂氏春秋上農等四篇校釋》，中華書局1957年版。

40. 黃懷信撰：《鶡冠子匯校集注》，中華書局2004年版。

41. 〔漢〕司馬遷：《史記》，中華書局1963年版。

42. 〔清〕梁玉繩：《史記志疑》，中華書局1981年版。

43. 萬國鼎輯釋：《氾勝之書輯釋》，農業出版社1980年版。

44. 劉琳：《華陽國志校注》，巴蜀書社1984年版。

45. 〔漢〕韓嬰撰，許維遹校釋：《韓詩外傳集釋》，中華書局1980年版。

46. 〔漢〕賈誼撰，閻振益、鐘夏校注：《新書校注》，中華書局2000年版。

47. 楊伯峻：《列子集釋》，中華書局1979年版。

48. 吳則虞：《晏子春秋集釋》，中華書局1962年版。

49.〔漢〕班固：《漢書》，中華書局1964年版。

50. 王利器校注：《鹽鐵論校注》，中華書局1992年版。

51.〔漢〕袁康、吳平編，吳慶峰點校：《越絕書點校》，齊魯書社2000年版。

52. 孫馮翼輯：《桓子新論》，商務印書館1939年版。

53.〔宋〕司馬光：《資治通鑒》，中華書局1997年版。

54. 王德明主編：《孔子家語譯注》，廣西師範大學出版社1998年版。

55.〔清〕段玉裁：《說文解字注》，中華書局1963年版。

56.〔宋〕羅願：《爾雅翼》，商務印書館1939年版。

57. 王國維：《水經注校》，上海人民出版社1984年版。

58.〔唐〕杜佑：《通典》，中華書局1984年版。

59. 王文楚等點校：《太平寰宇記》，中華書局2007年版。

60.〔清〕宋翔鳳：《過庭錄》，中華書局1986年版。

61.〔清〕顧祖禹撰，賀次君、施和金點校：《讀史方輿紀要》，中華書局2006年版。

二、著作

1. 陳恩鳳：《中國土壤地理》，商務印書館1953年版。

2. 陳偉：《楚「東國」地理研究》，武漢大學出版社1992年版。

3. 陳偉：《包山楚簡初探》，武漢大學出版社1996年版。

4. 陳文華：《中國農業通史　夏商西周春秋卷》，中國農業出版社2007年版。

5. 陳振裕：《楚文化與漆器研究》，科學出版社2003年版。

6. 程濤平：《楚史稿　農業社會經濟分冊》，華中師範大學博士

參考文獻

251

學位論文，1987年。

7. 馮繩武主編：《中國自然地理總論》，高等教育出版社1989年版。

8. 傅築夫：《中國封建社會經濟史》，人民出版社1981年版。

9. 高介華、劉玉堂：《楚國的城市與建築》，湖北教育出版社1996年版。

10. 顧德融、朱順龍：《春秋史》，上海人民出版社2001年版。

11. 顧鐵符：《夕陽芻稿——歷史考古述論彙編》，紫禁城出版社1988年版。

12. 何光嶽：《楚源流史》，湖南人民出版社1988年版。

13. 何浩：《楚滅國研究》，武漢出版社1989年版。

14. 何介鈞、張維明：《馬王堆漢墓》，文物出版社1982年版。

15. 何幼琦：《西周年代學論叢》，湖北人民出版社1989年版。

16. 河南省考古學會編：《楚文化覓蹤》，中州古籍出版社1986年版。

17. 湖北省荊沙鐵路考古隊編：《包山楚墓》，文物出版社1991年版。

18. 湖北省荊州地區博物館：《江陵馬山一號楚墓》，文物出版社1985年版。

19. 黃德馨：《楚國史話》，華中工學院出版社1983年版。

20. 冀朝鼎：《中國歷史上的基本經濟區與水利事業的發展》，中國社會科學出版社1981年版。

21. 李家浩：《著名中年語言學家選集　李家浩卷》，安徽教育出版社2002年版。

22. 李學勤主編：《清華大學藏戰國竹簡（壹）》，中西書局2010年版。

23. 李玉潔：《楚國史》，河南大學出版社2002年版。

24. 李仲操：《西周年代》，文物出版社1991年版。

25. 梁家勉主編：《中國農業科學技術史稿》，農業出版社1989

年版。

26. 劉啟益：《西周紀年》，廣東教育出版社2002年版。

27. 劉玉堂：《楚國經濟史》，湖北教育出版社1996年版。

28. 劉自強主編：《地球科學通論》，中國地質大學出版社2007年版。

29. 羅運環：《楚國八百年》，武漢大學出版社1992年版。

30. 馬建良、王春壽主編：《普通地質學》，石油工業出版社2009年版。

31. 錢穆：《國史大綱》，商務印書館1994年版。

32. 裘錫圭：《文字學概要》，商務印書館1988年版。

33. 饒勝文：《布局天下──中國古代軍事地理大勢》，解放軍出版社2010年版。

34. 上海師範大學等編：《中國自然地理》，人民教育出版社1979年版。

35. 石泉：《古代荊楚地理新探》，武漢大學出版社1988年版。

36. 石泉：《楚國歷史文化辭典》，武漢大學出版社1996年版。

37. 史為樂主編：《中國歷史地名大辭典》，中國社會科學出版社2005年版。

38. 水利部淮河水利委員會《淮河水利簡史》編寫組：《淮河水利簡史》，水利電力出版社1990年版。

39. 宋傑：《先秦戰略地理研究》，首都師範大學出版社1999年版。

40. 譚其驤：《長水集》，人民出版社1987年版。

41. 唐啟宇：《中國作物栽培史稿》，農業出版社1986年版。

42. 田昌五、臧知非：《周秦社會結構研究》，西北大學出版社1996年版。

43. 童書業：《春秋史》，開明書店1946年版。

44. 童書業：《春秋左傳研究》，上海人民出版社1980年版。

45. 王恩湧等：《政治地理學》，高等教育出版社1998年版。

46. 王健：《西周政治地理結構研究》，中州古籍出版社2004年版。

47. 王社教：《蘇皖浙贛地區明代農業地理研究》，陝西師範大學出版社1999年版。

48. 王光鎬：《楚文化源流新證》，武漢大學出版社1988年版。

49. 王雲森：《中國古代土壤科學》，科學出版社1980年版。

50. 吳傳鈞、郭煥成：《中國土地利用》，科學出版社1994年版。

51. 謝成俠：《中國養馬史》，科學出版社1991年版。

52. 謝成俠：《中國養牛羊史》，農業出版社1985年版。

53. 徐少華：《周代南土歷史地理與文化》，武漢大學出版社1994年版。

54. 徐中舒：《川大史學　徐中舒卷》，四川大學出版社2006年版。

55. 楊橋主編：《地球科學概論》，石油工業出版社2004年版。

56. 游修齡：《中國稻作史》，中國農業出版社1995年版。

57. 游修齡主編：《中國農業通史　原始社會卷》，中國農業出版社2008年版。

58. 張波、樊志民主編：《中國農業通史　戰國秦漢卷》，中國農業出版社2007年版。

59. 張丕遠主編：《中國歷史氣候變化》，山東科學技術出版社1996年版。

60. 張聞玉：《西周王年論稿》，貴州人民出版社1996年版。

61. 張武文、胡春元、劉秉正編著：《地學概論》，中國林業出版社2000年版。

62. 張馭寰：《中國城池史》，百花文藝出版社2003年版。

63. 張正明主編：《楚史論叢》（初集），湖北人民出版社1984年版。

64. 張正明：《楚文化史》，上海人民出版社1987年版。

65. 張正明主編：《楚文化志》，湖北人民出版社1988年版。

66. 張正明：《楚史》，湖北教育出版社1996年版。

67. 趙伯雄：《周代國家形態研究》，湖南教育出版社1990年版。

68. 趙世超：《周代國野制度研究》，陝西人民出版社1991年版。

69. 鄭昌琳：《楚國史編年輯注》，湖北人民出版社1999年版。

70. 《中國軍事史》，解放軍出版社1985年版。

71. 中國科學院《中國自然地理》編輯委員會：《中國自然地理　歷史自然地理》，科學出版社1982年版。

72. 《中國自然地理》編寫組：《中國自然地理》（第二版），高等教育出版社1979年版。

73. 周振鶴：《周振鶴自選集》，廣西師範大學出版社1999年版。

74. 周振鶴、李曉傑：《中國行政區劃通史》，復旦大學出版社2009年版。

三、論文

1. 蔡述明、官子和、孔昭宸、杜乃秋：〈從岩相特徵和孢粉組合探討洞庭盆地第四紀自然環境的變遷〉，載《海洋與湖沼》1984年第15卷第6期。

2. 陳達志：〈商代晚期的家畜和家禽〉，載《農業考古》1985年第2期。

3. 陳偉：〈包山楚簡中的宛郡〉，載《武漢大學學報》（哲學社會科學版）1998年第6期。

4. 陳偉：〈秦蒼梧、洞庭二郡芻論〉，載《歷史研究》2003年第5期。

5. 陳文華等：〈新淦縣發現戰國糧倉遺址〉，載《文物工作資料》1976年第2期。

參考文獻

6. 陳業新：〈戰國秦漢時期長江中游地區氣候狀況研究〉，載《中國歷史地理論叢》2007年第22卷第1期。

7. 董灝智：《楚國郢都興衰史考略》，東北師範大學碩士論文（中國期刊網碩士學位論文庫），2008年。

8. 方鴻琪：〈長江中下游地區的新構造運動〉，載《地質學報》1959年第39卷第3期。

9. 馮永軒：〈說楚都〉，載《江漢考古》1980年第2期。

10. 高應勤、程耀庭：〈談丹陽〉，載《江漢考古》1980年第2期。

11. 高至喜：〈楚人入湘的年代和湖南越楚墓葬的分辨〉，載《江漢考古》1987年第1期。

12. 郭德維：〈試論由郢徙陳對楚國後期的影響〉，載《荊州師專學報》（哲學社會科學版）1990年第4期。

13. 郭仁成：〈楚國農業考辨四題（下）〉，載《求索》1984年第2期。

14. 顧頡剛：〈春秋時代的縣〉，載《禹貢》第七卷第六、七期合刊，1937年。

15. 顧久幸：〈楚國地方基層行政機構探討〉，載《江漢論壇》1993年第7期。

16. 何光嶽：〈「越章」考〉，載《江漢論壇》1984年第1期。

17. 何浩、殷崇浩：〈春秋時楚對江南的開發〉，載《江漢論壇》1981年第1期。

18. 何浩：〈魯陽君、魯陽公及魯陽設縣的問題〉，載《中原文物》1994年第4期。

19. 何浩：〈略論楚境「東至於海」〉，載《江漢考古》1995年第1期。

20. 何琳儀：〈楚王熊麗考〉，載《中國史研究》2000年第4期。

21. 何琳儀：〈楚都丹陽地望新證〉，載《文史》2004年第2期；

又轉載於《人大複印報刊資料（先秦、秦漢史）》2004年第5期。

22. 何琳儀：〈新蔡竹簡選釋〉，載《安徽大學學報》（哲學社會科學版）2004年第28卷第3期。

23. 何業恒：〈洞庭湖地區環境演變的初步研究〉，載《湖南師院學報》（自然科學版）1982年第2期。

24. 後德俊：〈楚人和魚〉，載《中國烹飪》1980年第5期。

25. 湖北省博物館：〈楚都紀南城的勘察與發掘〉，載《考古學報》1982年第3—4期。

26. 黃崇岳：〈「火耕水耨」與楚國農業考〉，載《中國農史》1985年第3期。

27. 黃鳳春：〈鄖縣遼瓦店子與楚旬亶王——楚熊渠分封三王地理的檢討之一〉，載《江漢考古》2010年第2期。

28. 黃盛璋、鈕仲勳：〈楚的起源和疆域發展〉，載《地理知識》1979年第1期；後收入黃盛璋著《歷史地理論集》，人民出版社1982年版。

29. 黃錫全、于炳文：〈山西晉侯墓地所出楚公逆鐘銘文初釋〉，載《考古》1995年第2期。

30. 黃灼耀：〈縣制的形成與發展〉，載《華南師院學報》（社會科學版）1982年第4期。

31. 侯甬堅：〈論唐以前武關的地理位置〉，載《陝西師大學報》（哲學社會科學版）1986年第3期。

32. 賈海燕〈楚國始都郢及其初遷時地的探討〉，載《中南民族大學學報》（人文社會科學版）2005年第25卷第2期。

33. 江應梁：〈說「濮」〉，載《思想戰線》1980年第1期。

34. 李根蟠：〈稷粟同物，確鑿無疑〉，載《古今農業》2000年第2期。

35. 李家浩：〈先秦文字中的「縣」〉，載《文史》第二十八輯，中華書局1987年版。

36. 李志庭：〈縣制的產生及其與社會經濟的關係〉，載《杭州大學學報》1980年第4期。

37. 梁中效：〈楚國漢中郡雜考〉，載《陝西理工學院學報》（社會科學版）2007年第25卷第1期。

38. 林承坤：〈第四紀古長江與沙山地形〉，載《南京大學學報》1959年第2期。

39. 劉彬徽：〈試論楚丹陽和郢都的地望與年代〉，載《江漢考古》1980年第1期。

40. 劉家和：〈關於蒦掩尼賦〉，載《江漢論壇》1984年第3期。

41. 劉家和：〈楚邦的發生和發展〉，載日知主編：《古代城邦史研究》，人民出版社1989年版。

42. 劉濤：〈東遷後的楚國國勢〉，載《江漢論壇》1985年第2期。

43. 劉正民：〈「郢」探〉，載《荊州師專學報》（哲學社會科學版）1989年第3期。

44. 劉玉堂：〈楚都名稱與楚人的尋根意識〉，載《尋根》1997年第2期。

45. 魯西奇、潘晟：〈漢水中游河道的歷史變遷〉，載《歷史地理》第十九輯，上海人民出版社2003年版。

46. 羅爾綱：〈楚建國考〉，《天津益世報　史學》第十八期，1935年12月24日。

47. 羅運環：〈論包山楚簡中的楚國州制〉，載《江漢考古》1991年第3期。

48. 馬世之：〈楚都丹陽地望探論〉，載《中州學刊》1991年第1期。

49.〔美〕蒲百瑞：〈探索丹陽〉（上、下），載《江漢考古》1989年第3、4期。

50. 彭適凡：〈江西先秦農業考古概述〉，載《農業考古》1985年第2期。

51. 錢林書、祝培坤：〈關於我國縣的起源問題〉，載《復旦學報》（社會科學版　歷史地理專輯），1980年增刊。

52. 尚景熙：〈楚方城及其與楚國的軍事關係〉，載《中原文物》1992年第2期。

53. 石泉、徐德寬：〈楚都丹陽地望新探〉，載《江漢論壇》1982年第3期。

54. 宋公文、江淩：〈試論楚成王稱霸中原〉，載《湖北大學學報》（社會科學版）1998年第4期。

55. 宋傑：〈古代中國戰爭的地理樞紐〉，載《首都師範大學學報》（社會科學版）1994年第4期。

56. 蘇守德：〈鄱陽湖成因與演變的歷史論證〉，載《湖泊科學》1992年第4卷第1期。

57. 孫華：〈楚國國都地望三題〉，載《華中師範大學學報》（人文社會科學版）2005年第44卷第4期。

58. 王煥林：〈里耶秦簡釋地〉，載《社會科學戰線》2004年第3期。

59. 王玉哲：〈殷商疆域史中的一個重要問題——「點」和「面」的概念〉，載《鄭州大學學報》（哲學社會科學版）1982年第2期。

60. 魏嵩山：〈沈國與寢丘地理辯證〉，載《湖北大學學報》（哲學社會科學版）1992年第2期。

61. 文必貴：〈秭歸鰱魚山與楚都丹陽〉，載《江漢論壇》1982第3期。

62. 伍新福：〈楚黔中郡與「巴黔中」〉，載《江漢論壇》1986年第2期。

63. 夏商周斷代工程專家組：〈夏商周斷代工程1996—2000年階段成果概要〉，載《文物》2000年第12期。

參考文獻

64. 夏子賢：〈論楚在春秋大國爭霸中的地位〉，載《安徽大學學報》（哲學社會科學版）1985年第2期。

65. 謝成俠：〈中國牛種的起源和進化〉，載《科技史文集》第四輯，上海科技出版社1980年版。

66. 殷滌非：〈安徽壽縣新發現的銅牛〉，載《文物》1959年第4期。

67. 熊涵東等：〈江蘇大豐出土楚國金幣佐證楚國疆域曾達東海〉，載《東方收藏》2011年第1期。

68. 徐中舒：〈論《戰國策》的編寫及有關蘇秦諸問題〉，載《歷史研究》1964年第1期。

69. 徐瑞瑚、謝雙玉、趙豔：〈江漢平原全新世環境演變與湖群興衰〉，載《地域研究與開發》1994年第13卷第4期。

70. 徐少華：〈關於春秋楚縣的幾個問題〉，載《江漢論壇》1990年第2期。

71. 徐少華：〈楚丹陽地望及其考古學分析〉，載王光鎬主編：《文物考古文集》，武漢大學出版社1997年版。

72. 徐少華：〈古厲國歷史地理考異〉，載《歷史地理》第十九輯，上海人民出版社2003年版。

73. 徐少華、李海勇：〈從出土文獻析楚秦洞庭、黔中、蒼梧諸郡縣的建置與地望〉，載《考古》2005年第11期。

74. 徐少華：〈楚秦漢蒼梧郡建置、地望及相關問題考述〉，載郭聲波主編：《南方開發與中外交通》，西安地圖出版社2007年版。

75. 徐少華：〈楚都陳城及其歷史地理探析〉，載《社會科學》2008年第5期。

76. 徐少華：〈孫叔敖故里封地考述〉，載《江漢考古》2008年第2期。

77. 晏昌貴：〈春秋楚王權與楚國政治地理結構〉，載《江漢論壇》1998年第3期。

78. 楊寶成：〈殷代車子的發現與復原〉，載《考古》1984年第6期。

79. 楊達源：〈晚更新世冰期最盛時長江中下游地區的古環境〉，載《地理學報》1986年第41卷第4期。

80. 楊光華：〈楚國設置巴郡考〉，載《中國歷史地理論叢》2007年第22卷第4期。

81. 楊懷仁等：〈長江下游晚更新世以來河道變遷的類型與機制〉，載《南京大學學報》（自然科學版）1983年第2期。

82. 楊寬：〈西周時代的楚國〉，載《江漢論壇》1981年第5期。

83. 楊寬：〈春秋時代楚國縣制的性質問題〉，載《中國史研究》1981年第4期。

84. 殷崇浩：〈春秋楚縣略論〉，載《江漢論壇》1980年第4期。

85. 殷崇浩、何浩：〈試述楚人取得的幾處濮地〉，載《求索》1982年第2期。

86. 游修齡：〈論黍與稷〉，載《農業考古》1984年第2期。

87. 游修齡：〈也說「雕胡」〉，載《農史研究文集》，中國農業出版社1999年版。

88. 俞偉超：〈關於楚文化發展的新探索〉，載《江漢考古》1980年第1期。

89. 虞雲國：〈春秋縣制新探〉，載《晉陽學刊》1986年第6期。

90. 張國碩：〈論東周楚國的軍事防禦體系〉，載《中州學刊》2004年第1期。

91. 張海超：〈戰國楚漢中的位置〉，載《齊齊哈爾師範高等專科學校學報》2005年第1期。

92. 張光直：〈關於中國初期「城市」這個概念〉，載《文物》1985年第2期。

93. 張人權、梁杏、張國梁、皮建高：〈洞庭湖區第四紀氣候變化的初步探討〉，載《地質科技情報》2001年第20卷第2期。

94. 張正明：〈楚都辨〉，載《江漢論壇》1982年第4期。

95. 趙炳清：〈略論「洞庭」與楚洞庭郡〉，載《歷史地理》第二十一輯，上海人民出版社2006年版。

96. 趙炳清：〈從峽江地區的楚墓看楚國西境的變化〉，載《中國歷史地理論叢》2008年第23卷第2期。

97. 鄭殿華：〈縣郡淵源考〉，載《北京圖書館館刊》1995年第1—2期。

98. 鄭殿華：〈論春秋時期的楚縣與晉縣〉，載《清華大學學報》（哲學社會科學版）2002年第17卷第4期。

99. 周宏偉：〈傳世文獻中沒有記載過洞庭郡嗎？〉，載《湖南師範大學社會科學學報》2003年第3期。

100. 周群：〈春秋時代楚國「縣」涵義的演變〉，載《廣東農工商職業技術學院學報》2004年第1期。

101. 周振鶴：〈秦代洞庭、蒼梧兩郡懸想〉，載《復旦學報》（社會科學版）2005年第5期。

102. 朱德熙、李家浩：〈鄂君啟節考釋（八篇）〉，載《紀念陳寅恪先生誕辰百年學術論文集》，北京大學出版社1989年版。

103. 竺可楨：〈中國近五千年來氣候變遷的初步研究〉，載《考古學報》1972年第1期。

後　記

實際與想像的總是有距離。

本書現在所完成的內容，只有原先設計的一半。但是正如一場考試，當考試結束的鈴聲已經響起，監考老師再三催促你上交試卷的時候，無論你的答題是否完成，也無論你的答案是否正確，你都只能心不甘情不願地將手中的筆停下來——雖然在此之前可能你已經無謂地消耗了許多時間，但結果只能由自己承擔。從這一角度來看，本書不算是完璧。

不過，事情往往有它的兩面性。這就要說到本書編撰的緣起。

筆者走上學術之路，其起點即在研習楚文化。每每念及當年先師張正明先生，還有蔡靖泉、劉玉堂、李文瀾、徐揚傑等諸位先生的諄諄教誨，心裡總是備感溫暖！而今張先生已歸道山，思此不禁潸然！因此，當2010年劉老師打來電話，告以湖北教育出版社欲出版《世紀楚學》叢書，並賜以《楚國歷史地理研究》和《楚國歷史文化地理研究》之題，供我選擇完成的時候，雖然我手頭的瑣事不少，但我還是惴惴不安地接了下來，一者不可以拒絕老師的垂賜，二者期有以報於先生之教導。只是自從1998年我負笈東下，求學於滬上，就再也沒有觸及自己曾經花了好幾年工夫研習的楚文化，故完成此書的底氣不足可想而知。好在楚文化的研究已有豐厚的積累，憑藉前輩與時賢之成

263

果，我不必做開創之功，而只需出集成之力，故此初步選擇了《楚國歷史地理研究》一題，並草擬了編寫內容，其中包括楚國自然地理、楚國政治地理、楚國軍事地理、楚國農業地理、楚國工商業地理、楚國城市與交通地理、楚國民族與風俗地理、楚國學術地理，共計八章。一路寫寫停停，時間早已超限期，而篇幅竟暫達要求，剩下的內容只好寄望於將來，此舉固不足道，然亦冀以此粗糙之作引起同好之賢達多加意於楚國和楚文化歷史地理之研究。

當然，如上所言，雖然本書的大多數材料與觀點來源於前輩與時賢的成果，但其中的錯誤與缺漏之處，概由我個人承擔。

在本書編撰的過程中，我的學生盧婧出力不少，第三章的內容基本由她完成。在此還要感謝湖北教育出版社的劉藝老師，她適時的鞭策與合度的寬容，彌補了因我的懶惰造成的時間損失，使本書得以早日交稿。

特別感謝我的親人們，是他們多年來悉心的關懷與照顧，才有了我現在安寧的生活；女兒左鈞宜，更是我甜蜜的太陽，照亮了我的生命，溫暖了我的心房！

謹以此感謝所有關心、愛護我的師長親友！

左鵬謹識

二〇一一年十月二十一日